WOLFGANG EDELSTEIN, LOTHAR KRAPPMANN,
CHRISTIAN PETRY (HRSG.)

KINDER RECHTE IN DIE SCHULE

GLEICHHEIT, SCHUTZ,
FÖRDERUNG, PARTIZIPATION

3. AUFLAGE

REIHE
KINDERRECHTE
UND BILDUNG
BAND 1

debus
PÄDAGOGIK

Bibliografische Information der Deutschen Nationalbibliothek

Die Deutsche Nationalbibliothek verzeichnet diese Publikation in der Deutschen Nationalbibliografie; detaillierte bibliografische Daten sind im Internet unter http://dnb.d-nb.de abrufbar.

Die Reihe „**Kinderrechte und Bildung**" wird herausgegeben von Lothar Krappmann, Jörg Maywald, Christian Petry und Erika Risse.

Band 1: Kinderrechte in die Schule. Herausgegeben von Wolfgang Edelstein, Lothar Krappmann und Sonja Student.

Band 2: Worauf Kinder und Jugendliche ein Recht haben. Herausgegeben von Lothar Krappmann und Christian Petry.

© Debus Pädagogik Verlag
   Schwalbach/Ts. 2014

© WOCHENSCHAU Verlag
   Dr. Kurt Debus GmbH
   Frankfurt/M., 3. Aufl. 2019

www.debus-paedagogik.de
www.wochenschau-verlag.de

Alle Rechte vorbehalten. Kein Teil dieses Buches darf in irgendeiner Form (Druck, Fotokopie oder einem anderen Verfahren) ohne schriftliche Genehmigung des Verlages reproduziert oder unter Verwendung elektronischer Systeme verarbeitet werden.

Programmleitung: Peter. E. Kalb
Umschlaggestaltung: Ohl Design
Gesamtherstellung: Wochenschau Verlag
Titelbild: Makista unter Verwendung der Piktogramme von Pia Steinmann
Gedruckt auf chlorfreiem Papier
ISBN 978-3-95414-067-1 (Buch)
ISBN 978-3-95414-068-8 (E-Book)
ISBN 978-3-95414-129-0 (Buch + Onlinematerial 1: Praxismaterialien für die Grundschule)
ISBN 978-3-95414-130-2 (Buch + Onlinematerial 2: Praxismaterialien für die Sekundarstufe I)

Inhalt

Vorwort zur zweiten Auflage 6
Vorwort der Herausgeber 7

Lothar Krappmann
**Kinderrechte und Demokratiepädagogik in der Schule:
Zum Auftakt** 12

Sonja Student, Jasmine Gebhard
Das Modellschul-Netzwerk für Kinderrechte in Hessen 20

Jasmine Gebhard
Porträts von zehn Kinderrechte-Schulen 39
  1. Demokratie-Bausteine und Kinderrechte-Praxis: Albert-Schweitzer-Schule
     (Grundschule in Langen) 41
  2. Viele Kinder, viele Länder, viele Farben, viele Meinungen:
     Albert-Schweitzer-Schule (Grundschule in Frankfurt/Main) 43
  3. Kinderrechte-Montagsrunde: Brüder-Grimm-Schule (Grundschule in Hanau) .. 45
  4. Lernen mit Spaß und Bewegung – miteinander, füreinander:
     Grundschule Breckenheim (Grundschule in Wiesbaden) 47
  5. Schülervertreter als Kinderrechte-Botschafter: Ernst-Reuter-Schule
     (Grund-, Haupt- und Realschule in Offenbach) 49
  6. Schule und Stadtteil gemeinsam aktiv für Kinderrechte:
     Goetheschule (Grundschule in Wiesbaden) 51
  7. Vom sozialen Lernen zu sozialem Handeln, Fachcurriculum und Projekt-
     vielfalt: Gutenbergschule (Kooperative Gesamtschule in Darmstadt) 53
  8. Kinderrechte-, Demokratie- und Sozialkompetenzen im Curriculum:
     Heinrich-Böll-Schule (Kooperative Gesamtschule in Hattersheim) 55
  9. Kinder für Kinder – Partizipation und Verantwortungsübernahme:
     Grundschule Stierstadt (Grundschule in Oberursel) 57
  10. Vielfalt nutzen: Uhlandschule (Grundschule in Frankfurt) 59

Franziska Perels, Bernd Schreier
Kinderrechte im Hessischen Referenzrahmen Schulqualität 61

Sonja Student
Schule als „Haus der Kinderrechte" 68

Jasmine Gebhard
Kinderrechte-Fortbildungen: Von Schulen für Schulen 76

Ulrike Leonhardt, Lea Berend
Prozessberatung und Selbstevaluation in der Schulentwicklung
Erfahrungen aus der Praxis des Modellschul-Netzwerks für
Kinderrechte Rhein-Main 83

Helmolt Rademacher
Kinderrechte und demokratische Schulentwicklung
Am Beispiel des hessischen Projekts Gewaltprävention und
Demokratielernen 94

Barbara Busch
Schulentwicklung hin zur kindergerechten Grundschule
Ein Praxisbericht der Albert-Schweitzer-Schule Langen 105

Christa Kaletsch, Marion Altenburg van Dieken
Klassenrat – Basis für Kinderrechte und Demokratie an der Schule 118

Jutta Gerbinski, Hannes Marb
Kinderrechte im Schul-Curriculum. Am Beispiel des Sportunterrichts 131

Marianne Müller-Antoine, Sebastian Sedlmayr
JuniorBotschafter für Kinderrechte 137

Rüdiger Steiner
Kinderrechte und Kunsterleben 147

Rosemarie Portmann
Eltern und Schule – gemeinsam für Kinderrechte 156

Lea Berend
Schulen schaffen Öffentlichkeit. Engagement für Kinderrechte
sichtbar machen 164

Inhalt

Bettina Schuster-Kunovits
Kinder, Kinder – Ihr macht Schule! Demokraten fallen nicht vom
Himmel! Ein Projekt des Kinderbüros in Oberursel 171

Wolfgang Edelstein
Zum Nachklang: Kinderrechte und Demokratie –
Werte und Kompetenzen für eine nachhaltige Schule 184

Nachwort und Ausblick von Christian Petry 198

Autorinnen und Autoren 200

Literaturempfehlungen: Bildung für Kinderrechte und Demokratie 203

Die Kinderrechte – kurz gefasst 205

Vorwort zur zweiten Auflage

Wir freuen uns sehr über die Neuauflage dieses Praxisbuches. In den zwei Jahren seit seinem Erscheinen gab es einige neue Entwicklungen. Das Modellschul-Netzwerk für Kinderrechte in Hessen, dessen Erfahrungen und Perspektiven der Erstveröffentlichung zugrunde liegen, hat sich über die zehn Schulen im Rhein-Main-Gebiet hinaus auf mittlerweile 21 Schulen in ganz Hessen ausgeweitet. Sie setzen sich für die Umsetzung der Kinderrechte in ihrem Unterricht und Schulleben ein und geben ihre Erfahrungen an andere Schulen und außerschulische Partner in Fortbildungen und Hospitationen weiter.

Angeregt durch das hessische Beispiel und im kollegialen Austausch über die Erfahrungen in diesem Netzwerk entstand in Nordrhein-Westfalen ein Kinderrechteprogramm für Grundschulen in Kooperation des buddy e.V. mit dem Ministerium für Schule und Weiterbildung, UNICEF-Deutschland und weiteren Förderern. Auch in Niedersachsen gibt es ähnliche Vorhaben und wir hoffen, dass sich weitere Bundesländer anschließen.

Inzwischen liegt ein zweiter Band der Reihe Kinderrechte und Bildung im Debus Pädagogik Verlag vor: „Worauf Kinder und Jugendliche ein Recht haben". Im Zentrum steht das Manifest „Kinderrechte, Demokratie und Schule", das von Fachleuten aus der Perspektive von Pädagogik, Kinderrechten und Schulpraxis erläutert wird. Es schafft eine Grundlage, auf die sich alle Schulreformnetzwerke und Einzelschulen beziehen können. Der Band hilft, schon vorhandene Ansätze weiterzuentwickeln und neue Initiativen zu entfalten. So können alle an Schule Beteiligten bewusst und gemeinsam eine Kultur der Menschenrechte in der Schule schaffen, die das demokratische Zusammenleben und -lernen trägt.

Wir laden Sie ausdrücklich dazu ein, sich daran zu beteiligen.

Wolfgang Edelstein, Lothar Krappmann und Sonja Student
Juni 2016

Vorwort der Herausgeber

Warum haben wir uns entschlossen dieses Praxisbuch „Kinderrechte in die Schule" herauszugeben? Es gibt einen negativen Grund: Die Kinderrechte sind noch nicht wirklich an unseren Schulen angekommen, weder als gesichertes Wissen aller an Schule Beteiligten um die Rechte der Kinder, noch als gelebte und selbstverständliche demokratische Lebenspraxis. Doch es gibt auch einen positiven Grund: die vielen guten und konstruktiven Erfahrungen, wie Schulen sich zu kindergerechten Schulen entwickeln können, wie sie sich gegenseitig dabei unterstützen und durch die Kooperation von Staat und Zivilgesellschaft Unterstützung erfahren können.

Das Übereinkommen über die Rechte des Kindes (meist bezeichnet als Kinderrechtskonvention) wurde am 20. November 1989 von der Generalversammlung der Vereinten Nationen verabschiedet und inzwischen von nahezu allen Staaten der Welt ratifiziert.[1] Die Kinderrechte sind die Menschenrechte für Kinder, sie gelten für alle jungen Menschen von Geburt an bis zur Vollendung des 18. Lebensjahres. In Deutschland trat die UN-Kinderrechtskonvention am 5. April 1992 bindend in Kraft. Trotz erheblicher Erfolge gibt es vor allem an Schulen ein Defizit der Kenntnis und der Umsetzung. Dieser vielfach beklagte Zustand wird in der Studie „LBS-Kinderbarometer" erneut festgestellt: Nur 27 % der Schülerinnen und Schüler* im Alter von 9-14 Jahren bundesweit haben von den Kinderrechten gehört (vgl. LBS Hessen-Thüringen 2011, S. 50).

Dabei hatte die Kultusministerkonferenz (KMK) im März 2006 eine „Erklärung zur Umsetzung des Übereinkommens der Vereinten Nationen über die Rechte des Kindes" abgegeben. Darin heißt es unter anderem: „(…) Die KMK spricht sich dafür aus, dass die altersgerechte Berücksichtigung der Rechte des Kindes auf Schutz und Fürsorge sowie auf Partizipation essentiell für die Schulkultur ist" (vgl. KMK 2006, S. 1). Diese Bedeutung betonte Staatssekretär Alexander Lorz im Namen der Kultusministerkonferenz bei der

---

* In diesem Buch werden die männlichen und weiblichen Formen unterschiedlich verwendet. Dort, wo nur die männliche Form verwendet wird, ist die weibliche mitgemeint.
1 Nicht ratifiziert haben Somalia, Südsudan und die USA. Ende 2013 haben Somalia und Südsudan ihre Ratifizierung in Aussicht gestellt.

feierlichen Eröffnung des ersten „JuniorBotschafter-Gipfels für Kinderrechte" mit Kinder- und Jugenddelegationen aus allen 16 Bundesländern im Juni 2013 in Frankfurt. Doch nicht nur die KMK hat auf die Bedeutung der Kinderrechte verwiesen: Menschenrechte und Demokratie gehören zu den Erziehungsleitzielen der EU, des Europarats und der OECD für das 21. Jahrhundert (vgl. OECD 2002 und Council of Europe 2010).

Die Schule spielt eine herausragende Rolle in dem Prozess, dass alle Kinder die Menschenrechte von Kindern wie Erwachsenen sowie Demokratie von Anfang an lernen und (er)leben. Die Schule ist der einzige Ort, den alle Kinder besuchen und an dem alle Kinder mit diesen Werten in Berührung kommen können; der Ort, an dem sie Anerkennung erfahren, Selbstwirksamkeit und Beteiligung erleben können.

Eine kindergerechte Schule bietet Kindern Schutz, Förderung, Anerkennung sowie Möglichkeiten der Partizipation und Verantwortungsübernahme – Prinzipien, ohne die eine freiheitliche, demokratische und fürsorgliche Gesellschaft nicht von Bestand sein kann. Wir werden nicht als Demokraten geboren, sondern müssen demokratische Kompetenzen erwerben, nicht nur kognitiv, sondern als erlebten Alltag in partizipationsförderlichen Verhältnissen, die einen demokratischen Habitus prägen. Die Kinderrechtskonvention bietet eine hervorragende Grundlage für die Entwicklung von Schule als wertgestützter und demokratischer Lern- und Lebensraum, in dem sich Kinder sicher und geborgen fühlen, ohne Mobbing und Gewalt lernen, ihre Potenziale entwickeln, sich beteiligen und Verantwortung übernehmen können.

Mittlerweile liegt eine Anzahl guter Beispiele dafür vor, wie Kinderrechte an der Schule gelernt und gelebt werden können. Nicht zuletzt die Erfahrungen des hessischen „Modellschul-Netzwerks für Kinderrechte Rhein-Main" und der daran beteiligten Lehrkräfte, Kinder und Jugendlichen, Eltern sowie der pädagogischen, zivilgesellschaftlichen und institutionellen Partner sind in die vorliegende Veröffentlichung eingeflossen und werden im Geiste des Voneinander-Lernens weitergegeben. Das Schulnetzwerk von Kinderrechte-Schulen entstand aus der langjährigen Zusammenarbeit verschiedener Projektpartner im Rahmen des bundesweiten Wettbewerbs UNICEF-JuniorBotschafter für Kinderrechte. Vor allem für Kinder und Jugendliche bietet der Wettbewerb einen motivierenden Einstieg in das Thema. Als „Peer-to-Peer-Projekt" stößt er Aktionen einzelner Kinder und Jugendlichen sowie von Gruppen, Schulklassen oder ganzer Schulen für die Rechte der Kinder in Deutschland und weltweit an. Für die Schülerinnen und Schüler ist die Teilnahme daran ein besonderer Anreiz, ihre Aktivitäten in einen bundesweiten und nachhaltigen Zusammenhang zu stellen und sich als Teil der „JuniorBotschafter-Community" in Deutschland als gesellschaftliche Kraft zu erleben.

Die Kinderrechte-Schulen haben einzeln und gemeinsam ihre Kinderrechte-Schwerpunkte entwickelt: mit partizipativen Grundlagen im Klassenrat und Schülerparlament, durch ein Kinderrechte-Curriculum für einzelne Fächer oder die ganze Schule, durch Trainings für Kommunikations- und Konfliktlösung, Projekttage oder -wochen zu den Kinderrechten. Als Botschafter für Kinderrechte haben Schülerinnen und Schüler eine aktive Rolle bei der Bekanntmachung und Umsetzung an ihrer eigenen Schule, aber auch an Schulen ihrer Umgebung gespielt: u. a. durch Kinderrechte-Wahlen in anderen Klassen, einen Kinderrechte-Sportparcours, einen Kinderrechte-Pfad rund um das Schulgelände, Gespräche mit Politikern oder Aktionen zum Weltkindertag in ihrer Gemeinde. In die Entwicklung zur Kinderrechte-Schule wurden alle an Schule Beteiligten einbezogen: Kinder, Jugendliche, Lehrkräfte und pädagogische Fachkräfte, Eltern sowie Partner aus der Kommune. Wie die Rechte und Pflichten für die einzelnen Gruppen der Kinder, Lehrkräfte und Eltern verbindlich für das Miteinander an der Schule geregelt werden können, zeigen z. B. die Vereinbarungen an der Albert-Schweitzer-Grundschule in Langen anschaulich.

Das Schulnetzwerk war über die regionalen Grenzen hinaus eingebunden in kinderrechtliche und demokratiepädagogische Strukturen in Deutschland – durch Kooperation mit der National Coalition Deutschland – Netzwerk zur Umsetzung der UN-Kinderrechtskonvention (NC)[2] und der Deutschen Gesellschaft für Demokratiepädagogik (DeGeDe)[3]. Diese Einbindung fördert ein

---

2   Dachverband von rund 110 bundesweit tätigen Organisationen und Initiativen aus verschiedenen gesellschaftlichen Bereichen mit dem Ziel, die UN-KRK bekannt zu machen und ihre Umsetzung in Deutschland voranzubringen.
3   Die DeGeDe ist eine gemeinnützige Vereinigung, die sich für Demokratielernen und demokratiepädagogische Schulentwicklung engagiert. Dabei sieht sie ihre Aufgabe in der Förderung demokratischer Organisationskulturen in schulischen und außerschulischen Erziehungs- und Bildungseinrichtungen.

tieferes und systemisches Verständnis der Bildung für Kinderrechte/Menschenrechte und Demokratie sowie eine Kooperation der damit befassten zivilgesellschaftlichen Initiativen und staatlichen Institutionen.

Kinderrechte sind eine gemeinsame Aufgabe von Staat und Zivilgesellschaft. Dabei spielt die Zivilgesellschaft bei „neuen" und wichtigen Themen häufig eine besondere Rolle, weil sie Innovationen freisetzen kann. Im Fall des „Modellschul-Netzwerks für Kinderrechte Rhein-Main" ging die Initiative von aktiven Trägern und Unterstützern der Kinderrechtsbewegung aus: dem Verein Makista – Bildung für Kinderrecht und Demokratie, UNICEF Deutschland sowie der Ann-Kathrin-Linsenhoff-UNICEF-Stiftung.

Wir danken allen Förderern des Modellschul-Netzwerks und allen daran Beteiligten für die wertvollen Erfahrungen und die Beiträge zu diesem Buch. Besonders bedanken möchten wir uns für die redaktionelle und organisatorische Betreuung der Entstehung dieses Buchs bei Lea Berend und Jasmine Gebhard von Makista. Der Forschungsgemeinschaft Modellprojekte (FGM) danken wir für die Förderung dieser Veröffentlichung und dem Debus-Verlag für seine kompetente und sorgfältige Begleitung.

Vor allem gehen unsere Hoffnungen dahin, dass in den nächsten Jahren jede Schule in unserem Land eine Schule der Kinderrechte wird. Jede Schule beschreitet dabei ihren eigenen Entwicklungsweg. Schulen, die sich für Kinderrechte engagieren, können ihr Wissen im Sinne eines solidarischen Voneinander-Lernens an andere weitergeben. Wir wünschen uns, dass dieses Engagement der Einzelschulen in „entgegenkommenden Verhältnissen" durch eine gemeinsame Initiative von Staat und Zivilgesellschaft unterstützt wird. Bildung für Kinderrechte und Demokratie geht uns alle an. Sie ist unverzichtbar, wenn wir unseren Kindern, uns selbst und der Zukunft der Demokratie gerecht werden wollen. Machen Sie sich mit uns auf den Weg, sei es begeistert, sei es verantwortungsbewusst, stets aber mutig und streitbar, doch auch großzügig, ausdauernd und sinnhaft für das Wohl der Kinder bei uns und weltweit.

Wolfgang Edelstein, Lothar Krappmann, Sonja Student

Zum Inhalt des Buchs

Dieses theoretisch fundierte Praxisbuch zu den Kinderrechten an der Schule bietet viele verschiedene Perspektiven und Zugänge zum Thema: Es ergänzen sich Sichtweisen aus Wissenschaft, Unterrichts- und Schulpraxis, von Kunstpädagogen, Schulleitern und Schulberatern, von Nichtregierungsorganisationen und Kinderbeauftragten und aktiven JuniorBotschafterInnen für Kinderrechte.

Gerahmt wird das Buch durch die Beiträge von Lothar Krappmann und Wolfgang Edelstein zum grundlegenden Zusammenhang von Kinderrechten und Demokratiepädagogik. Nach einer Darstellung der Erfahrung des Modellschul-Netzwerks für Kinderrechte in Hessen finden Sie vielfältige Anregungen zur Entwicklung einer einzelnen Schule wie auch von Schulnetzwerken, zu Kooperationen von Schule und Kommune sowie zur Nutzung und zum Aufbau von bildungspolitischen Unterstützungsstrukturen in Deutschland. Neben der langfristigen Perspektive von Schulentwicklung werden vielfältige Beispiele für attraktive Projekte und Unterrichtsideen beschrieben und Tipps für Literatur und Medien zum Thema gegeben.

Begleitend zu diesem Buch erscheinen Online-Praxismaterialien für die Grundschule mit einer Einführung zu den Kinderrechten in kindgerechter Sprache, 90 Arbeitsblättern mit Handlungsanregungen für die Einzelarbeit und die ganze Klasse sowie didaktischen und methodische Anregungen für die Lehrkräfte und pädagogischen Fachkräfte. Online-Praxismaterialien für die Sekundarstufe I wurden ebenfalls erstellt. Ein ergänzendes Materialpaket für die Klasse (u. a. Kinderrechte-Poster, Elterninfo) kann über die Webseite www.kinderrechteschulen.de bestellt werden.

Literatur

Council of Europe (Eds.) 2010: Charter on Education for Democratic Citizenship and Human Rights Education Recommendation.
Kultusministerkonferenz 2006: Zur Umsetzung des Übereinkommens der Vereinten Nationen über die Rechte des Kindes.
LBS Hessen-Thüringen (Hg.) 2011: LBS-Kinderbarometer Deutschland 2011 – Länderbericht Hessen, PROSOZ Herten.
OECD (Eds.) 2002: DeSeCo Strategy Paper – An Overarching Frame of Reference for a Coherent Assessment and Research Program on Key Competencies.

Lothar Krappmann

Kinderrechte und Demokratiepädagogik in der Schule: Zum Auftakt

Demokratie wird getragen von Bürgern, die sich eine Meinung bilden und für diese eintreten; von Bürgen, die Meinungen anderer achten und nach argumentativen statt gewaltsamen Wegen des Ausgleichs suchen, wenn es Widersprüche und Unvereinbarkeiten gibt. Die Bürger wollen, dass Interessen, Ziele und Konfliktlösungen an Prinzipien von Gerechtigkeit und Fürsorglichkeit gemessen werden und diese Prinzipien in veränderten Situationen immer wieder neu konkretisiert werden. Zugleich wird den Bürgern die Bereitschaft abverlangt, Mehrheitsentscheidungen zu akzeptieren, solange diese nicht den konstitutiven Grundlagen des Gemeinwesens widersprechen. Minderheiten sind vor Konsequenzen zu schützen, die ihre Identität verletzen würden.

Die Fähigkeiten und Einstellungen, über die Bürger eines demokratischen Gemeinwesens verfügen können müssen, werden in Entwicklungs-, Sozialisations- und Unterrichtsprozessen ausgebildet. Ihre Grundlage wird in entscheidender Weise in Kindheit und Jugend gelegt. Es wäre widersinnig, junge Menschen zum ersten Mal mit der Volljährigkeit oder bei der ersten Beteiligung an einer Wahl mit der Aufgabe zu konfrontieren, eine wohlüberlegte Entscheidung zu Zukunftsfragen des Gemeinwesens zu treffen. Zudem würde das Gemeinwesen verkümmern, wenn das bürgerliche Engagement sich auf Wahlakte reduzieren würde, die lediglich im Abstand von Jahren stattfinden.

Viele dem Gemeinwohl dienende Handlungen sind ohnehin nicht an Altersgrenzen gebunden, sondern rechnen mit der Mitwirkung auch der jüngeren Menschen, von Kindern und Jugendlichen: Übernahme von Aufgaben für Jüngere, Hilfeleistungen in der Nachbarschaft, Beseitigung von Risiken, Vorschläge zur Erleichterung gemeinsamen Lebens und Arbeitens. Daher können

Schulen, Tagesstätten für Kinder und lokale Gemeinden vielerlei Nutzen aus der Berücksichtigung von Meinungen und Vorschlägen der Kinder ziehen.

Es gibt sogar Bereiche, in denen eine wünschenswerte Entwicklung des Gemeinwesens nur gesichert werden kann, wenn Kinder und Jugendliche sich aktiv beteiligen. Dies betrifft zum Beispiel die Überwindung von Vorurteilen, Fremdenfeindlichkeit und Diskriminierung von Minderheiten, die nicht erst im Erwachsenenalter, sondern bereits bei Kindern und Jugendlichen auftreten und nur gemeinsam mit ihnen bekämpft werden können. Denn es gibt Gruppen unter den Heranwachsenden, die sich für Ziele einsetzen, die einem menschenfreundlichen, demokratisch geregelten Zusammenleben zuwiderlaufen.

Wenn Kinder und Jugendliche in solche Aufgaben einbezogen werden, stellt sich schnell heraus, dass sie nicht nur in ihrer Entwicklung zu fördernde und bildungsbedürftige junge Menschen sind, die zu versorgen und zu beschützen sind. Sie erweisen sich als aktiv Mithandelnde; sie entwickeln eigene Ideen und Vorschläge, präsentieren ihre Ansprüche, setzen sich aber auch für gemeinsame Interessen ein. Sie bedürfen der Herausforderung ihrer Fähigkeiten und wollen in Auseinandersetzungen und Entscheidungen einbezogen werden, zumal wenn die zu behandelnden Themen und Konflikte auch sie betreffen und ihr jetziges und zukünftiges Leben bestimmen.

Die Kinderrechtskonvention der Vereinten Nationen, die in Deutschland seit 1992 in Kraft ist, sichert Kindern (gemeint sind junge Menschen bis zum Alter von 18 Jahren) das Recht zu, gemäß ihren sich entwickelnden Fähigkeiten aktiv an der Gestaltung ihres eigenen Lebens und des Lebens der Gemeinschaft beteiligt zu werden (Artikel 12 der Konvention). Es gibt neben dem Grundgesetz kein Dokument vergleichbarer Bedeutung für die rechtliche, soziale und kulturelle Stellung von Kindern in Deutschland. Die Kinderrechtskonvention verdeutlicht, wie die Menschenrechte, die mit der Allgemeinen Erklärung der Menschenrechte von 1948 allen Menschen zugesichert wurden, für Kinder im Blick auf ihre Lebenssituation und Entwicklungsbedürfnisse umgesetzt werden müssen.

Die Konvention entwirft das Bild eines Kindes, dem die Würde des Menschen in gleicher Weise zukommt wie jedem anderen Menschen. Dass dieses Kind noch nicht alle Rechte selber ausüben kann, rechtfertigt nicht, es als bloßes Objekt noch so wohlmeinender Maßnahmen zu behandeln. Die Konvention bestätigt, dass es Pflicht der Eltern ist, ihre Kinder zu beraten und anzuleiten, aber fügt hinzu, dass Eltern stets die Rechte des Kindes im Auge behalten müssen und das Kind an Entscheidungsprozessen zu beteiligen haben, soweit es nach Alter und Entwicklungsstand des Kindes möglich ist (Artikel 5).

Ohne Zweifel gilt dies auch für Erzieherinnen und Erzieher, Lehrerinnen und Lehrer, die an den Entwicklungs- und Lernprozessen von Kindern und Jugendlichen entscheidenden Anteil haben. Die Formulierung „nach Alter und Entwicklungsstand" ist nicht restriktiv auszulegen, denn ein Kind kann sich nur entwickeln, wenn Fähigkeiten herausgefordert werden und Verantwortlichkeit zugemutet wird.

Die Konvention ist nicht ein weiterer Appell, wie letztlich auch die ehrwürdige Allgemeine Erklärung der Menschenrechte, sondern sie ist durch die Ratifikation durch den Bundestag zum verbindlich-verpflichtenden Völkerrecht in der Bundesrepublik und in allen weiteren Staaten geworden, die der Konvention formell beigetreten sind. Durch den Beitritt zur Konvention verpflichten sich die Vertragsstaaten, die gesetzgeberischen, administrativen und finanziellen Maßnahmen zu ergreifen, die nötig sind, um die Rechte des Kindes lebenspraktische Wirklichkeit werden zu lassen (Artikel 4).

Der verbindliche Auftrag, Kinder in allen Einrichtungen, die ihre Entwicklung, ihre Bildung und Ausbildung sowie ihre Lebensmöglichkeiten bestimmen, an der Gestaltung dieser Einrichtungen zu beteiligen, legt das Fundament für alle demokratiepädagogischen Vorhaben. Diese Unterrichtseinheiten und Projekte können es nicht dabei belassen, nur Wissen zu vermitteln, so nötig dies auch ist. Immer schon haben Pädagogen darauf gedrängt, die Grundlagen menschlichen Zusammenlebens und somit die Menschen- und Kinderrechte den Kindern durch die Art, in der Schule gemeinsam zu lernen und zu leben, erfahrbar zu machen. Dieser Schritt erfordert, Kinder und Jugendliche in die Verantwortung für die Bildungseinrichtungen und alle Vorgänge in ihnen, die Kinder betreffen, mit einzubeziehen – nach Maßgabe ihres „Alters und Entwicklungsstandes", aber ohne Bevormundung und Misstrauen.

Es gibt überzeugende Beispiele für solche Unterrichtseinheiten und Projekte, wie dies zum Beispiel das BLK-Programm „Demokratie lernen und leben" demonstriert hat. Als besonders überzeugend kann dabei der Klassenrat erwähnt werden, den Kinder und ihre Lehrer in vielen Programmschulen eingerichtet haben. Er wurde zum Ort, an dem Kinder und Lehrer über alltägliche Probleme, aber auch über grundlegende Fragen sprechen und Beschlüsse fassen. Mit dem Auslaufen dieser Programme verschwanden leider viele dieser Projekte, weil sie als zeitweilige Zusatzleistungen und nicht als Substanz gemeinsamen Lernens und Sich-Entwickelns begriffen wurden.

Dies verkennt die Pflichten, die die Bundesrepublik, ihre Länder und Gemeinden mit ihrem Beitritt zur Kinderrechtskonvention übernommen haben. Diesen Pflichten können sich die in Bildungsangelegenheiten selbstständig handelnden Länder nicht entziehen, wie sie in einer gemeinsamen Erklärung zu den Kinderrechten im Jahr 2006 grundsätzlich anerkannt haben. Das Gebot, Kinder und Jugendliche an Schulangelegenheiten zu beteiligen, verlangt jedoch mehr als Projekte, die von aufgeschlossenen Lehrern durchgeführt werden. Es verlangt eine Schulstruktur, die die Mitwirkung der Kinder nicht nur als freiwilliges Projekt aufnimmt, sondern sie zu einem festen Bestandteil der Arbeit der Einrichtungen macht. Kinder sind nicht Zöglinge, sind nicht bloßer Nutzer einer Anstalt. Sie sind nicht Kunden, sondern aktiv am Leben der Einrichtung Beteiligte. Dies gilt im Übrigen auch für Kindertagesstätten, in denen ebenfalls Beispiele für gelingende Einbeziehung von Kindern, sogar von Kindern im Vorschulalter, in gemeinsame Tätigkeiten von Erziehern und Kindern zu finden sind.

Diese Vorstellung löst vielfach Abwehr und sogar Ängste aus, obwohl seit Langem bekannt ist, dass Bildungsprozesse nur *mit* den Kindern erfolgreich sind. Eigentlich kann niemand mehr glauben, man könne Kindern etwas „eintrichtern". Lernen und Entwicklung sind dialogische Prozesse. Es sei daran erinnert, dass die Konvention nicht sagt, Kinder sollten bei Entscheidungen das letzte Wort haben, sondern sie verlangt, dass das Wohl des Kindes „ein Gesichtspunkt [ist], der vorrangig zu berücksichtigen ist" (Artikel 3). Im englischen Originaltext steht an Stelle des deutschen Begriffs „Kindeswohl" der noch stärkere Ausdruck „best interests of the child".

Ihre Meinungen und Interessen sollen Kinder selber vortragen können, sobald sie es vermögen. Die Konvention verpflichtet den Staat und seine Einrichtungen, die Meinungen und Interessen der Kinder „angemessen und entsprechend [ihrem] Alter und [ihrer] Reife" zu berücksichtigen (Artikel 12). Für das

Wort „berücksichtigen" verwendet der verbindliche englische Vertragstext eine Formulierung, die wiederum noch deutlicher macht, was gemeint ist: Dort steht, der Meinung der Kinder sei *due weight*, „gebührendes Gewicht" zu geben.

Weil der Text auf Alter und Reife verweist, haben kritische Befürworter der Kinderrechte befürchtet, diese Formulierung böte eine Handhabe, Kinder aus Entscheidungsprozessen herauszuhalten, weil ihnen Unreife vorgehalten werden könne. Jedoch kann man gerade in dieser Formulierung ein demokratiepädagogisches Potential erkennen. Nur in besonderen Fällen gesteht ein demokratisches Gemeinwesen einer Teilgruppe zu, über sie betreffende Angelegenheiten autonom zu entscheiden. Einer Demokratie entspricht, dass *alle* ihre Meinung einbringen können und dass diese Meinungen gehört und bedacht werden und in die Entscheidungsprozesse einfließen. Die Kinderrechtskonvention bindet die Kinder ein und macht sie nicht zum autonomen Souverän.

In Artikel 3 der Konvention wird besonders klar, dass den Kindern dieses Recht auf Beteiligung bei Maßnahmen aller Art zusteht, denn er verlangt die Berücksichtigung ihrer Meinungen und Interessen bei allen Handlungen „gleichviel, ob sie von öffentlichen und privaten Einrichtungen der sozialen Fürsorge, Gerichten, Verwaltungsbehörden oder Gesetzgebungsorganen getroffen werden". Bildungsstätten gehören zweifellos dazu.

Ein Recht auf Gehör, wie es die Konvention in Artikel 12 benennt, erweckt den Eindruck, ein einseitiger Vorgang zu sein. Gerichte haben jedoch klargestellt, dass ein Recht auf Gehör das Recht auf eine Antwort einschließt. Diese Klärung ist notwendig, denn eine oft von Kindern vorgebrachte Klage ist, dass sie auf ihre Fragen und Vorschläge keine Antwort erhalten. Oft werden weder eine Entscheidung noch deren Begründung mitgeteilt. Wenn es jedoch keine Rückmeldung gibt, fehlt der Ansatzpunkt, um Erläuterungen zu verlangen und Rückfragen zu stellen. Ohne Rückmeldung bleibt Kindern unklar, ob ihre Äußerungen überhaupt zur Kenntnis genommen und berücksichtigt wurden. Manchmal bleibt diese Rückmeldung sogar aus, wenn nach den Vorschlägen der Kinder verfahren wurde, wie Kinder berichten. Das ist erniedrigend und verletzt die Würde des Kindes.

Auf einen Punkt muss dringend noch aufmerksam gemacht werden. Es genügt nicht, Kinder bei irgendeiner Gelegenheit aufzufordern, nun „einmal selber ihre Meinung zu sagen". Damit Kinder sinnvoll und mit Einfluss an der Gestaltung von Unterricht und Schulleben mitwirken können, benötigen sie Zugang zu den relevanten Informationen und müssen Abläufe durchschauen können. Sie müssen sich vorbereiten können. Es muss ihnen auch möglich sein, den Vorgang nachträglich zu kommentieren und Ergebnisse, die nicht befriedigen, zu kritisieren und vielleicht neu zu verhandeln. Es geht nicht um punktuelles Gehör, sondern um dauerhafte Einbindung der Kinder. Nur dann können sie die Zusammenhänge überschauen, in deren Rahmen sie sich äußern, und sinnvoll agieren.

Eine Schule, die sich vornimmt, Beteiligung der Kinder zu verwirklichen, muss sich daher als Schule *mit* den Kindern und nicht nur als Schule *für* die Kinder verstehen. In dieser Schule *mit* Kindern werden die Kinder sehr viel darüber lernen, wie man demokratische Entscheidungsprozesse beeinflusst. So werden sie lernen, dass man sich gut informieren muss; sie werden wahrnehmen, dass es andere und möglicherweise entgegengesetzte Meinungen gibt; sie werden sich Gründe erarbeiten müssen, mit denen man anderen klar machen kann, dass der eigene Vorschlag hilfreicher ist als ein konkurrierender. Kinder werden, nicht anders als Erwachsene, manches Mal auch erkennen und anerkennen, dass sie einen wichtigen Gesichtspunkt außer acht gelassen haben.

Öfters werden sie erleben, dass ihre Vorschläge berücksichtigt werden oder wenigstens in die Entscheidung einfließen, und werden sich bestätigt fühlen. In anderen Fällen werden sie feststellen, dass sie sich mit ihren Argumenten nicht durchsetzen konnten, und es gegebenenfalls erneut versuchen. Dies sind wichtige Erfahrungen, die die lebenspraktische Urteilsfähigkeit der Heranwachsenden fördert. Sie müssen einzuschätzen lernen, wann man für seine Meinung weiterhin eintreten muss und nicht aufgeben sollte, aber auch, wann man eine gefällte Entscheidung akzeptieren muss.

Kinder und Jugendliche werden merken, dass sich nicht alle Mitschüler an diesen Bemühungen beteiligen, so wie es auch unter Erwachsenen der Fall ist. Es gibt manchmal Gründe, nicht mitzumachen; es gibt aber auch bedauerliche, sogar gefährliche Abstinenz. Wie kann man Abseits-Stehende einbeziehen? Man kann hoffen, dass eine gute Beteiligungskultur in der Schule sich auf die Einstellungen auch der sich nicht beteiligenden und doch die Vorgänge beobachtenden Kinder auswirkt.

Vor allem werden Kinder dann nicht aufgeben, wenn sie ihr Recht auf faire Beteiligung missachtet sehen. Sie können sich mit Nachdruck auf die Kinderrechtskonvention berufen, die sie in ihrem Verlangen stützt, ihre Meinung frei äußern und für sie wichtige Entscheidungen beeinflussen zu können. Sie können inzwischen auf Beispiele guter Praxis hinweisen, Kinderrechte im Unterricht zu behandeln, gemeinsam Schwachpunkte im Schulleben zu untersuchen, Klassenräte einzurichten, die das Self-government der Kinder fördern, oder Projekte aufzubauen, die Kinderinteressen auch außerhalb der Schule verfolgen, wie etwa altersangemessene Spielplätze oder sichere Fahrradwege.

Wenn der Staat oder Bundesländer aus der Geltung der Konvention nicht die kinderrechtlich gebotenen Konsequenzen ziehen, ist dies ein Grund zur Beschwerde. Der Ausschuss für die Rechte des Kindes, dem die Staaten über ihre Einhaltung der Konvention Bericht erstatten müssen, mahnt immer wieder an, Kindern Wege zur Beschwerde zu eröffnen. So wie der Staatsbürger ein Gericht anrufen kann, muss es auch Kindern möglich sein, sich an einen Ombudsman, eine Kinderbeauftragte oder einen unterstützenden Lehrer in der Schule zu wenden, um zu erreichen, dass sie mit ihren Anliegen ordnungsgemäß in Entscheidungsprozesse einbezogen werden.

Diese formalen Wege sollten nur eine ultima ratio sein. Viel wichtiger ist, dass unsere Schulen Orte sind, an denen alle Beteiligten, Kinder wie Lehrerinnen und Lehrer, respektiert werden. Sie sollten Orte sein, an denen Meinungen und Vorschläge ernst genommen und aufmerksam behandelt werden und an denen alle erleben, dass Lösungen für Probleme gefunden werden, in denen die Interessen der Beteiligten gewahrt werden. Auch wenn es zu Entscheidungen kommt, die einen Betroffenen unbefriedigt zurücklassen, sollte er oder sie wahrnehmen können, dass nicht die Missachtung seiner Person, sondern eine andere, besser begründete oder breiter unterstützte Auffassung den Ausschlag gegeben hat.

Es liegt nahe, eine Pädagogik der Demokratie vor allem auf das Beteiligungsrecht der Kinder in der Kinderrechtskonvention zu stützen. Es sei jedoch darauf hingewiesen, dass die Konvention den Kindern in umfassender Weise die Stellung eines vollen Mitglieds in Familie, Kommune und Gesellschaft zusichert. Kinder sind Mitbürger, denen die bürgerlichen Menschenrechte zustehen: das Recht, sich zu informieren und informiert zu werden; das Recht auf Gedanken-, Gewissens- und Religionsfreiheit; das Recht, sich mit anderen zusammenzuschließen und das Recht auf eine Privatsphäre. Kinder haben zudem das Recht, frei von Gewalt, Übervorteilung und Beschämung aufzuwachsen. Es ist wichtig, dass die Schule nicht nur das Beteiligungsrecht der Kinder verwirklicht, sondern dafür sorgt, dass die Schülerinnen und Schüler alle diese Rechte genießen. All diese Rechte stärken die Handlungsmöglichkeiten der Kinder und ihre Beteiligung an den Prozessen gemeinsamer Gestaltung des Schullebens und des Unterrichts.

Würden gegenseitige Achtung, Zuhören und Antworten das Kinder-Leben und das Kinder-Erleben in der Schule bestimmen, dann gäbe es keinen Bruch zwischen Kindheit und Jugend und Erwachsenenleben, denn Kinder sähen sich einbezogen von Anfang an, auch wenn ihnen noch manche Kenntnis und Erfahrung fehlen mag. Demokratie benötigt dieses Leben und Erleben, weil sie ermutigt, sich mit anderen um guter Entscheidungen und Regelungen willen auseinanderzusetzen. Die Schule kann zu dieser Erfahrung intensiv beitragen, wenn sie sich als ganze und nicht nur in einzelnen Unterrichtseinheiten als Stätte der Demokratiepädagogik begreift.

Die Schule *kann* beitragen? Die Schule *sollte* mit all ihrer Kompetenz beitragen, Heranwachsende auf ihre Rolle als Mitmenschen und Bürger in Gesellschaft und Staat vorzubereiten, und zwar nicht als eine ihr zugeschobene Nebenaufgabe, sondern indem sie die Einübung in Beteiligung und Mit-Bürger-Sein als einen wesentlichen Teil ihrer Bildungsaufgabe begreift. Unser Staat ist an Verbrechen, die durch mangelnde demokratische Bildung vieler seiner Bürger begünstigt wurden, in der ersten Hälfte des vorigen Jahrhunderts an den Rand des Untergangs geraten. Es gibt keine andere Einrichtung als die Schule, die in entsprechender Weise in der Lage ist, diese Aufgabe demokratischer Bildung zu übernehmen. Schule vermittelt geprüftes Wissen und kann zugleich in ihren Formen der Kommunikation und Kooperation tagtäglich erfahrbar machen, wie gemeinsames Leben gesichert wird, wenn Menschen einander achten, zuhören und aufeinander achtend nach guten Lösungen suchen. Für Schule gibt es keinen demokratiepädagogischen Ersatz.

Sonja Student, Jasmine Gebhard

Das Modellschul-Netzwerk für Kinderrechte in Hessen

Wie können die Kinderrechte endlich bei allen Kindern ankommen? Welche Rolle können Schulen dabei spielen? Und wie können Pionierschulen dabei unterstützt werden, dass Kinderrechtsbildung in das Zentrum der Schulentwicklung gelangt? Was muss sich ändern, damit die Bildung für Kinderrechte und Demokratie so selbstverständlich wird wie der Fachunterricht in Deutsch, Sprachen und Naturwissenschaften, statt nur beiläufig als einzelnes Thema im Unterricht oder in Projekten vorzukommen?

Von diesen Fragen geleitet, initiierten der Verein „Makista – Bildung für Kinderrechte und Demokratie" die Ann-Kathrin-Linsenhoff-UNICEF-Stiftung und UNICEF Deutschland gemeinsam das Pilotprojekt „Modellschul-Netzwerk für Kinderrechte Rhein-Main"[1]. Zehn Schulen aus dem Rhein-Main-Gebiet konnten erproben, wie Schulentwicklung zu den Kinderrechten gelingen kann und übertragbare Standards sowie Praxisbeispiele schaffen. Gleichzeitig wird in dem Programm deutlich gemacht, wie Schulen bei dieser neuen Aufgabe dauerhaft unterstützt werden können – durch die Zivilgesellschaft und staatliche Institutionen.

Schulentwicklung zu den Kinderrechten und die Einbindung in das Regelsystem der Bundesländer brauchen Zeit, Tatkraft, Geduld und Kümmerer. Daher wurden neben den Projektverantwortlichen von Beginn an wichtige Transferpartner in die Arbeit des Programms einbezogen: In einem Fachbeirat waren Experten vertreten, die wichtige Impulse und aktive Beiträge für die Durchführung des Projekts sowie den Transfer in Hessen und bundesweit gaben.

Wissenschaftlich begleitet und evaluiert wurde das Pilotprojekt im Zeitraum von April 2010 bis April 2012 von Prof. Franziska Perels (Universität des Saarlands und Institut für Qualitätsentwicklung Hessen). Die Ergebnisse sind

---
1 Gefördert von 2010 bis 2012 durch die Stiftung Flughafen Frankfurt/Main für die Region und die Ann-Kathrin-Linsenhoff-UNICEF-Stiftung.

in einem Bericht von Prof. Perels und Manuela Leidinger auf www.makista. de/schulnetzwerk abrufbar.

Da Einstellungen und Haltungen von Kindern in frühen Jahren geprägt werden, wurden vorrangig Grundschulen für die Teilnahme am Modellprojekt ausgewählt. Je eher Kinder die Kinderrechte kennenlernen und in ihrem eigenen Alltag erleben können, desto wahrscheinlicher ist es, dass sie die kinder- und menschenrechtliche Prägung auch in späteren Jahren beibehalten und praktizieren. Auf diesen früh erworbenen Fähigkeiten und Haltungen können die weiterführenden Schulen aufbauen. Die Beteiligung von 5. und 6. Klassen in der Sekundarstufe bietet einen Einstieg in die Kinder- und Menschenrechtserziehung für Jugendliche. Die beteiligten weiterführenden Schulen haben ihre Aktivitäten bereits auf die Klassenstufen 7 und 8 ausgedehnt. Darauf aufbauend soll ein Programm für Jugendliche entwickelt werden, das die Thematik zielgruppenspezifisch aufgreift.

Das Modellprojekt berücksichtigte eine große Vielfalt von Schulen in Bezug auf die Zusammensetzung der Schülerschaft, die unterschiedlichen schulischen Schwerpunkte und den Entwicklungsstand. Gesucht waren nicht sogenannte „Leuchtturm-Schulen", sondern eine gute Mischung aus Schulen, die sich schon seit vielen Jahren für Kinderrechte und Demokratie engagieren und Schulen, die die Kinderrechte als Schulentwicklungsthema neu einführen wollten. Wichtigste Bedingungen für die Teilnahme waren der Wille und die Selbstverpflichtung, sich im Bereich Kinderrechte zu entwickeln. Der Begriff Modellschule für Kinderrechte bedeutete nicht, dass die Schulen bereits zu Beginn ein Modell für andere Schulen waren, sondern dass sie es im Laufe ihrer Entwicklung werden wollen und bereit sind, ihre Erfahrungen (sei es in einem bestimmten Kinderrechte-Schwerpunkt oder als Schulentwicklungsprozess insgesamt) an andere Schulen weiterzugeben. Es ging darum, sich als selbstständige Schule im Bereich Kinderrechte zu entwickeln, dabei Unterstützung zu erhalten, aber auch sich gegenseitig in diesem Prozess zu unterstützen – erst innerhalb der Gemeinschaft der Netzwerkschulen und später in schuleigenen Fortbildungen für andere hessische Schulen.[2]

---
2   Mehr dazu in Jasmine Gebhards Artikel „Kinderrechte-Fortbildungen: Von Schulen für Schulen".

> **Programmablauf und Fachbeirat**
>
> Pilotphase im Schuljahr 2010/2011 bis 2011/2012
> - Initiierung und Vorbereitung (März bis September 2010): Klärung der Vorbedingungen für die Durchführung, Zusammensetzung des Fachbeirats, Auswahl der Schulen
> - Durchführung des Projekts an den einzelnen Schulen (September 2010 bis Juni 2012): Konzeptentwicklung, Erprobung gesetzter Ziele im Schulalltag, Implementierung an den Schulen
> - Auswertung der Pilotphase (August 2012): Zusammenfassende Bewertung der Projektergebnisse und Vorbereitung der Transferphase
>
> Transferphase seit dem Schuljahr 2012/2013 (landesweit)
> - Aufnahme neuer Schulen
> - Weitere Begleitung der Schulentwicklung an den Kinderrechte-Schulen
> - Entwicklung und Durchführung von Fortbildungen Schulen für Schulen im Fortbildungsprogramm „Kinderrechte lernen und leben"
>
> **Mitglieder des Fachbeirats**
> Leitung: Prof. Dr. Lothar Krappmann, Mitglied des UN-Ausschusses für die Rechte des Kindes 2003-2011; Ulrike Leonhardt, freie Prozessbegleiterin und Beraterin / wiss. Mitarbeiterin HS Darmstadt FB Soziale Arbeit; Ann Kathrin Linsenhoff, zweite Vorsitzende UNICEF Deutschland und Vorsitzende der Ann-Kathrin-Linsenhoff-UNICEF-Stiftung; Marianne Müller-Antoine, Bildungsreferentin UNICEF Deutschland; Prof. Dr. Franziska Perels, Universität des Saarlandes / Institut für Qualitätsentwicklung Hessen (IQ); Helmolt Rademacher, Leiter HKM-Projekt „Gewaltprävention und Demokratielernen" (GuD); Bernd Schreier, bis 2013 Direktor Institut für Qualitätsentwicklung Hessen (IQ); Gerhard Sechtling, Hessisches Sozialministerium Referat Jugend; Sonja Student, Vorsitzende Makista e. V.

In den ca. vier Jahren seit der Gründung ist aus dem Pilot-Projekt ein dauerhaft angelegtes Qualitätsnetzwerk von Kinderrechte-Schulen entstanden, das ein nachhaltig angelegter Bestandteil einer kinderrechtlichen Infrastruktur für die Schulen in Hessen ist – und zwar in enger Kooperation mit staatlichen Institutionen sowie zivilgesellschaftlichen Partnern.

In diesem Artikel konzentrieren wir uns auf einige wesentliche Erkenntnisse und Gelingensbedingungen, die die Zusammenarbeit von Schulen in Netzwerken für Kinderrechte und die Kooperation mit Partnern aus Staat und Zivilgesellschaft betreffen. In einem gesonderten Artikel in diesem Buch können Sie mehr über die Projekte und Entwicklungen der einzelnen Kinderrechte-Schulen erfahren.[3]

1. Ziele

Das Projekt sollte nicht nur für die Entwicklung von zehn Kinderrechte-Schulen nützlich sein, sondern ausgehend von diesen einen wichtigen Beitrag zur Verankerung der Kinderrechte in Hessen und bundesweit leisten.

Langfristige Ziele waren:
- zu gewährleisten, dass alle an Schule Beteiligten – also Schülerinnen und Schüler, ihre Lehrkräfte, die Eltern und pädagogischen Partner die Kinderrechte kennen, so wie es die UN-Kinderrechtskonvention in Art. 42 fordert;
- sicherzustellen, dass diese dauerhaft im Alltag der Schule erfahren und gelebt werden – im Unterricht, in Projekten, in der Schulkultur und geeigneten Strukturen;
- die Schulen auf diesem Weg bestmöglich zu unterstützen und eine Kooperation von Zivilgesellschaft und staatlichen Institutionen zu fördern;
- die Kinderrechte fest in das Bildungs-Regelsystem in Hessen und später auch bundesweit zu integrieren.

Teilziele waren:
- die ersten zehn Schulen in der Modellregion in ihrer je individuellen Entwicklung zur Kinderrechte-Schule durch Einzelberatungen und passende Fortbildungsangebote zu unterstützen;
- ein Netzwerk zur Förderung des gemeinsamen Lernens und des Erfahrungsaustausches zwischen den Schulen in halbjährlichen Netzwerktreffen mit fachlichen Experteninputs sowie durch gemeinsame Fortbildungen mit Hospitationen aufzubauen;

---
3 Mehr dazu in Jasmine Gebhards Artikel „Porträts von zehn Kinderrechte-Schulen".

- Praxismaterialien für die Kinderrechte-Schulen und deren Erprobung und bundesweite Nutzung der Materialien nach der Pilotphase für interessierte Schule bereitzustellen;
- die Aktivitäten in den bundesweiten Wettbewerb „UNICEF-JuniorBotschafter für Kinderrechte"[4] einzubinden;
- die Schulen bei der internen und externen Kommunikation des Pilotprojekts durch eine Webseite und einen regelmäßigen Newsletter zu unterstützen;
- eine unterstützende Struktur im Land Hessen für die Arbeit des Schulnetzwerkes und für die Übernahme der Kinderrechte in die schulische Qualitätsentwicklung aufzubauen;
- Schulen dabei helfen, eigene Fortbildungen zu den Kinderrechten durchzuführen;
- einen bundesweiten Transfer durch gezielte Presse- und Öffentlichkeitsarbeit für das Modellprojekt anzubahnen.

Auch wenn diese Projektziele klar definiert waren, gab es von Anfang an eine grundsätzliche Prozess-Offenheit. Sowohl einzelne Ziele für das Gesamtprojekt als auch für die Schulen veränderten sich im und mit dem Projektverlauf. Denn mit jedem (Fort-)Schritt im Prozess konnten sich nicht nur Kompetenzen oder äußere Strukturen verändern, sondern auch die Haltungen der Beteiligten, die Sicht auf Kinder, auf Schule und das Miteinander. Anfangsziele wurden nicht einfach abgearbeitet, sondern veränderten sich mit. In diesem Sinne ist Schule als lernende Institution mit lernenden Menschen zu verstehen.

2. Arbeit auf mehreren Ebenen: Einzelschulen, Netzwerk, landes- und bundesweite Unterstützungsstruktur

Um ein funktionierendes Netzwerk von Kinderrechte-Schulen aufzubauen, ist eine feine Abstimmung der Entwicklung der Einzelschulen, ihrer zielorientier-

---

4 Mehr dazu im Artikel von Müller-Antoine/Sedlmayr „JuniorBotschaft für Kinderrechte" oder www.juniorbotschafter.de

ten gemeinsamen Arbeit im Netzwerk sowie der Einbindung dieser Arbeit in das Regelsystem des Landes Hessen erforderlich. Alle drei Bestandteile gehören zu einer umfassenden Kinderrechte-Unterstützungsstruktur:
1. Entwicklung der Einzelschule
2. Entwicklung im Netzwerk
3. Unterstützende Landesstruktur

2.1 Entwicklung der Einzelschulen: Schulen werden „Häuser der Kinderrechte"

Als Schulentwicklungsprogramm hatte das Modellprojekt die Entwicklung der Einzelschule im Bereich Kinderrechte zum Ziel. In jeder Schule sollten Wege erprobt werden, sich im Hinblick auf das Wissen über die Kinderrechte und ihre Verwirklichung individuell zu „Häusern der Kinderrechte" zu entwickeln. Dabei wurden sie vom Projektleitungsteam und externen Fortbildnern unterstützt: durch individuelle Beratung, Qualifizierung, Erfahrungsaustausch mit den anderen Netzwerkschulen, aber auch durch gemeinsame Hospitationen bei anderen Schulen, die ihre besonderen Stärken an andere weitergeben. Jede Schule richtete eine Steuer- oder Projektgruppe für das Modellprojekt ein, bestehend aus einem Schulleitungsmitglied und ein bis drei Lehrkräften. Diese Gruppe war Ansprechpartner für die Projektleitung, nahm an den Beratungsgesprächen und Netzwerktreffen teil und initiierte die Umsetzung des Vorhabens an der eigenen Schule.

An den Kinderrechte-Schulen wurde das „Lernen über Kinderrechte" durch „Lernen für Kinderrechte", d. h. für ihre Verwirklichung, ergänzt. Anders als in kurzfristig angelegten Projekten, Events und Wettbewerben stand dabei die systematische Verankerung der Kinderrechte an den beteiligten Schulen im Vordergrund: Kinderrechte sollten nicht nur als Thema im Unterricht oder in Projekten vorkommen, sondern Teil der Schulentwicklung zur „kindergerechten Schule" sein, also das Miteinander und die Schulkultur prägen.

Das individuelle Kinderrechte-Profil jeder Schule war entsprechend der pädagogischen Schwerpunktsetzung verschieden. Daher brauchte die Arbeit mit den Schulen sowohl ein Verständnis der Universalität der Kinderrechte sowie der Individualität und Selbstständigkeit in der jeweils spezifischen Umsetzung.[5]

Von Anfang an erhielten die beteiligten Schulen Praxismaterialien, die sie im Unterricht und in Projekten einsetzen konnten.[6] Aus den Bedarfen der Schulen wurden zusätzlich ergänzende Materialien erstellt: ein Elterninfobrief, ein Poster mit einer kindgerechten Kurzfassung der Kinderrechte für die Klasse[7], ein Kinderrechte-Geburtstagskalender, Kinderrechte-Postkarten und eine Praxisbroschüre zur Schulentwicklung „Schule als Haus der Kinderrechte".

Schritte bei der Entwicklung zur Kinderrechte-Schule

- Vereinbarung und Absichtserklärung über die Zusammenarbeit im Programm
- Einrichtung einer Steuer- bzw. Projektgruppe an der Schule (ein Schulleitungsmitglied, ein bis zwei Lehrkräfte, Schülervertretungen, bei Bedarf weiteres Mitglied aus Schulgemeinde)
- Ziel- und Meilensteinplanung mit Schwerpunktsetzung im Bereich Kinderrechte
- Umsetzung des Ziel- und Meilensteinplans als Kombination aus inhaltlicher Arbeit/Bildungsqualität und organisatorischer Qualität (Schulentwicklung „Haus der Kinderrechte"), d.h.
    - Alle an Schule Beteiligten lernen die Kinderrechte kennen
    - Einsatz der Praxis-Materialien im Unterricht und Projekten
    - Projekttage oder -wochen, Tag der offenen Tür, öffentliche Aktionen (z.B. zu Weltkindertag, Schulfest)
    - Arbeit an einem/mehreren Kinderrechte-Schwerpunkt/en
    - Einrichtung von Klassenräten (ggf. in Kombination mit weiteren integrierten Beteiligungsstrukturen wie SV, Schülerparlament)
    - Anbahnung der Implementierung von Kinderrechten im Schulleitbild und im Schul- bzw. Fachcurriculum

---

5 Mehr dazu in Sonja Students Artikel „Schule als Haus der Kinderrechte".
6 In überarbeiteter Form ergänzend zu diesem Buch als Onlinematerial erschienen: „Kinderrechte in die Schule. Gleichheit, Schule, Förderung, Partizipation. Praxismaterial Grundschule."
7 Siehe dazu Anhang „Die Kinderrechte – kurz gefasst".

2.2 Entwicklung im Netzwerk

Hier ging es darum, den Vorzug der gemeinsamen Entwicklung im Hinblick auf ein übergeordnetes Ziel zu erkunden, die gemeinsame Qualifizierung der jeweiligen Verantwortlichen der Schulen und ihren Austausch über Gemeinsamkeiten und Unterschiede zu organisieren sowie dafür zu sorgen, dass die Ergebnisse dieses Lernprozesses auch bei den Einzelschulen und ihren jeweiligen Zielgruppen ankommen.

Die Schulen konnten sich in halbjährlichen Netzwerktreffen mit Fortbildungscharakter über ihre Projektergebnisse austauschen, eigene Erfahrungen auswerten und gleichzeitig von dem Know-how der anderen Schulen und außerschulischer Experten profitieren. Die Netzwerktreffen fanden abwechselnd an den beteiligten Schulen statt, die Gastgeber sein wollten. Durch die Anwesenheit von örtlichen Pressevertretern und Schulverantwortlichen der Kommune oder des Stadtteils wurde der Gastgeberschule eine besondere Aufmerksamkeit zuteil und sie erhielt die Möglichkeit, ihre Arbeit der Öffentlichkeit zu präsentieren. Ebenso waren die Teilnahme von Mitgliedern des Fachbeirats wie der Projektinitiatorin Ann Kathrin Linsenhoff oder der Bildungsreferentin von UNICEF für die Schulen eine Anerkennung und für die Gäste eine gute Gelegenheit, die Schulen kennenzulernen.

Inhaltliche Themenschwerpunkte der Netzwerktreffen wechselten je nach Interessenlage der Schulen sowie der Zielführung des Gesamtprojekts. So standen in der Startphase Themen wie die Zusammenarbeit mit außerschulischen Partnern zu den Kinderrechten, Klassenrat und Partizipation an der Schule im Vordergrund. Später kamen Themen wie die Arbeit zu den Kinderrechten im Unterricht und die Elternarbeit dazu. Gegen Ende des Projekts ging es um Schulentwicklung und den schulinternen Transfer sowie die Evaluation der bisherigen Arbeit und ihre Konsequenzen. Für den thematischen Schwerpunkt wurden externe Referenten eingeladen, die zusätzliche Expertise ins Netzwerk einbrachten.

Regelmäßig fanden gemeinsame Hospitationsfortbildungen an anderen Schulen statt, die als „gutes Beispiel" ihre Konzepte vorstellten und den Austausch von Schulen untereinander anregten, z. B. an der mit dem Deutschen

Ann Kathrin Linsenhoff würdigt das Engagement der Kinder

Schulpreis ausgezeichneten Grundschule Kleine Kielstraße in Dortmund[8] oder einer Schule aus dem rheinland-pfälzischen Netzwerk „Partizipation und Demokratie"[9].

Am Anfang und am Ende der Pilotphase fanden feierliche Veranstaltungen auf dem Schafhof in Kronberg, dem Sitz der Projektträgerin Ann Kathrin Linsenhoff, statt. An beidem nahmen außer den beteiligten Schulen und dem Projektteam auch die Mitglieder des Fachbeirats, die Kultusministerin als Schirmherrin und Vertreter aus Politik, Zivilgesellschaft und Medienpartner wie die Frankfurter Allgemeine Zeitung und Radio FFH teil.

Die Veranstaltungen machten für alle Beteiligten, vor allem die Kinder, deutlich, dass sie aktiv an etwas teilnehmen, das für das ganze Land von Bedeutung ist. Und, dass es von jedem und jeder abhängt, ob das Projekt erfolgreich wird. Bei der Abschlussveranstaltung zur Pilotphase mit ca. 350 Teilnehmern aus Schulen, Politik und öffentlichem Leben zeigten die Kinder und

---
8 Grundschule Kleine Kielstraße Dortmund: www.grundschule-kleinekielstrasse.de
9 Erich Kästner Realschule Plus Ransbach Baumbach: www.rlp.ganztaegig-lernen.de

Jugendlichen und ihre Schulen im Bühnenprogramm und in der begleitenden Ausstellung, was sie alles erreicht haben. Die Kultusministerin würdigte die Arbeit der Schulen in einem Rundgang durch die Ausstellung. Auch einige Bürgermeister, Landräte oder Bezirksvorsteher begleiteten die Schulen bei diesem wichtigen Ereignis. Die hohe Presseaufmerksamkeit war für die Schulen eine wichtige Bestätigung, dass ihre Aktivitäten öffentlich wahrgenommen werden und wirkte in die Schulen hinein.

2.3 Unterstützende Landesstruktur

Für die Verankerung der Kinderrechte im Bildungssystem eines Landes braucht es die Partnerschaft der wichtigen Bildungsträger: Von der Schirmherrschaft des Kultusministeriums für das Projekt, die Arbeit an der Aufnahme der Kinderrechte in den Hessischen Referenzrahmen Schulqualität[10] über die Zusammenarbeit mit den Schulämtern und den Aus- und Fortbildungsinstitutionen bis zu Kooperationen mit themennahen Schulprogrammen. Nur im Rahmen einer ganzheitlichen Unterstützungsstruktur kann dafür gesorgt werden, dass die Arbeit von Kinderrechte-Schulen wahrgenommen und sinnvoll nutzbar gemacht werden kann. Im Verlauf ihres eigenen Entwicklungsprozesses werden die Schulen selbst Teil der landesweiten Unterstützungsstruktur: Durch die Fortbildungsreihe „Kinderrechte lernen und leben" geben sie ihre Erfahrungen an andere Lehr- und Fachkräfte weiter.

Es gibt eine Vielfalt von offiziellen Aufgaben und Anforderungen an Schulen, und ohne dauerhafte fachliche und zuverlässige Hilfe besteht die Gefahr, dass sich die Pioniere für ein neues Thema ausgebrannt und alleingelassen fühlen. Bis das Thema Kinderrechte im Regelsystem der Schulpolitik einzelner Länder verankert ist, wird die Unterstützung durch die Zivilgesellschaft und dauerhaftes Engagement von „Kümmerern" benötigt. Diese „Kümmerer" halten das Thema auch über lange Durststrecken lebendig, bis es schließlich zum Standard geworden ist. Man kann die Länge dieses Prozesses bedauern oder ihn als Tatsache anerkennen und geeignete Formen der Kooperation von zivilgesellschaftlichen Akteuren wie Vereinen, Stiftungen und staatlichen Institu-

---
10 Mehr dazu im Artikel Perels/Schreier „Kinderrechte im Hessischen Referenzrahmen Schulqualität".

tionen etablieren. In dem hessischen Pilotprojekt hat diese Kooperation gut funktioniert: Zivilgesellschaft und staatliche Institutionen als gleichberechtigte Partner waren von Anfang an in das Projekt eingebunden. Auch in weiteren Bundesländern sollten die Voraussetzungen dafür geschaffen werden, Schulen auf ihrem Weg der Umsetzung der UN-Kinderrechtskonvention dauerhaft zu unterstützen – durch Netzwerkbildung, Informations- und Praxismaterialien sowie Beratungs- und Qualifizierungsangebote. Über das länderübergreifende Netzwerk „16eins für Kinderrechte" hat der Verein Makista in Kooperation mit weiteren Partnern dafür ein Instrument geschaffen.[11]

Zusätzlich entstand Anfang 2013 die Webseite www.kinderrechteschulen.de, die nicht nur das Hessische Programm, sondern länderübergreifende sowie länderspezifische Initiativen abbildet.

3. Einige Ergebnisse

3.1 Kinderrechte-Haltung bereichert den Schulalltag

Die Ergebnisse der externen Evaluation durch die Universität des Saarlandes sowie die Auswertung der Selbstevaluation durch die aktiven Schulteams, der Beratungsgespräche und Netzwerktreffen zeigen, dass alle Beteiligten innerhalb der zweijährigen Pilotphase (Schuljahre 2010 bis 2012) für das Thema Kinderrechte sensibilisiert werden konnten. In der Transferphase seit dem Schuljahr 2012/2013 vertiefen die Schule ihre Entwicklungen und bauen sie weiter zu ihrem jeweiligen Kinderrechte-Profil aus.

Es ist gelungen, das Wissen um die Bedeutsamkeit von Kinderrechten bei Lehrkräften, Eltern sowie Schülerinnen und Schülern zu schärfen. Alle Kinderrechte-Schulen haben ihr Schulprogramm, Schulleitbild oder schulinternes Curriculum um die Kinderrechte erweitert und stellen dadurch sicher, dass sie als Leitidee der pädagogischen Arbeit dauerhaft eine Rolle spielen. Als kontinuierlichen Unterrichtsbestandteil konnten vier Schulen die Kinderrechte strukturell verankern. Die Einschätzungen der Schulteams zur Veränderung im Schulklima fielen positiv aus: Die Hälfte der Schulen stellte eine hohe

---

11 Mehr unter www.makista.de/16einsfuerkinderrechte.

Veränderung der Kinder und Jugendlichen in ihrem Kommunikationsverhalten und ihrer Gewaltbereitschaft fest.

„Die Kinder haben durch die Kinderrechte eine neue gemeinsame Basis entdeckt und Strategien, wie sie miteinander umgehen können."
Luitgard Hessler, Schulleiterin der Grundschule Stierstadt

Als funktionierendes Netzwerk mit Austausch- und Fortbildungscharakter fand ein regelmäßiger institutionalisierter Austausch untereinander statt, der einen hohen Informationscharakter für die Schulen hatte und sie wesentlich bei der Projektentwicklung unterstützte.

Mit ihren neu entstandenen Projekten oder Aktionen beteiligten sich die Schulen am JuniorBotschafter-Wettbewerb: zwei gewannen Hauptpreise, fünf wurden mit einem Anerkennungspreis ausgezeichnet. Das selbst gewählte Engagement für ein kinderrechtliches Thema und die öffentliche Wertschätzung der eigenen Leistung war für Schülerinnen und Schüler, aber auch für die Lehrkräfte einer der größten Motivationsgeber für die weitere Arbeit an dem Thema.

„Es ist toll, wenn die Schüler selbst den Anteil an ihrem Erfolg spüren. Sie trauen sich mehr zu und fühlen sich ernst genommen."
Barbara Busch, Schulleiterin der Albert-Schweitzer-Schule Langen

3.2 Kinderrechte-Schulen geben ihre Erfahrungen weiter: Fortbildungen von Schulen für Schulen

Die Kinderrechte-Schulen sind motiviert, weiterhin an der Etablierung der Kinderrechte an ihrer eigenen Schule und an der landesweiten Verbreitung des Programms zu arbeiten. Sie sind seit dem Schuljahr 2012/2013 als Fortbildungsschulen für Kinderrechte aktiv und geben ihre Erfahrungen, ihren besonderen Projektschwerpunkt oder ihr gesamtes Kinderrechte-Schulprofil im Rahmen der Fortbildungsreihe „Kinderrechte lernen und leben" an andere Lehr- und Fachkräfte weiter. Die Weitergabe der eigenen Erfahrungen an andere stärkt das eigene Profil und gleichzeitig die Kooperation und Solidarität auf einem gemeinsamen Weg für ein bedeutsames und sinnhaftes Ziel. Jeder ist Lernender und Lehrender zugleich, die Kinder, die Lehrkräfte und die Schulen untereinander.

Makista begleitet den Prozess und die Organisation des Fortbildungsprogramms und unterstützt seine Einbindung in die hessische Landesstruktur zur Lehreraus- und -fortbildung. Damit wird es zu einem wichtigen Motor bei der Verbreitung des Themas Kinderrechte im Land. Sie sind Teil eines Qualifizierungsangebots im Bereich Kinderrechte für alle Interessierte. U. a. entstand aufgrund der Fortbildungen eine feste Kooperation des Programms Kinderrechte-Schulen mit der Hochschule Rhein-Main, Fachbereich Sozialwesen.

3.3 Kinderrechte im Hessischen Referenzrahmen Schulqualität und der Lehrerausbildung

Ein besonderer Erfolg des Modellprojekts ist, dass die Kinderrechte Ende 2011 in den Hessischen Referenzrahmen Schulqualität (HRS) aufgenommen wurden. Gestützt auf die Arbeit des projektbegleitenden Fachbeirats und die wissenschaftliche Evaluation wurden dadurch erste Erfahrungen des Modellprojekts für die Qualitätsentwicklung aller hessischen Schulen nutzbar gemacht. Im Bereich „Schulkultur" des Referenzrahmens wird ausdrücklich darauf hingewiesen, dass alle Kinder die Kinderrechte kennen und erfahren sollen:

„Kinderrechte werden in der Schule thematisiert und beachtet." (vgl. IQ 2011, S. 65) „Sie [die Schülerinnen und Schüler] kennen die Kinderrechte und nehmen sie wahr." (ebd.) „Die Kinderrechte werden genutzt, um soziale Integration zu fördern." (ebd. S. 71)

Damit ist Hessen das erste Bundesland, in dem die Kinderrechte als Teil des Schulqualitätsrahmens explizit genannt sind. Der Referenzrahmen ist nicht nur ein Instrument zur Evaluation von Schulqualität und setzt landesweite Maßstäbe zur Beantwortung der Frage „Was ist gute Schule in Hessen?" Er unterstützt Schulen ebenso in ihrer Potenzialentwicklung. Die Würdigung der Kinderrechte dort ist ein bedeutsamer Schritt im Verbund von Schulaufsicht, Beratungs- und Fortbildungssystem alle hessischen Schulen in Sachen Kinderrechte zu sensibilisieren und zu unterstützen. Hessen kommt damit zudem der Informations- und Bekanntmachungspflicht nach Art. 42 der UN-Kinderrechtskonvention in besonderer Weise nach.

Im Schuljahr 2013/2014 entwickelte Makista eine Lehreinheit Kinderrechte für die Lehrerausbildung in Hessen. Lehrer im Vorbereitungsdienst aus fast allen hessischen Studienseminaren wurden in der einstündigen Einleitung in den Ausbildungsmodulen EBB (Erziehen, Beraten, Betreuen), Sachunterricht oder Politik und Wirtschaft über die Einbindung der Kinderrechte in Unterricht und Schulkultur fortgebildet. Ziel ist es, die Einheit nachhaltig in die Lehrerausbildung zu integrieren und dafür mit den Ausbildern zusammenzuarbeiten.[12]

4. Gelingensbedingungen

4.1 Den „Geist der Kinderrechte" verstehen und lebendig halten

Eine wichtige Erfahrung der Schulen ist: Schulentwicklungsprozesse in Richtung Kinderrechte brauchen Zeit und verlangen von den Lehrkräften und der Schulleitung Offenheit und die Bereitschaft, an eigenen Haltungen, Handlungskompetenzen, an der Team- und Schulkultur und neuen Strukturen zu arbeiten.

Eine Kinderrechte-Schule sollte den „Geist der Kinderrechte" lebendig halten, sich selbst als lernendes System verstehen und Erfolge sowie Misserfolge im offenen Dialog ansprechen. Projekte wie der „JuniorBotschafter für Kinderrechte" sind gut geeignet, Motivationen jährlich neu zu entfachen und Kindern und Erwachsenen die Gelegenheit zu bieten, sich an etwas zu beteiligen, das Sinn macht und herausfordert. Die Erfahrungen der Kinderrechte-Schulen mit der Beteiligung am JuniorBotschafter-Wettbewerb belegen, dass die Einbindung in einen größeren Sinnkontext sowohl eine hohe Motivation für die Einzelschulen als auch eine Verbindung der teilnehmenden Schulen und insbesondere der Kinder und Jugendlichen untereinander schafft.

---

12 Die Kinderrechte-Einheit für Hessische Studienseminare wurde ermöglicht durch die Zusammenarbeit mit dem Projekt des Hessischen Kultusministeriums „Gewaltprävention und Demokratielernen" (GuD) im Rahmen des Europa-Projekts IMAGO.

4.2 Kinderrechte ganzheitlich

Eine Gefahr bei themenbezogenen Schulentwicklungsprozessen ist, dass das Thema nicht wirklich die ganze Schule und Schulgemeinschaft erreicht und als Einzelprojekt steckenbleibt; dass mehrere interessante Projekte engagierter Protagonisten nebeneinander herlaufen; dass die erforderlichen Handlungskompetenzen bei Kindern und Erwachsenen nicht im Rahmen eines systematischen Curriculums erlernt und die dafür erforderlichen Ressourcen und Organisationsstrukturen im System Schule nicht verankert werden. Mit dem „Haus der Kinderrechte" wurde eine ganzheitliche Sicht auf Schulentwicklung in den Bereichen innere Haltung und Schulkultur sowie zu erwerbende Kompetenzen und Organisationsqualität gefördert.

4.3 Die Universalität der Kinderrechte und die Vielfalt von Zugängen

Für die beteiligten Schulen war es wichtig, dass sie zum einen den Gesamtzusammenhang der Kinderrechte erkennen und gleichzeitig ihre individuellen Wege zur Umsetzung der Kinderrechte wählen konnten. Es gab einige Maßnahmen, die für alle Schulen Bedeutung hatten und einige, die sehr individuell auf die jeweiligen Schwerpunkte der einzelnen Schulen zugeschnitten waren. Solche universellen Gesichtspunkte waren z. B. die allgemeinen Prinzipien der Kinderrechte Gleichheit bzw. Nicht-Diskriminierung, Sicherheit und Schutz, individuelle Förderung sowie Partizipation und Verantwortlichkeit. Einige Umsetzungen wie z. B. die Einführung von basisdemokratischen Klassenräten und ihre Verbindung mit repräsentativen Formen der Beteiligung wie der Schülervertretung oder dem Schülerparlament und einem begleitenden Kinderrechte- und Demokratie-Curriculum, das den Erwerb von Kinderrechte-Kompetenzen ermöglicht, wurden als besonders geeignete Formen allen Schulen empfohlen. Die bereits vorhandenen Kompetenzprogramme an den Schulen sollten dabei berücksichtigt und ggf. um Kinderrechte-Module ergänzt werden. Auch hier muss die Welt nicht neu erfunden werden. Ein Schulcurriculum schafft gleichermaßen Sicherheit und Orientierung für Kinder und Lehrkräfte.

4.4 Von der Zukunft her nachhaltig denken

Um sicherzustellen, dass am Ende der Pilotphase mehr übrigbleibt als die Einzelentwicklung der direkt am Projekt beteiligten Schulen, Praxismaterialien und ein Projektabschlussbericht, galt es „von der Zukunft her" zu denken: Wie können die zehn beteiligten Schulen ihre Erfahrungen am Ende der Pilotphase direkt an andere Schulen weitergeben? Wie können diese Schulen Teil einer landesweiten Kinderrechte-Infrastruktur für andere Schulen werden – im Verbund mit den eigenen Serviceeinrichtungen? Wie können wichtige Entscheider und Experten des Landes bereits während der Pilotphase in die Gestaltung des Transfers einbezogen werden? Wie können erprobte Materialien für Schulen anderen Schulen im Land oder bundesweit zur Verfügung gestellt werden, so dass jede Schule mit der eigenen Schulentwicklung im Bereich Kinderrechte starten kann? Einige Resultate dieser Überlegungen sind die Kooperationen im Land Hessen (u. a. Schirmherrschaft und Zusammenarbeit mit dem Kultusministerium sowie mit dem Landesschulamt), das Fortbildungsprogramm „Kinderrechte lernen und leben" und die Webseite www.kinderrechteschulen.de.

4.5 Pionierschulen brauchen verlässliche Unterstützung

Jede Kinderrechte-Schule wurde intensiv begleitet, unterstützt und beraten: u. a. in halbjährlichen Reflexionsgesprächen, durch die Vermittlung bedarfsgerechter Fortbildungen, durch nützliche Materialien für die Unterrichts- und Projektarbeit und die Dokumentation der gemeinsamen Veranstaltungen (u. a. Berichte, Fotos, Newsletter). Zur Unterstützung der Schulen wurde ein Netzwerk von fachlichen Multiplikatoren und Schulberatern vor Ort oder aus benachbarten Regionen aufgebaut. So konnte den Schulen ein breites Spektrum von Kinderrechte-Angeboten zur Verfügung gestellt bzw. empfohlen werden (z. B. kulturelle Angebote zu Rollenspielen und dem Bau von Kinderrechte-Himmelsleitern in Kooperation mit der Kunstwerkstatt Königstein oder Angebote zum Klassenrat in Kooperation mit dem Projekt „Gewaltprävention und Demokratielernen").

4.6 Beteiligung der Kinder und Jugendlichen: Ein Muss

Beim Thema Kinderrechte ist die aktive Rolle der Kinder und Jugendlichen nicht nur erwünscht, sondern ein Muss. Partizipation ist eines der vier wichtigen Prinzipien der UN-Kinderrechtskonvention. Ihre intensive Beschäftigung mit dem Thema können die Kinder und Jugendlichen gut mit zivilgesellschaftlichem Engagement für andere Kinder verbinden. So wird Wissen handlungsrelevant und werteprägend. Eine unterstützende Schulstruktur sowie eine altersgemäße Partizipations- und Verantwortungskultur, z. B. durch Klassenräte, Schülerparlament und Schulversammlung, erleichtert allen an Schule Beteiligten den Erwerb und die Ausübung menschenrechtlicher und demokratischer Kompetenzen in der Praxis.

4.7 Erfolge sichtbar machen

Schulen, die sich ein großes Ziel setzen, neigen oft dazu, mehr auf das Nicht-Erreichte als auf das bereits Erreichte zu schauen und auch die kleinen Erfolge zu würdigen. Der Blick von außen durch die regelmäßigen Schulberatungen sowie das Feedback der anderen Schulen halfen den Beteiligten, die eigenen Fortschritte anzuerkennen und stolz darauf zu sein. Feierliche Anlässe wie die Auftakt- und Abschlussveranstaltung der Pilotphase sowie die JuniorBotschafter-Preisverleihungen in der Frankfurter Paulskirche waren gute Gelegenheiten, sich öffentlich zu zeigen. Die Projektleitung unterstützte die Schulen bei ihrer Presse- und Öffentlichkeitsarbeit und dem Gedanken, Gutes zu tun und darüber zu berichten – nicht aus Wichtigtuerei, sondern aus Wichtignahme für ein großes Anliegen und aus dem Wunsch heraus, andere mit dem eigenen Engagement anzustecken und mit der eigenen Kompetenz zu bereichern. Die Anerkennungs- und Hauptpreise beim JuniorBotschafter-Wettbewerb trugen nicht nur zur Würdigung des Kinderrechte-Projekts in der eigenen Schulöffentlichkeit, bei Lehrern, Eltern und den pädagogischen Partnern bei, sondern auch zur Wahrnehmung in der regionalen Öffentlichkeit.

5. Transfer in Hessen und bundesweit

Die Erfahrungen des Programms Kinderrechte-Schulen Rhein-Main sollten sowohl landesweit in Hessen als auch für andere Bundesländer und Initiativen fruchtbar gemacht werden.

Hessen ist auf dem Weg die Kinderrechte mehr und mehr als Qualitätsmerkmal guter Schule zu etablieren. Dazu trägt die Zusammenarbeit der Programmleitung mit dem Kultusministerium, Landesschulamt, den Aus- und Fortbildungsinstituten sowie weiteren Programmen bei. Vor allem das Qualifizierungsangebot der aktiven Kinderrechte-Schulen motiviert andere Schulen, sich für Kinderrechte zu engagieren. Einzelne Schulen können sich allein oder unterstützt durch Beratungsangebote und die Nutzung vorhandener Materialien und Kinderrechte-Fortbildungen zu Kinderrechte-Schulen entwickeln.

Durch die Zusammenarbeit mit dem themennahen Projekt „Gewaltprävention und Demokratielernen" (GuD) in Hessen liegen Erfahrungen vor, wie die Themen Kinderrechte, Demokratie und Gewaltprävention in einen systematischen Sinnkontext gebracht werden können. Es sind u. a. gemeinsame Fortbildungsangebote wie der Einführungstag „Auf dem Weg zur Kinderrechte-Schule. Zu Inhalt, Methodik, Schulkultur und Organisationentwicklung" entstanden, die Berater-Ausbildung zum Klassenrat enthält ein Modul „Klassenrat und Kinderrechte" und die Kinderrechte sind fester Bestandteil des jährlich stattfindenden Hessischen Demokratietags.

Angeregt durch die Erfahrung in Hessen startete Ende 2013 in Rheinland-Pfalz die „Entwicklungs-Werkstatt Kinderrechte" als Kooperationsprojekt der Serviceagentur Ganztägig Lernen (SAG), dem Jugendministerium (MIFKJF), dem Bildungsministerium (MBWWK) und Makista. Drei Schulen aus dem Netzwerk der insgesamt 40 „Modellschulen für Partizipation und Demokratie" arbeiten über einwinhalb Schuljahre zu den Kinderrechten zusammen. Ihre Erfahrungen bringen sie in ihr Schulnetzwerk ein, stellen sie aber auch allen Schulen und schulischen Partnern im Land zur Verfügung, u. a. durch die Beteiligung am Grundschultag und an der rheinland-pfälzischen Woche der Kinderrechte sowie eigenen Fortbildungsangeboten für andere Schulen.

Sinnvolle Anknüpfungspunkte (bundesweit gedacht) gibt es immer dort, wo schon schulische Netzwerke für kinderrechtliche Themen aktiv sind und sich auf die Prinzipien der UN-Kinderrechtskonvention Gleichheit, Schutz, Förderung, Partizipation beziehen: z. B. das Programm Demokratisch Handeln, die Klassenrats-Initiative in Berlin und Brandenburg, das Buddy-Programm, das Netzwerk Lernen durch Engagement, Schule ohne Rassismus – Schule mit Courage, die Netzwerke Blick über den Zaun oder des Deutschen Schulpreises. Zahlreiche weitere Bildungsinitiativen setzen sich implizit für Realisierung kinderrechtlicher und demokratischer Werte ein, in dem sie einzelne Rechte oder Rechtebereiche fokussieren wie Umweltlernen, Gesundheits- und Bewegungsförderung, Gewaltprävention, Kulturelle Bildung oder Inklusion. Je mehr der Gesamtkontext der Kinderrechte verstanden wird, desto mehr können die Einzelbereiche ihr eigenes Verständnis vertiefen, sich gegenseitig bereichern und gesellschaftlich wirksamer handeln auf dem Weg zu kindergerechten Schulen.

Literatur

Institut für Qualitätsentwicklung (IQ) (Hrsg.) 2011: Hessischer Referenzrahmen Schulqualität, Wiesbaden.

Jasmine Gebhard

Porträts von zehn Kinderrechte-Schulen

Zehn Schulen, davon sieben Grundschulen und drei weiterführende Schulen, haben sich an dem Pilotprojekt „Modellschul-Netzwerk für Kinderrechte Rhein-Main" von 2010 bis 2012 beteiligt. Die folgende Darstellung ihrer Entwicklung bezieht sich auf diesen Zeitraum. Die meisten von ihnen sind weiterhin als Kinderrechte-Schule aktiv und geben ihre Erfahrungen durch Fortbildungen und Hospitationen an andere Schulen weiter, neue Kinderrechte-Schulen haben sich dem Netzwerk angeschlossen.[1]

Die am Modellprojekt beteiligten Kinderrechte-Schulen unterschieden sich nicht nur in ihrem Entwicklungsstand, sondern auch in ihren individuellen Schwerpunkten, ihren verschiedenen inhaltlichen und methodischen Zugängen und darin, welche Rolle die unterschiedlichen schulischen Gruppen bei der Umsetzung der Kinderrechte spielten. Auch wenn die Kinderrechte von allen als Dach für Schulentwicklung verstanden wurden, hat eine Schule mit musikalischem oder sprachlichem Schwerpunkt die Kinderrechte anders umgesetzt als eine, die sehr aktiv in den Bereichen Sport und Erlebnispädagogik oder multikultureller Erziehung war. Ein anderer Aspekt der Vielfalt sind die unterschiedlichen inhaltlichen und methodischen Zugänge zu den Kinderrechten: vom Thema in einzelnen Unterrichtsfächern, als Projekt der einzelnen Klasse oder der Schule, einer Projektwoche, als Präsentation beim Tag der Offenen Tür bis zum Aufbau fester Beteiligungsstrukturen und der Verankerung der Kinderrechte im Schulprogramm bzw. im Stundenplan.

Dazu einige Beispiele: Die Grundschule Breckenheim hat ihren musikalischen Schwerpunkt so mit den Kinderrechten verbunden, dass zu jedem Kin-

---

1   Der aktuelle Stand der Projekte sowie Informationen zu dem Fortbildungsprogramm „Kinderrechte lernen und leben" können auf der Webseite www.kinderrechteschulen.de abgerufen werden.

derrecht ein Kinderrechtelied einstudiert und auf dem Schulfest präsentiert wurde. Aus dem Sport- und Erlebnisschwerpunkt und dem Engagement der Sportlehrer entstanden an der Gutenbergschule Darmstadt ein Wald-Erlebnispfad mit Infos zu wichtigen Kinderrechten, sowie ein Kinderrechte-Parcours, der unter dem Motto „Hol dir die Kinderrechte in deine Sportstunde" auch mittlerweile von anderen Schulen im Rhein-Main-Gebiet gebucht wird. Ihren multikulturellen Schwerpunkt setzte die Albert-Schweitzer-Schule Frankfurt in einem Aktionstag „Viele Kinder – viele Länder – viele Farben – viele Meinungen" um. Die Goetheschule in Biebrich brachte die Aktion JuniorBotschafter für Kinderrechte in ihre Stadtteilkonferenz ein und wurde mit anderen Schulen gemeinsam für das Projekt „Ein Brunnen für ein Dorf in Äthiopien" aktiv.

Bezogen auf das gemeinsame Ziel brachten die Modellschulen sehr unterschiedliche Voraussetzungen mit. Zwei Schulen (die Albert-Schweitzer-Schule Langen und die Gutenbergschule Darmstadt) hatten bereits am Programm „Demokratie lernen und leben" (2003-2007) der Bund-Länder-Kommission für Bildungsplanung und Forschungsförderung teilgenommen. In der Albert-Schweitzer-Schule war das Gesamtkonzept im Bereich „Demokratielernen" schon weit entwickelt. Die Verbindung von Demokratie und Kinderrechte war hier unter dem „Dach der Kinderrechte" leicht zu vermitteln. Ein schon bestehendes Demokratie-Curriculum konnte im Projektzeitraum um Bausteine zu den Kinderrechten ergänzt werden. Da vor allem die Partizipation als eines der Grundprinzipien der Kinderrechtskonvention fest verankert war, konnten andere Schulen – vor allem die Grundschulen – vieles von der Albert-Schweitzer-Schule lernen und sogar an einer Fortbildung zum Thema Klassenrat an der Schule teilnehmen. Das Beispiel zeigt, dass Schulen mit Demokratieschwerpunkt gut für die Kinderrechte gewonnen werden und relativ schnell in die Umsetzungsphase einsteigen können.

Für den größten Teil der Schulen war die explizite und nachhaltige Beschäftigung mit den Kinderrechten neu. An allen Schulen wurde erst im Verlauf des Programms systemisch erkannt, was „Kinderrechte als Dach" für die eigene Schulentwicklung bedeuten und worauf die jeweilige Schule aufbauen kann. Die Tiefe des Verstehens der Kinderrechte als Gesamtkonzept entwickelte sich an allen Schulen in den beiden Schuljahren der Pilotphase. Um die

Beschäftigung mit den Kinderrechten bzw. deren konkrete Umsetzung im Schulalltag zu garantieren, ist eine Verankerung im Schulprogramm wichtig – so kann Kontinuität für das ganze Kollegium hergestellt und Arbeitsabläufe erleichtert werden.

Die Unterschiedlichkeit im Stand der Schulentwicklung zu den Kinderrechten erwies sich als ein Vorteil: Unterschiede mussten nicht geleugnet werden, sondern konnten für die Gesamtentwicklung des Netzwerkes fruchtbar gemacht werden.

Unabhängig von den jeweiligen Ausgangsbedingungen an der Schule konnte sich jede Lehrkraft, jede Gruppe von Lehrkräften oder jede Schule sofort mit den Kinderrechten beschäftigen. Wichtige Impulse gingen von der Schulleitung, der Steuergruppe, einer Fachlehrergruppe, von Eltern, Schülerinnen und Schülern oder außerschulischen Fachkräften aus. Unabhängig von der Vielfalt der inhaltlichen und methodischen Einstiegsmöglichkeiten oder der jeweiligen Zielgruppe zeigte sich: Egal, bei welchem Entwicklungsstand eine Schule einsteigt, wie klein oder groß das Projekt ist, immer braucht es auf Dauer eine systemische Verankerung der Kinderrechte im Schulprofil, um Ergebnisse und Prozesse zu verstetigen und bei neuen Entwicklungen auf dem Erreichten aufzubauen.

1. Demokratie-Bausteine und Kinderrechte-Praxis: Albert-Schweitzer-Schule (Grundschule in Langen)

Der demokratische und partizipative Grundgedanke ist nicht nur im Leitbild der Schule festgeschrieben, sondern auch im Schulalltag umgesetzt und spürbar. Ein Demokratie-Curriculum mit Leitfäden für jede Jahrgangsstufe schreibt die unterrichts- und fächerübergreifende Praxis fest und dient allen Lehrkräften als verbindliche Orientierung. Seit ihrer Teilnahme am BLK-Programm „Demokratie lernen & leben" (2003-2007) gibt die Schule ihre Erfahrungen im Bereich Demokratieerziehung an Interessierte weiter.

Ab dem ersten Schuljahr kommen die Schüler regelmäßig einmal in der Woche im Klassenrat zusammen. Hier können alle gleichberechtigt ihre Meinung äußern und über das gemeinsame Leben und Lernen in der Schule mitbestimmen. Außerdem gibt es ein Schülerparlament, in dem Klassenvertreter Anfragen und Ideen zum Austausch einbringen. Die Klassenvertreter berichten regelmäßig im Klassenrat über den Diskussionsstand.

Die eigene Meinung zu äußern, Dinge selbst zu regeln oder Probleme gemeinsam aus der Welt zu schaffen – daran sind die Kinder gewöhnt. Schon in der ersten Klasse erarbeiten sie gemeinsame Klassenregeln im Geiste der Rechte und Pflichten, die in der Schule für Schülerinnen und Schüler, Lehrkräfte und Eltern vereinbart sind. Pflichten werden hier als selbstverständlicher Teil der Rechte aufgeführt, denn die eigenen Rechte sind immer auch die Rechte anderer!

Demokratie und Kinderrechte gehören zusammen! Im Schulcurriculum wurden die Bausteine des Demokratielernens um den Aspekt Kinderrechte erweitert. Für die Jahrgangsstufe 3 werden dort u. a. folgende Orientierungen gegeben: „Kennenlernen der Kinderrechte im Unterricht"; „Vorstellen der Kinderrechte auf einem Elternabend"; „ein Projekt durchführen, das die Durchsetzung der Kinderrechte in einem anderen Land unterstützt". Die Schule gewährleistet dadurch, dass sich zum einen die Lehrkräfte konkret mit den Kinderrechten auseinandersetzen und sie in den Kontext des gesamten Schulprofils setzen. Zum anderen lernen *alle* Kinder ihre Rechte kennen und sprechen über deren Umsetzung in ihrem Alltag – sei es in Schule, Freizeit oder Familie.

Als Unterstützung dafür gibt es in jedem Jahrgang eine „Demokratie-Kiste". Darin finden die Lehrkräfte Unterrichtseinheiten, Literatur, Beispielaktionen und weitere Materialien.

Kinderrechte und Elternrechte sind kein Gegensatz! Auch für die Eltern wurden Gelegenheiten geschaffen, mehr zu den Kinderrechten und ihrer praktischen Umsetzung an der Schule und darüber hinaus zu erfahren – im Rahmen von Elternabenden, z. B. zum Schwerpunkt „Kinderrechte und Erziehung".

Da Kinder gerne etwas für andere Kinder tun, organisieren die Klassen Hilfsaktionen für aktuelle Krisengebiete und Kinder in Not. Aus einer Aktion für Japan beispielsweise hat sich ein reger Briefwechsel mit einer japanischen Grundschule entwickelt.

Im Foyer der Schule sind für alle sichtbar regelmäßig Ergebnisse der Projekte und (Unterrichts-)Aktionen ausgestellt. Das regt immer wieder den Austausch zwischen den Kindern, Lehrkräften und Eltern über die Kinderrechte an. Besucher der Schule bleiben dort gern stehen und lesen interessiert Berichte über die Aktivitäten.

Im Jahr 2012 erhielt die Schule den Sonderpreis „Kinderrechte machen Schule" beim UNICEF-JuniorBotschafter-Wettbewerb, der ihre umfassende und nachhaltige Schulentwicklung im Bereich Kinderrechte auszeichnet.

„Es ist toll, dass die Schüler an unserer Schule Selbstwirksamkeit erleben können und merken, dass sie wichtig sind."

Barbara Busch, Schulleiterin

www.albert-schweitzer-schule-langen.de[2]

2. Viele Kinder, viele Länder, viele Farben, viele Meinungen: Albert-Schweitzer-Schule (Grundschule in Frankfurt/Main)

Die Albert-Schweitzer-Schule liegt im Zentrum des Frankfurter Stadtteils „Frankfurter Berg", der stark durch die Internationalität seiner Bewohner geprägt ist. Im Mittelpunkt des Lehrens und Lernens an der Schule steht deshalb die Sprach- und Leseförderung. Seit mehreren Jahren werden im Modellprojekt „mitSprache" des Amtes für Multikulturelle Angelegenheiten vielfältige Maßnahmen dazu umgesetzt. Mit den Kinderrechten beschäftigte sich die Schule erstmals während ihrer Teilnahme an einem Programm des Frankfurter Kinderbüros anlässlich des 20. Jubiläums der UN-Kinderrechtskonvention im Jahr 2009 und blieb seither an dem Thema interessiert.

Ihre Stärke im Bereich der Projektarbeit nutzte die Schule für ihren Entwicklungsprozess in Richtung Kinderrechte. Bereits etablierte sowie neue Projekte und Aktionen wurden unter Einbeziehung der gesamten Schulgemeinde zum Ausgangspunkt für die Kommunikation und Umsetzung des Kinderrechte-Schwerpunkts in allen Klassen. Die Diskussion und Planung rund um die

---
2 Mehr zum Kinderrechte-Schulprogramm der Albert-Schweitzer-Schule in Barbara Buschs Artikel „Schulentwicklung hin zur kindgerechten Grundschule".

Projekte machte die Bedeutung der Kinderrechte im Alltag der Schülerinnen und Schüler bewusst.

Das Projekt „mitSprache" war der erste direkte Anknüpfungspunkt für die Weiterentwicklung zur „kindergerechten Schule". Im Unterricht der dritten Klassen wurden die Kinderrechte vorgestellt und mit den Schülerinnen und Schülern besprochen. Jedes Kind bekam dafür ein Exemplar des Heftes „Die Kinderrechte – von logo! einfach erklärt" geschenkt.

Die Aktion „Wir laufen zur Schule", an dem die Stadt Frankfurt im Rahmen eines EU-Projekts teilnimmt, schrieb die Albert-Schweitzer-Schule in ihrem Schulprogramm als Kinderrechtsprojekt fest. Sie engagiert sich damit seit dem Jahr 2010 aktiv für Umweltschutz, nachhaltiges Mobilitätsverhalten, selbstständiges und eigenverantwortliches Handeln der Kinder und mehr Bewegung. Gemeinsam bereiteten Schülerinnen und Schüler, Eltern, Lehrkräfte und Partner der Schule die Aktions-Woche vor – als Teil des Unterrichts und im Nachmittagsprogramm. Der tägliche Fußmarsch der Kinder wurde in einem Laufpass vermerkt und mit Preisen belohnt. Unter dem Motto „1000 Schritte für die Kinder der Welt" suchten die Schülerinnen und Schüler Sponsoren, die den Lauf unterstützen. So sammelten sie Spenden für ein selbst ausgewähltes Hilfsprojekt. Die Aktion wird jedes Jahr in abgewandelter Form wiederholt.

An einem weiteren Aktionstag machte die Schulgemeinde auf das Recht auf Bildung und ihre aktuelle Lehr- und Lernsituation aufmerksam. Kinder, Lehrer und Eltern verschickten Briefe an die Hessische Kultusministerin, in denen sie beschreiben, wie z. B. der häufige Unterrichtsausfall ihren Schulalltag beeinflusst und welche Änderungen sie sich wünschen.

In der Projektwoche „Viele Kinder, viele Länder, viele Farben, viele Meinungen!" ging es um kulturelle Vielfalt. Die Beschäftigung mit Unterschieden und Gemeinsamkeiten stärkte das Selbstbewusstsein der Kinder und die Sensibilität für ihre kulturellen Wurzeln.

Um eine größere Beteiligung der Schüler zu erreichen und einen festen Ort für die Planung der Schulaktionen zu schaffen, wurde mit dem Aufbau von Klassenräten begonnen. Da der Prozess einer Verankerung noch Zeit und Struktur braucht, ist die Etablierung des Klassenrats bisher nur in einzelnen

Klassen gelungen. Lehrkräfte, die bereits gute Erfahrungen damit gemacht haben, geben ihrem Kollegium Hilfestellungen und Tipps.

www.albert-schweitzer-schule.de

3. Kinderrechte-Montagsrunde: Brüder-Grimm-Schule (Grundschule in Hanau)

Die Brüder-Grimm-Schule ist eine Grundschule im südlichen Teil der Hanauer Innenstadt, ein Stadtteil mit sozialen Belastungsfaktoren, der daher im Rahmen der Sozialen Stadterneuerung seit mehreren Jahren gefördert wird. Etliche Projekte – Schulhof, Grünanlage, öffentliche Plätze im Umfeld der Schule – wurden auch mit Unterstützung der Schulgemeinde umgesetzt. Für das besondere Engagement der Schule im Bereich Umwelterziehung und ökologische Bildung trägt sie seit mehreren Jahren den Titel „Umweltschule", vergeben durch das Hessische Kultusministerium. Gewürdigt wird hiermit die Verbesserung der Qualität von Unterricht und Schulleben im Hinblick auf die Bildung für eine nachhaltige Entwicklung – ganz im Sinne der Kinderrechtskonvention. Auch der konstruktive Umgang mit Konflikten ist ein Bestandteil der Schulprogrammarbeit. Die Kinder der Schule sollen mitdenken, miterleben und mitgestalten in vielfältigen Arbeitsweisen wie zum Beispiel in freier Arbeit, Formen demokratischer Klassenführung und in fächerübergreifender Unterrichtsgestaltung.

„Die Rechte sind für alle Kinder gleich, egal ob klein, ob groß, ob arm, ob reich. Wir wollen sie hier leben und allen Kindern weitergeben". So lautet der Refrain des Kinderrechte-Schulsongs, den die Schule als Einstieg in die Arbeit als Modellschule komponiert hat. Das Lied ist im Laufe der zwei Jahre Strophe um Strophe gewachsen und steht mittlerweile für die Identifikation der Schule mit den Kinderrechten und den Leitzielen des gemeinsamen Lernens an der Schule. Mit dem Song eröffnen die Kinder die wöchentliche „Montagsrunde", die schrittweise fest als Schulversammlung aller Kinder und Lehrkräfte etabliert wurde. Dort stellen Schülerinnen und Schüler gemeinsam mit ihren Lehrkräften Neuigkeiten aus dem Schulalltag vor und diskutieren wichtige Belange der Schule. Initiiert durch eine engagierte Lehrkraft und mit Unterstützung der Schulleitung ist die Schulversammlung zum Ausgangspunkt des Einübens demokratischer Praxis geworden. Das „Wir-Gefühl" und „Miteinander" wird gestärkt, ebenso das Verständnis von Rechte- und Verantwortungslernen. Ausgangspunkt für die Umstrukturierungen an der Schule war eine Evaluation der schulischen Aktivitäten in Richtung „kindergerechte" Schule und ein pädagogischer Tag zur Demokratie an der Schule. Ideen für die zukünftige Gestaltung der Schulversammlung gibt es viele, so sollen z. B. gute Projekt- oder Unterrichtsbeispiele aus den verschiedenen Klassen und Berichte der Schülervertretung regelmäßig präsentiert werden. Ebenso stellt sich die Schule der Aufgabe, Klassenräte in allen Klassen zu etablieren und inhaltlich mit der Montagsrunde zu verknüpfen. Die bestehende gute Praxis der Klassenräte in Jahrgang 4 dient dafür als Vorbild.

Einmal wöchentlich trifft sich seit dem Schuljahr 2011/2012 eine Gruppe von Dritt- und Viertklässlern zur Nachmittags-AG „JuniorBotschafter für Kinderrechte". Dort organisieren die Kinder Projekte zu einzelnen Kinderrechten. Sie arbeiten zum Recht auf besondere Förderung von Kindern mit Behinderung mit einer Einrichtung aus dem Stadtteil zusammen oder verkaufen Selbstgemachtes, um Spenden für ausgewählte Hilfsprojekte zu sammeln. Für ihr Engagement wurden die Kinder beim UNICEF-JuniorBotschafter-Wettbewerb 2012 ausgezeichnet.

Dass die Brüder-Grimm-Schule sich für Kinderrechte engagiert, wird bereits im Schuleingangsbereich deutlich: Dort hängen Ergebnisse der zahlreichen Aktionen, z. B. selbstgemalte Bilder der Kinder zu ihrem wichtigsten Kinderrecht, entstanden während des Aktionstags Kinderrechte 2011, an dem alle Klassen zu dem Thema gearbeitet haben.

„Die größte Herausforderung war es, die Selbstverständlichkeit der Kinderrechte als Übersetzung für die Schulpraxis deutlich machen, sich dafür Zeit zu nehmen und erste kleine Schritte zu gehen."
  Haide Nolte und Annette Bigalke, Schulleitung der Brüder-Grimm-Schule

www.brueder-grimm.hanau.schule.hessen.de

Porträts von zehn Kinderrechte-Schulen   47

4. Lernen mit Spaß und Bewegung – miteinander, füreinander: Grundschule Breckenheim (Grundschule in Wiesbaden)

In der zweizügigen Grundschule in dem ländlichen Vorort Wiesbadens steht das Prinzip der „Bewegten Schule" im Mittelpunkt des pädagogischen Programms. Hier wird der Schulalltag ganz nach dem Leitsatz „Lernen mit Spaß und Bewegung, miteinander – füreinander" gestaltet. Besonders das Recht der Kinder auf Beteiligung am kulturellen und künstlerischen Leben, auf Spiel und aktive Freizeitbeschäftigung wird gefördert. Das machen die „Bewegte Pause" ebenso wie die zahlreichen Erfolge der Schule deutlich – u. a. die Teilnahme am diesjährigen Landeskonzert „Schulen in Hessen musizieren" oder der Deutsche Schulsportpreis 2010. Seit langer Zeit besteht eine Kooperation mit dem Sportverein Breckenheim: Jedes Kind wird dort mit seiner Einschulung kostenlos Mitglied.

Die anstehende Überarbeitung ihres Schulprogramms nutzte die Grundschule, um während der Arbeit als Modellschule ihre Stärken in den Bereichen Sport, Musik und Soziales Lernen als Schwerpunkt der pädagogischen Arbeit noch deutlicher in den Vordergrund zu rücken und unter dem Leitziel „Kinderrechte lernen und leben" zu verbinden.

Über die Stadt- und Landesgrenzen hinaus geht das aktuelle Projekt der Schule: eine intensive Partnerschaft zu Kindern in Ocotal, der Partnerstadt Wiesbadens in Nicaragua. Im direkten Austausch mit den Kindern in Mittelamerika lernen die Schülerinnen und Schüler den Lebensalltag in dem jeweils anderen Land kennen. Treffpunkt für den virtuellen Kontakt nach Nicaragua ist das gegenüber der Schule liegende KinderBildungszentrum (KiBiz), das das Projekt initiiert hat. Das KiBiz wird als Schulbibliothek genutzt. Den Startschuss für das Projekt gab ein ehemaliger Schüler aus Breckenheim, der ein freiwilliges Soziales Jahr in Ocotal absolviert hatte. In einem Vortrag erzählte er von seiner Zeit in Nicaragua. Die Breckenheimer Grundschüler waren sofort begeistert von der Idee, mit den Kindern dort in Kontakt zu kommen. Im Deutschunterricht ist der Briefkontakt nach Mittelamerika seit den Anfängen der Aktion fester Bestandteil. Das Leben der Kinder dort wird thematisiert

Demonstration für Kinderrechte auf dem Schulfest

und in Verbindung mit den Kinderrechten besprochen. Die Schülerinnen und Schüler formulieren ihre eigenen Briefe und lesen gemeinsam die Briefe der Kinder aus Ocotal. Für die Übersetzung sorgen Helfer vor Ort. Teilweise werden die Briefe in Englisch verfasst und im Englischunterricht gemeinsam übersetzt. Regelmäßig organisiert die Schule Aktionen rund um die Kinderrechte, mit denen die Grundschule und die Kinderbibliothek in Ocotal unterstützt werden – z. B. bastelten die Kinder eigene Spielgeräte oder sammelten Spenden. Dadurch war das Projekt im ganzen Schulalltag präsent.

Das Projekt bietet den Kindern aus Breckenheim einen direkten greifbaren Bezug zu Kindern in anderen Ländern und deren Lebenssituation – sie entwickeln ein Stück globales Bewusstsein und füllen die Städtepartnerschaft nach Nicaragua mit Leben. So kommen Wissen über die Kinderrechte und solidarisches Handeln als JuniorBotschafter zusammen.

Aufbauend auf den Erfahrungen des Ocotal-Projekts stand das Schulfest 2012 unter dem Motto „Kinderrechte hier und anderswo". Mit großen bunten Schildern, einem Vortrag und einem Infostand machten die Schülerinnen und

Schüler auf die Kinderrechte und ihre Partnerstadt Ocotal aufmerksam. Als Höhepunkt gab es ein Konzert mit Liedern zu den Kinderrechten, die jede Klasse einstudiert hatte. Die Schule hat sich vorgenommen, das als festen Bestandteil der Schulfeste in Breckenheim zu etablieren.

www.grundschule-breckenheim.de

5. Schülervertreter als Kinderrechte-Botschafter: Ernst-Reuter-Schule (Grund-, Haupt- und Realschule in Offenbach)

Die Ernst-Reuter-Schule ist Stadtteilschule für den Nordosten Offenbachs. Eltern, Kollegium, Schulleitung und Partner aus dem Stadtteil stellen den Integrationsgedanken in den Vordergrund ihrer Arbeit: Schülerinnen und Schüler lernen, sich in gegenseitiger Rücksichtnahme zu akzeptieren. Das Schulgebäude bietet mit dem weitläufigen Schulhof, dem Spiel- und Freizeitgelände sowie dem angrenzenden Jugendhaus viele Möglichkeiten der Entfaltung für die Kinder und Jugendlichen.

Die Schule legt großen Wert auf die Arbeit der Schülervertretung (SV), der bereits die Klassensprecher/innen der ersten Klasse angehören. Die Schülervertreter bieten z. B. ein Training zur Gewaltprävention an und pflegen die Zusammenarbeit mit dem Jugendbildungswerk, dem Kinder- und Jugendparlament sowie dem Stadtschülerrat. In viele Projekte werden alle Schülerinnen und Schüler direkt eingebunden und übernehmen Verantwortung für die Arbeit und das Zusammenleben in der Schule – z. B. in den Schülerfirmen oder beim Schulhofprojekt. Daran anknüpfend hat sich die Schule für ihre Arbeit als Modellschule für Kinderrechte vorgenommen, ein integriertes Gesamtkonzept zur Partizipation mit repräsentativen, basisdemokratischen und projektorientierten Formen zu erarbeiten und mit den Kinderrechten zu verknüpfen. Im Mittelpunkt stand dabei die Evaluation der Situation vorhandener Klassenratsstunden. Welche Klassen führen bereits Klassenräte regelmäßig durch? Wozu werden die Stunden genutzt? Wie können die Lehrkräfte und Schüler bei der Etablierung der Klassenräte unterstützt werden? Das Ziel: den Klassenrat als schülerzentriertes Forum in allen Klassen der Schule zu verankern. In den Jahrgängen 1 bis 4 ist das bereits gut gelungen.

Dreh- und Angelpunkt für die konkrete Bekanntmachung der Kinderrechte wurde die Schülervertretung. Schülervertreter der Grundschule und Sekundarstufe I taten sich zusammen, arbeiteten Ideen aus und erstellten einen neuen Online-Blog für die Schüler der Ernst-Reuter-Schule. Schülerinnen und Schüler einer achten Klasse stellten für den „Tag der Kinderrechte" (Jubiläum der Kinderrechtskonvention am 20. November) einen Projekttag auf die Beine: Dafür wurde die Aula u. a. mit Kinderrechte-Plakaten geschmückt und eine Führung durch die Ausstellung organisiert.

„Bühne frei für Kinderrechte!" Unter diesem Motto wurde in der Grundschule ein Unterrichts-Wahlangebot ins Leben gerufen, das auch zukünftig fester Bestandteil des Wahlprogramms sein wird. Am Ende jedes Schuljahres führen die Kinder ein Theaterstück auf. Darin geht es um Kinder und ihre Rechte, Probleme wie Streit und Diskriminierungen in der Schule, Probleme mit den Eltern und vieles mehr.

Was heißt es, auf Basis der Kinderrechte in unserer Schule zusammen zu leben und zu lernen? Diese Frage soll bei der Überarbeitung des Schulprogramms beantwortet werden. Erste Erfahrungen aus der Arbeit als Kinderrechte-Schule haben gezeigt, wie wichtig es ist, mit Schülern, Eltern und Lehrkräften über das eigene Verständnis der Kinderrechte zu sprechen. Deshalb soll vor allem das Verhältnis von Rechten und Pflichten, den Rechten jedes Einzelnen und der anderen im Schulprogramm thematisiert werden. Mit Hilfe des Schülerplaners (Kalender, Hausaufgabenplaner etc.) der Ernst-Reuter-Schule sollen diese Änderungen für die Kinder und Jugendlichen bekannt und verständlich gemacht werden. Er enthält bereits die Schulordnung und andere Informationen rund um die Schule und wird um eine Kurzfassung der UN-Kinderrechtskonvention erweitert.

„Durch die Beschäftigung mit den Kinderrechten an einem Projekttag ging ein Ruck durch meine Schüler. Ich war selbst überrascht von ihrem Interesse, ihrem Einfühlungsvermögen und der Verantwortungsübernahme."

Dana El Asraoui, Lehrerin einer 8. Klasse, Ernst-Reuter-Schule Offenbach

www.ers.schulen-offenbach.de

6. Schule und Stadtteil gemeinsam aktiv für Kinderrechte: Goetheschule (Grundschule in Wiesbaden)

„Bildung bunt!" repräsentiert das Ziel der Goetheschule, Bildung breitgefächert anzulegen. Die Grundschule wird von Kindern aus über 15 verschiedenen Nationen besucht. Dieses „Miteinander leben" prägt die Schule und den Stadtteil im positiven Sinne. Die interkulturelle Arbeit an der Schule, der qualifizierte Unterricht und die vielen außerschulischen Aktivitäten werden von den Mitbürgern aus dem Schulbezirk, vor allem den Eltern der Schülerschaft, sehr geschätzt.

Das „bunte Bildungsprogramm" der Schule wird umgesetzt durch Kunst- und Musikprojekte, Sportangebote und verschiedene Förderansätze, wie z. B. eine Gruppe von Schülerinnen und Schülern, die als Streitschlichter ausgebildet sind und bei Konflikten vermitteln.

Die Schule nimmt teil an dem Bund-Länder-Programm „Stadtteile mit besonderem Entwicklungsbedarf – Soziale Stadterneuerung". Neben den Bürgern und zahlreichen Interessengruppen setzt sie sich aktiv in diesem Stadtteilerneuerungsprozess ein. Ihr Ziel: Neue und sichere Spielflächen auf dem Schulgelände und darüber hinaus schaffen. Neue Impulse erhielt dieses wichtige Anliegen durch die Teilnahme am Modellschul-Netzwerk Kinderrechte: Um auf die Spiel- und Schulhofsituation der Goetheschüler aufmerksam zu machen, wurde die Aktion „Rückeroberung der Spielstraße" ins Leben gerufen. Die Kinder haben nach den großen Ferien mit Stoppschildern und Plakaten auf ihre Rechte aufmerksam gemacht, um zu schnelle Autofahrer an die Spielstraße vor der Schule zu erinnern – begleitet durch Eltern, Lehrer und die Polizei. Die Aktion hat einen praktischen Zugang zu den Kinderrechten und deren Umsetzung geschaffen. Die Kinder haben während der Vorbereitungen herausgefunden, welche Rechte sie haben und wie sie gleichzeitig dafür eintreten können – ein wichtiger Weg zu partizipativem und selbstwirksamem Handeln. Die Aktion wurde beim UNICEF-JuniorBotschafter-Wettbewerb 2012 prämiert.

Mehr Schülerbeteiligung, mehr Kindersicht! An der Schule ist ein gut verzahntes Konzept demokratischer Mitbestimmungsstrukturen entstanden: Seit Herbst 2011 gibt es den Schülerrat – das Parlament der Goetheschule. 18 De-

Aktion Rückeroberung der Spielstraße

legierte treffen sich einmal im Monat und besprechen aktuelle Probleme der Schulgemeinde, entscheiden bei Aktionen der Schule mit und bringen neue Ideen ein. In allen Klassen tagt zudem wöchentlich ein Klassenrat, der zur Planung und Vorbereitung von Projekten und zur Lösung von Konflikten genutzt wird. Schülerrat und Klassenrat unterstützen und ergänzen sich in ihrer Arbeit gegenseitig.

Mit der Konzentration auf zwei wichtige Anliegen der Schule, nämlich die Gestaltung der Spielflächen auf der einen Seite und mehr Schülerbeteiligung auf der anderen, wurden zwei wichtige Bereiche für das Lernen von Kindern miteinander verknüpft: das Gefühl, mit einbezogen zu werden (d.h. informiert zu werden *und* mitbestimmen zu können) und gleichzeitig aktiv zu handeln, etwas bewirken zu können. Das stärkt die Motivation der Kinder und sorgt für ein positives Schulklima.

Praxis-Idee: Alle dritten und vierten Klassen haben gemeinsam das Theaterstück „KIRA macht Kinder stark – Bühne frei für Kinderrechte" einstudiert und u. a. auf dem Elternlerntag präsentiert – alle haben so von den Kinderrechten erfahren und sich über deren Umsetzung ausgetauscht.

„Wir haben uns als Schule in dem Modellschul-Netzwerk sehr entwickelt. Das, was uns anfangs als eine Extra-Baustelle unter vielen erschien, fügt sich nun harmonisch in alles Lernen ein und bildet den Überbau für die Schulkultur an der Schule."

Gabriele Stolla, Schulleiterin der Goetheschule

7. Vom sozialen Lernen zu sozialem Handeln, Fachcurriculum und Projektvielfalt: Gutenbergschule (Kooperative Gesamtschule in Darmstadt)

Die Gutenbergschule ist eine Kooperative Gesamtschule als Ganztagsschule von Klasse fünf bis zehn im Darmstädter Stadtteil Eberstadt. Seit Jahren ist der Aspekt „Vom sozialen Lernen zum sozialen Handeln" ein wichtiger Bestandteil des Unterrichts an der Gutenbergschule, der sich vor allem im Rahmen ihrer Beteiligung am Projekt der Bund-Länder-Kommission „Demokratie lernen und leben" (2003-2007) gefestigt hat. Die Schule entwickelte die Bausteine ihrer pädagogischen Arbeit weiter und führte sie unter dem Dach der Kinderrechte zusammen. Damit haben die Kinderrechte eine klare Orientierungsfunktion für das alltägliche Lernen und Leben der Schule.

Im Schulcurriculum für die Jahrgänge fünf bis zehn sind die Kinderrechte für alle Fächer interdisziplinär festgeschrieben und speziell im Fach „Soziales Lernen" der fünften Klassen verankert. Hier arbeitet sich die Klasse in das Thema ein und klärt beispielsweise, wie die Kinderrechte mit bereits bekannten Umgangs- oder Kommunikationsregeln zusammenhängen. Gleichzeitig werden hier Engagement-Projekte angestoßen und bürgerschaftliches Handeln gestärkt.

In den ersten zwei Jahren als Modellschule für Kinderrechte hat die Gutenbergschule zahlreiche Zugänge gefunden, kinderrechtliche Themen in den Lernalltag einfließen zu lassen: Nicht nur im Fach Soziales Lernen sind krea-

Der Kinderrechte-Waldlehrpfad

tive Projekte entstanden, sondern ebenso im Deutsch-, Musik- oder Sportunterricht. Die Projekte knüpften an spezifische Unterrichtinhalte und aktuelle Anlässe aus dem Leben im Stadtteil oder darüber hinaus an. Der nah gelegene Walderlebnispfad wurde zur „Treppe der Kinderrechte" umgestaltet, ein Kinderrechte-Quiz-Pfad wurde erarbeitet, wichtige Kinderrechte in Gebärdensprache übersetzt, ein Kinderrechte-Klettern als Spendenaktion organisiert, ein SMS-Flashmob für die Kinderrechte umgesetzt, ein Fußballturnier für Integration veranstaltet, ein Kinderrechte-Rap einstudiert und ein Kinderrechte-Parcours entwickelt, der von den umliegenden Grund- und Förderschulen für ihren Sportunterricht gebucht werden kann.

Die Kinder und Jugendlichen haben damit nicht nur sich selbst über die Kinderrechte schlau gemacht, sondern ebenso ihre Mitschüler, Lehrkräfte, Eltern sowie benachbarte Familien und Schulen. Mit der Aktion „Kinderrechte mobil" hat sich die Schule mit Grundschulen und der Förderschule im

Stadtteil vernetzt. Schülerinnen und Schüler haben dort gemeinsam mit Lehrkräften die Kinderrechte anhand verschiedener Projekte vorgestellt. Viele Klassen dort wurden ermuntert für Kinderrechte und Demokratie selbst aktiv zu werden und nutzen die Nachbarschule als Ideengeber.

Für ihr Engagement wurde die Schule mehrfach ausgezeichnet: Zweimal beim bundesweiten UNICEF-JuniorBotschafter-Wettbewerb sowie bei dem Kinderwelten-Award „Fit fürs Leben" 2011.

Praxis-Tipp: In dem nahe gelegenen Waldstück führt ein steiler Weg zur Burg Frankenstein, den die Kinder zu einem besseren und sicheren Zugang machen. Zehn lange Stufen werden den vielen Familien und anderen Besuchern den Spaziergang erleichtern und machen gleichzeitig auf die Kinderrechte aufmerksam. An jeder der zehn Stufen der „Treppe der Kinderrechte" stehen Infos zu einem wichtigen Kinderrecht.

„Eine Schule muss sich bewusst machen, was sie im Bereich Kinderrechte schon geleistet hat und anschließend Synergieeffekte nutzen. Aktive Lehrkräfte sollten dafür Mitstreiter im Kollegium finden. Dabei helfen erfolgreiche Beispiele, die z. B. von außen wertgeschätzt oder ausgezeichnet wurden."

Hannes Marb, Schulleitungsmitglied Gutenbergschule Darmstadt

www.gutenbergschule-darmstadt.de[3]

8. Kinderrechte-, Demokratie- und Sozialkompetenzen im Curriculum: Heinrich-Böll-Schule (Kooperative Gesamtschule in Hattersheim)

Die Schulgemeinde hat sich auf eine Schulverfassung verständigt, die als Leitfaden im Schulalltag dient. Besonders hervorgehoben werden darin Schlüsselqualifikationen wie kritische Selbsteinschätzung, Kommunikations- und Kooperationsfähigkeit, Eigenständigkeit und Zivilcourage sowie demokratische Umgangsformen und Sozialkompetenz. Systematisches Training zur konstruktiven Konfliktbewältigung vermittelt den Schülern die notwendigen Fä-

---

[3] Mehr zum Kinderrechte-Fachcurriculum der Gutenbergschule im Artikel Gerbinski/Marb „Kinderrechte im Curriculum. Am Beispiel des Sportunterrichts".

higkeiten zur Regelung der Probleme untereinander. Es gibt eine Streitschlichter-AG und in allen Klassen gibt es Gruppentrainings zum sozialen Lernen.

Kinderrechte ins Schul-Curriculum! Angestoßen durch die Teilnahme am Modellschul-Netzwerk setzte die Heinrich-Böll-Schule die Kinderrechte als neuen Fokus im Rahmenkonzept ihrer pädagogischen Arbeit um: Auf Basis des vorhandenen Schulprogramms wurde ein Unterrichtscurriculum in Richtung Erziehung zu Demokratie- und Sozialkompetenzen für alle Jahrgangsstufen bis zur Oberstufe erarbeitet. Das Thema Kinderrechte ist dabei explizit in den Jahrgängen sechs (Verbindung mit dem Thema „Erwachsenwerden") und neun/zehn (Verbindung mit dem Thema „demokratische Gesellschaft") verankert. Um die praktische Umsetzung des Curriculums zusätzlich zu unterstützen, hat die Schule damit begonnen, den Klassenrat als einheitliche basisdemokratische Struktur in allen Klassen der Jahrgangsstufen fünf und sechs einzuführen.

In der Projektwoche zum Thema Kinderrechte 2011 entstand neben vielen anderen Aktionen das Projekt „Kinderrechtsverletzungen weltweit". Die Fünftklässler recherchierten, wie gut oder schlecht die Kinderrechte in Deutschland und den übrigen zwölf Herkunftsländern ihrer Familien umgesetzt werden. Für jedes Land gestalteten sie ein eigenes Plakat und zeigten die Ergebnisse am Tag der offenen Tür und am Elternabend in der Schule.

Die Auszeichnung mit dem zweiten Platz auf der festlichen Preisverleihung zum „JuniorBotschafter des Jahres" in der Frankfurter Paulskirche und die damit verbundene offizielle Wertschätzung hat die gesamte Schulgemeinde sehr darin bestärkt, sich als Kinderrechte-Schule weiterzuentwickeln.

Begründung der JuniorBotschafter-Jury: Der Jury hat besonders gut gefallen, dass die Schulklasse sich dem Thema Kinderrechte in aller Welt auf eine Weise genähert hat, die einen direkten Bezug zu den Schülern selbst und ihren Wurzeln hat. So ist es sehr gut nachvollziehbar, dass die Kinderrechte zwar universell für alle Kinder gelten, dass sie aber nach wie vor in jedem Land der Erde tagtäglich verletzt werden – wenn auch auf unterschiedlich schwere Weise. Die Schülerinnen und Schüler aus Hattersheim haben gründlich recherchiert, schöne und informative Plakate gebastelt und damit eine breite Schulöffentlichkeit erreicht. (www.younicef.de/gewinner)

„Wir haben gewonnen! Der Gewinn des zweiten Hauptpreises beim JuniorBotschafter-Wettbewerb 2011 hat einen riesigen Motivationsschub gegeben. Durch das Online-Voting des JuniorBotschafter-Publikumspreises hat die ganze Schule von dem Kinderrechte-Projekt erfahren und ganz engagiert eine weitere Öffentlichkeit dafür geschaffen."

Brigitte Mazurek, Lehrerin an der Heinrich-Böll-Schule

www.heinrich-boell-schule.de

9. Kinder für Kinder – Partizipation und Verantwortungsübernahme: Grundschule Stierstadt (Grundschule in Oberursel)

Die Grundschule mit Eingangsstufe und Betreuungsangebot liegt im historisch gewachsenen Oberurseler Stadtteil Stierstadt am Fuße des Taunus. Die Leitidee der Schule lautet: „Miteinander – füreinander". Das Konzept zur „Schulung der Sozialkompetenz" schärft diese Leitidee und schafft eine Struktur für die pädagogische Arbeit an der Schule. Die Kinderrechte sind seit der Mitarbeit im Schulnetzwerk Teil dieses Konzepts.

Bei der Entwicklung als Modellschule konzentrierte sich die Schule vor allem auf die Rechte der Kinder in ihrem direkten Umfeld – im Alltag, in der Schule, in der Familie und im Freundeskreis. Das Vorhaben startete mit einer Projektwoche der dritten und vierten Klassen zum Thema „Starke Kinder" und drei Schwerpunkten: „Gemeinsam sind wir stark" (Erlebnispädagogik), „Wissen macht stark" (Kinderrechte-Info kreativ) und „Unterstützung macht stark" (Vernetzung und Engagement außerhalb der Schule). Dabei ist u. a. die Aktion „Kinderrechte in der Kiste" entstanden. In einem Karton haben alle beteiligten Schülerinnen und Schüler ihr wichtigstes Kinderrecht kreativ dargestellt und im Schul-Foyer ausgestellt.

Nach dem Motto „Lernen durch Lehren" haben Kinder der vierten Klassen die Kinderrechte jahrgangsübergreifend bekannt gemacht. Dafür arbeiteten sie eine Präsentation und Fragen aus und zogen damit von Klasse zu Klasse. Neben Informationen zu den Kinderrechten erhielt jede Klasse den Auftrag, sich mit einem ausgewählten Recht im Unterricht näher zu beschäftigen. Die

Lernen durch Lehren: Kinderrechte-Wahl

Ergebnisse tragen die „Kinderrechte-Botschafter" zusammen und stellen sie in der Schulversammlung vor.

Die Aktion soll jährlich wiederholt werden und an die nachfolgenden Jahrgänge „übergeben" werden. Viele Lehrkräfte konnten sich durch diese Aktion persönlich überzeugen, welche Kompetenzen sich Kinder aneignen, wenn sie mit Begeisterung bei einer für sie wichtigen Sache aktiv sind und Verantwortung übernehmen. Die jungen Kinderrechte-Botschafter überzeugten nicht nur ihre Mitschüler, sondern auch ihre Eltern und Lehrkräfte.

„Wir haben nach ersten Startschwierigkeiten im Projekt gelernt, uns Zeit dafür zu nehmen, den eigenen, passenden Weg zur „kindergerechten" Schule zu finden und Widerstände zu überwinden. Es hat sich gelohnt, denn unser Schulklima und der Umgang der Kinder untereinander haben sich bereits merklich geändert."

Luitgard Hessler, Schulleiterin der Grundschule Stierstadt

10. Vielfalt nutzen: Uhlandschule (Grundschule in Frankfurt)

Im „ABC" der Uhlandschule sind die pädagogischen Ziele der Schule festgelegt. Dort steht das U für Unterschiede unterstützen, das L für die Lust am Lernen und das A für eine Atmosphäre der Achtung, Anerkennung und Akzeptanz. Der Umgang mit Vielfalt spielt eine große Rolle. Denn die Schülerinnen und Schüler der Grundschule im Frankfurter Innenstadtteil Ostend stammen aus Familien mit ganz unterschiedlicher Herkunft und kultureller Erfahrung. Aufgrund dieser sehr heterogenen Zusammensetzung der Schülerschaft legt die Schule großen Wert auf Sprachförderung und bietet herkunftssprachlichen Unterricht in vier Sprachen an. Die Öffnung der Schule in den Stadtteil wird möglichst abwechslungsreich und intensiv gefördert. Das zeigt unter anderem die Zusammenarbeit mit der nahegelegen Musikakademie Dr. Hoch's Konservatorium im Rahmen des Projekts „Musikalische Grundschule".

Die Vielfalt ihrer pädagogischen Arbeit hat die Schule genutzt, um im Modellprojekt Kinderrechte verschiedene neue Projekte und Aktionen durchzuführen:

- Anknüpfend an die kulturelle Verschiedenheit der Schülerinnen und Schüler wurden fächerübergreifend Tänze aus aller Welt eingeübt und Kinderrechte-Lieder gesungen.
- Einzelne Klassen haben sich bereits vor der Teilnahme am Modellschul-Netzwerk in kreativen Workshops mit dem Thema Kinderrechte hier und anderswo beschäftigt. Die Ergebnisse, die „Himmelsleitern für Kinderrechte", sind seitdem für alle sichtbar im Schulgebäude ausgestellt und haben während des Programms wieder neue Aufmerksamkeit erfahren.
- Für die Schulbibliothek wurde eine Bücherkiste mit Medien zu den Kinderrechten angeschafft, u.a. mit Büchern zum Thema „Kinder in anderen Ländern". Alle Lehrkräfte finden Unterrichtsmaterialien und Literatur zur Umsetzung der Kinderrechte im Lehrerzimmer.
- In dem Workshop „Hörst du mir überhaupt zu?!" haben die Kinder spielerisch die Auswirkungen von „gutem" und „schlechtem" Zuhören erarbeitet und gemeinsame Klassenregeln erstellt.

- Die dritten und vierten Klassen arbeiten verbindlich mit dem Klassenrat. Die Schülerinnen können ihre Wünsche äußern und lernen mit Konflikten umzugehen.
- Die Schülerzeitungs-AG hat die Kinderrechte in der Schülerzeitung vorgestellt und u. a. über Bildungschancen in anderen Ländern berichtet. Dafür wurden sie mit dem Frankfurter Schüler-Presse-Preis 2012 ausgezeichnet.
- In der Aktion „Wie nehmen Kinder ihr Ostend wahr?" konnten die Schülerinnen und Schüler ihren Stadtteil erkunden und eine Ausstellung im Historischen Museum gestalten.

www.uhlandschule-frankfurt.com

Franziska Perels, Bernd Schreier

Kinderrechte im Hessischen Referenzrahmen Schulqualität

Der folgende Beitrag hat das Ziel, deutlich zu machen, warum und an welchen Stellen das Thema Kinderrechte im Kontext Schule von Bedeutung ist. Dazu wird dargelegt, warum und inwiefern dieses Thema in den Hessischen Referenzrahmen Schulqualität (HRS) integriert ist.

1. Der Zusammenhang von Kinderrechten und Schulqualität und -entwicklung

In der UN-Kinderrechtskonvention wird hervorgehoben, dass Kinder eigenständige Persönlichkeiten sind, die von Geburt an eigene Rechte haben. In diesem Zusammenhang sind Erwachsene – und damit auch die Pädagogen in der Schule – dafür verantwortlich, dass Kinder ihre Rechte kennenlernen und leben können. Vier Grundprinzipien prägen den Charakter der Konvention: Gleichheit, Schutz, Förderung und Partizipation. Die Einhaltung und Thematisierung von Kinderrechten ist insofern im schulischen Kontext von besonderer Bedeutung und sollte ein Kriterium zur Beschreibung von Schulqualität darstellen.

Kinderrechte sind ein Qualitätsmerkmal guter Schule: Das sagt sich leicht dahin, muss aber genauer bestimmt, konkretisiert und letztlich fassbar und nachweisbar werden, wenn es nicht nur plakative Formel bleiben soll. Es geht also um dauerhaft in der Schulkultur gelebte Kinderrechte.

Qualität an der Schule heißt, dass Kinder ihre „Menschenrechte" kennen, denn nichts anderes sind die Kinderrechte, formuliert und konkretisiert für die nachwachsende Generation. Das Kennen der Rechte allein genügt nicht, vielmehr müssen sich die Konsequenzen aus diesen Rechten im praktischen Handeln und in einer sie umgebenden Kultur zeigen. Das gesamte Ensemble der Kinderrechte muss in die Strukturmerkmale einer guten Schulorganisation eingehen und sie inhaltlich prägen, und dies setzt natürlich Kinder, Jugendliche und junge Erwachsene voraus, die die Schule zu ihrer Sache machen können und wollen.

Als hessenweites Instrument für Schulqualität kann der Hessische Referenzrahmen Schulqualität mit dafür sorgen, dass es nicht bei einem appellativen Bekenntnis bleibt. Derzeit bildet der HRS die Grundlage für eine gezielte und nachhaltige Schulentwicklung in Hessen. Zum einen definiert er die Erwartungen und Anforderungen an die Schulen hinsichtlich ihrer Qualität und zum anderen unterstützt er die Schulen sowohl in ihrem Prozess der Qualitätssicherung und Qualitätsentwicklung, als auch in der Stärkung und Erweiterung der Selbstständigkeit. Der HRS bietet demnach eine Möglichkeit für Schulen, die Qualität ihrer Bildungs- und Erziehungsarbeit zu überprüfen, zu bewerten und effektiv zu steigern.

Der HRS fordert bereits in seinem Ansatz die schulische Selbstständigkeit genauso ein wie das partizipatorische Denken und die aktive Rolle der Schülerinnen und Schüler, etwa im Leitbild des selbstregulativen selbstständigen Lernens und der eigenen Verantwortung für die Prozesse und Ergebnisse. Wenn man Kinderrechte noch stärker als bisher in dem Hessischen Referenzrahmen Schulqualität verankern will, bedarf es also nur einer Zuspitzung, einer sogenannten „leichten" Überarbeitung, wobei bereits bestehende Brücken genutzt und konkretisiert werden müssen.

Ein Referenzrahmen ist nicht neutral, sondern immer werthaltig, nach Wertegesichtspunkten konstruiert. Er ist aber nicht nur normativ, sondern orientiert an empirisch gesicherten Wirkungsgrößen. Ein Referenzrahmen dient einerseits als Folie der Beobachtung, also als Bezugsbasis dafür, festzustellen, ob bestimmte Dinge an der Schule entwickelt worden sind und stattfinden oder Defizite festgestellt werden müssen. Andererseits kann ein Referenzrahmen von den Schulen konstruktiv und aktiv genutzt werden, um erkannte Schwachstellen zum Gegenstand von Überlegungen und entsprechenden Maßnahmen werden zu lassen, mit dem Ziel, Verbesserungen in diesen Bereichen herzustellen.

2. Inhalte und Aufbau des HRS

Um konkreter darstellen zu können, an welchen Stellen die Kinderrechte im HRS verankert sind, wird im Folgenden der Grundaufbau des HRS dargelegt, um daran anschließend die Kriterien hervorzuheben, in denen explizit auf Kinderrechte eingegangen wird.

Der HRS ist strukturell in drei Komponenten der Entwicklung schulischer Bildungsarbeit untergliedert: in den Input, die Prozesse und den Output. Diese Komponenten werden in insgesamt sieben Qualitätsbereiche inhaltlich konkretisiert (siehe Abbildung 1):

I. *Voraussetzungen und Bedingungen:* Dazu gehören „bildungspolitische und rechtliche Rahmenvorgaben, die Bereitstellung von personellen wie sachbezogenen Ressourcen und Unterstützungsangeboten für die Schulen, das Bildungsangebot in der Region sowie die soziale Zusammensetzung der Schülerschaft und des Schulumfelds." (HRS, S. 4)

II. *Ziele und Strategien der Qualitätsentwicklung:* Dieser Qualitätsbereich umfasst die Dimensionen „Schulprogramm" und (interne) „Evaluation", die eine wesentliche Grundlage der Qualitätsentwicklung an der Schule bilden.

III. *Führung und Management:* Mit den Dimensionen „Steuerung pädagogischer Prozesse", „Organisation und Verwaltung der Schule" sowie „Personalführung und Personalentwicklung" werden in diesem Qualitätsbereich die zentralen Aufgaben von Schulleitungen beschrieben.

IV. *Professionalität*: Die Qualität der Bildungsprozesse an der Schule wird wesentlich von der Kompetenz und Professionalität der Lehrkräfte bestimmt (Dimensionen: „Erhalt und Weiterentwicklung beruflicher Kompetenzen"; „Kommunikation und Kooperation im Kollegium").

V. *Schulkultur:* Mit den Dimensionen „Pädagogische Grundhaltung", „Schulleben" und „Kooperation und Kommunikation nach außen" wird in diesem Qualitätsbereich Schule als Lebensraum betrachtet. Dabei sind sowohl die Gestaltung der Beziehung von Lehrenden und Lernenden als auch die Zusammenarbeit mit Eltern und außerschulischen Partnern von Bedeutung.

VI. *Lehren und Lernen:* „Lehr- und Lernprozesse im unterrichtlichen und außerunterrichtlichen Bereich bilden das ‚Kerngeschäft' von Schule" (HRS, S: 23). In den Dimensionen „Aufbau von fachlichen und überfachlichen Kompetenzen", „Strukturierte und transparente Lehr- und Lernprozesse", „Umgang mit heterogenen Lernvoraussetzungen" sowie „Lernförderliches Klima und Lernumgebung" wird dies in Qualitätsbereich VI des HRS thematisiert.

VII. *Ergebnisse und Wirkungen:* Dieser Qualitätsbereich „umfasst zunächst die fachlichen bzw. überfachlichen Kompetenzen und die erzielten Bildungsabschlüsse, darüber hinaus aber auch die Akzeptanz, die die Lernbedingungen und -erträge bei den beteiligten Personen finden." (HRS, S. 4)

Grundstruktur des Hessischen Referenzrahmens Schulqualität (HRS, S. 4)

3. Kinderrechte im HRS

Da – wie oben bereits dargestellt – der HRS einer demokratischen Grundphilosophie folgt, steckt der Grundgedanke der Kinderrechte implizit in verschiedenen Qualitätskriterien. Explizit werden die Kinderrechte im Qualitätsbereich V „Schulkultur" in den Dimensionen V.1 „Pädagogische Grundhaltung" und V.2 „Schulleben" beschrieben.

Innerhalb der Dimension „Pädagogische Grundhaltung" werden die Kinderrechte im Kriterium V.1.1 „Die Schule zeigt sich gegenüber allen Schülerinnen und Schülern verantwortlich und fördert deren Potentiale" thematisiert (HRS 2011, S. 65):

Kriterium V.1.1 (HRS 2011, S. 65)
Wie wird eine Orientierung an diesen Zielen sichtbar?
- Die Mitglieder der Schulgemeinde haben sich auf ein Leitbild verständigt, das die Verantwortlichkeit der Schule gegenüber allen ihren Schülerinnen und Schülern zum Ausdruck bringt und auch diesen selbst Verantwortung für die schulische Arbeit und ihre Beteiligung im Schulalltag zuweist.
- Der Blick richtet sich in erster Linie auf die Stärken, nicht auf die Defizite der Schülerinnen und Schüler.
- *Kinderrechte werden in der Schule thematisiert und beachtet.*[22]
- Die Bedürfnisse und Interessen sowohl der Mädchen als auch der Jungen werden berücksichtigt.
- Die Schülerinnen und Schüler erhalten Gelegenheiten, im Unterricht und Schulleben in verschiedenen Bereichen aktiv zu werden.
- Projekte von Schülerinnen und Schülern werden ernst genommen, wertgeschätzt und unterstützt.
- Die Förderung aller Schülerinnen und Schüler ist Grundprinzip der Unterrichtspraxis.
- Die Schülerinnen und Schüler werden mit ihren Problemen nicht allein gelassen; es gibt vielfältige Gesprächs- und Beratungsangebote.
- Die Lehrkräfte trauen ihren Schülerinnen und Schülern etwas zu.
- Besondere Leistungen werden gewürdigt.
- Besonderes Engagement im sozialen, kulturellen und politischen Bereich (z. B. ehrenamtliche Tätigkeiten) wird wertgeschätzt. (...)

Welche Wirkungen haben diese Bemühungen?
- Die Schülerinnen und Schüler fühlen sich ermutigt; Ängste werden abgebaut.
- Sie kennen die Kinderrechte und nehmen sie wahr.
- Sie schätzen die Unterstützungsangebote der Schule.
- Klassenwiederholungen sind selten, die Abbrecherquote ist niedrig.

- Die Eltern schätzen die pädagogische Grundhaltung und die Förderangebote der Schule.
- Schülerinnen und Schüler äußern sich offen und bringen sich mit ihren Möglichkeiten in Unterricht und Schulleben ein.

Fußnote 22: Übereinkommen für die Rechte des Kindes. UN-Kinderrechtskonvention am 5. April 1992 für Deutschland in Kraft getreten (Bekanntmachung vom 10. Juli 1992 – BGBL. II. S. 990).

In der Dimension V.2 „Schulleben" werden die Kinderrechte im Kriterium V.2.2 „Die Schule fördert die Schulgemeinschaft und die soziale Integration – insbesondere das Zusammenleben der Kulturen sowie die Gleichberechtigung der Geschlechter und der Menschen mit Behinderung im Sinne einer Weiterentwicklung zur inklusiven Schule" festgeschrieben (HRS 2011 S. 71):

Kriterium: V.2.2 (HRS 2011, S. 71)

Welche allgemeinen, die Gemeinschaft fördernden Maßnahmen und Vorhaben gibt es?
- Es gibt Kommunikationsstrukturen innerhalb der Schulgemeinde, die einen kontinuierlichen Austausch gewährleisten (z. B. Gesprächskreise, Runder Tisch).
- Regelmäßig wiederkehrende schulweite Veranstaltungen (Feste, Feiern, Vorführungen, Vorträge, Sporttage) sowie anlassbezogene Feiern sind fester Bestandteil des Schullebens.
- Demokratische Strukturen der Beteiligung sind auf allen Ebenen vorhanden (z. B. Klassenrat, Schülervollversammlung, Jahrgangsversammlung, Schülerrat, Personalversammlungen).
- Die Schule geht konstruktiv mit Konflikten um; sie verfügt über im Schulleben verankerte Verfahren der Konfliktbewältigung.
- Gemeinsam erarbeitete Schulregeln unterstützen das Zusammenleben. (...)

Wie wird das Miteinander der Kulturen gefördert?
- Die Schule ermöglicht den Schülerinnen und Schülern durch entsprechende Angebote, die Heterogenität und Vielfalt von ethnischen Lebensformen und Überzeugungen kennenzulernen und wertzuschätzen.
- Unterschiedliche Wertmaßstäbe werden bewusst gemacht und Toleranzgrenzen ausgehandelt.

- *Die Kinderrechte werden genutzt, um soziale Integration zu fördern.*
- Es gibt Angebote und Hilfen, die möglichst vielen Eltern sowie Schülerinnen und Schülern trotz eventueller Sprachbarrieren die Teilnahme am Schulleben ermöglichen.
- Die Schule unterstützt Begegnungen im Rahmen von europäischen Bildungsprogrammen, Schulpartnerschaften und internationalen Wettbewerben. (...)

Wie werden die spezifischen Interessen von Menschen mit Behinderungen berücksichtigt?
- Schülerinnen und Schüler mit Behinderungen sind in den Regelunterricht eingebunden.
- Die bauliche und sächliche Ausstattung der Schule berücksichtigt die besonderen Bedürfnisse von Menschen mit Behinderungen.
- Unterschiedliche Möglichkeiten der Lebensgestaltung werden bewusst gemacht und ein tolerantes Miteinander gefördert. (...)

Wie wirken sich diese Maßnahmen aus?
- Gemeinsame Erziehung und das gemeinsame Lernen aller Schülerinnen und Schüler werden in einem hohen Maß verwirklicht.
- Es gibt wenig Ausgrenzung und Gewalt.
- Der Umgang zwischen den Geschlechtern und den unterschiedlichen Kulturen ist wertschätzend und tolerant.
- Die Schülerinnen und Schüler fühlen sich wohl und sicher.
- Die verschiedenen Gruppierungen der Schulgemeinde nehmen ihre Beteiligungsrechte aktiv wahr.
- Demokratische Verhaltensweisen prägen den Schulalltag. (...)

4. Zusammenfassung und Fazit

In Zukunft, das heißt bei künftigen Schulinspektionen, wird sich zeigen, ob die Kontextierung zu einem Mehr an Qualität der Kinderrechte an den hessischen Schulen geführt hat. Wichtig wird es dabei sein, nicht nur den Akzent auf die Kontextierung und deren Überprüfung zu legen, sondern ebenso geeignete Fördermaßnahmen umzusetzen und letztlich an der Qualitätsverbindlichkeit zu arbeiten. Wir haben also noch viel zu tun und dürfen uns nicht zur Ruhe setzen.

Sonja Student

Schule als „Haus der Kinderrechte"

Jede Schule sollte ein „Haus der Kinderrechte" sein, ein Haus, das offen ist für die Zivilgesellschaft und in dem die Leitziele der UN-Kinderrechtskonvention verwirklicht sind: Gleichbehandlung aller Kinder ohne Diskriminierung, Schutz und Sicherheit vor Gewalt, individuelle Förderung der kindlichen Potenziale und altersgemäße Beteiligung der Kinder und Jugendlichen. Die Kinderrechte berühren zahlreiche Themen im Lernalltag von Schülerinnen und Schülern – z. B. soziale und faire Umgangsformen, gewaltfreie Konfliktlösung, umfassende Mitbestimmung am Lernort, basisdemokratische, repräsentative und projektorientierte Beteiligungsformen, Bewegungs- und Spielräume, Möglichkeiten für kreative und kulturelle Betätigungen, Lernen durch soziales Engagement, Hilfsaktionen für andere Länder, die Inklusion von Kindern und Jugendlichen mit Behinderung.

Schon in den Anfängen der Zusammenarbeit mit Schulen im „Modellschul-Netzwerk für Kinderrechte Rhein-Main" wurde deutlich, dass das Verständnis von Kinderrechten als ganzheitlicher Ansatz unterschiedlich weit vorhanden war, oft wurden nur einzelne Aspekte berücksichtigt, z. B. die Kinderrechte als Thema des Unterrichts einzelner oder mehrerer Fächer oder als einzelnes Projekt einer Klasse oder der ganzen Schule. Mit dem „Haus der Kinderrechte" wurde ein Beratungs- und Selbstevaluationsinstrument für Schulen entwickelt, um einen systemischen Blick auf die verschiedenen Dimensionen von Schulentwicklung im Bereich Kinderrechte zu erleichtern – nach dem Motto „Ein Bild sagt mehr als tausend Worte". Es fasst die folgenden Dimensionen in ihren Zusammenhängen anschaulich und übersichtlich zusammen und gibt Hilfestellungen zu deren Anwendung im Schulalltag:
1. Kinderrechte als „Dach"
2. Einbeziehung aller Zielgruppen
3. Inhaltliche Arbeit und Bildungsqualität

4. Organisatorische Qualität
5. Zeit und Entwicklung

Jeder Aspekt im „Haus der Kinderrechte" hängt mit den anderen zusammen. Alle Einzelaspekte beziehen sich auf den Gesamtzusammenhang des Kinderrechte-Entwicklungsprozesses mit allen Beteiligten. Dieser Prozess betrifft nicht nur die Durchführung von Projekten oder den Aufbau neuer Strukturen, sondern vor allem das Bewusstsein aller Beteiligten, das Verständnis davon, was eine „kindergerechte Schule" bedeutet. Um sicherzustellen, dass alle an Schule Beteiligten die Kinderrechte kennenlernen und umsetzen, muss jede Schule ihr eigenes Kinderrechteprofil entwickeln und ihren selbstständigen und individuellen Weg zum „Haus der Kinderrechte" finden. Sowohl die inhaltliche Bildungsqualität als auch die Organisationsqualität der Schule müssen dabei berücksichtigt werden – nicht im Sinne eines Idealbildes von Schule, sondern unter Berücksichtigung der Ziel- und Prozessqualität von Schule.

1. Kinderrechte als „Dach"

Das „Haus der Kinderrechte" wird durch die vier Grundprinzipien der Kinderrechte näher qualifiziert: Gleichheit/Gleichberechtigung (Art. 2), Wohl, Schutz und Fürsorge (Art. 3), Förderung der persönlichen Entwicklung (Art. 6) und Partizipation (Art. 12). Damit soll auf einen Blick deutlich werden, worum es bei den Kinderrechten im Wesentlichen geht. Es empfiehlt sich, anhand dieser Prinzipien sowohl das Vorverständnis als auch das gemeinsam reflektierte Verständnis der Kinderrechte unter allen Beteiligten (Schulleitung, Lehrkräfte, Schüler, Eltern, Partner etc.) zu klären und im Verlauf des Prozesses weiterzuentwickeln. Ein vertieftes Verständnis erleichtert die Kommunikation untereinander und mit den verschiedenen Zielgruppen. Die Kinderrechte als Dach einer kindergerechten Schule werden so in ihrem inneren Zusammenhang leichter erkannt und jede Schule kann auf der Basis der Universalität der Kinderrechte ihr einzigartiges Profil entwickeln. Die vier Prinzipien fassen den „Geist" der UN-Kinderrechtskonvention zusammen:

Schulentwicklung mit dem Haus der Kinderrechte

1.1 Gleichheit

Alle Kinder haben die gleichen Rechte. Das bedeutet: das eigene Recht schließt auch immer das des Gegenübers und die Pflicht der Achtung dieser Rechte ein. Dieses Prinzip der Gleichberechtigung oder Gleichheit verweist zudem auf die Universalität der Kinderrechte als Menschenrechte für Kinder, die jegliche Diskriminierung aufgrund von Nationalität, Geschlecht, ethnischer oder sozialer Herkunft oder Religion ausschließt. Leitfragen dafür sind: Wie geht die Schule mit Heterogenität um? Wo werden Kinder aufgrund ihrer Herkunft, ihres sozialen Status etc. benachteiligt? Hier gibt es zahlreiche Anknüpfungspunkte zu anderen Antidiskriminierungsprogrammen, die menschenrechtlich basierte soziale Einstellungen, soziales Verhalten oder Zivilcourage fördern.

1.2 Schutz

Kinderschutz und eine sichere Lern- und Lebensumgebung betreffen die Bereiche Gewalt gegen Kinder – sei es körperliche, psychische oder verbale – sowohl von Erwachsenen als auch von Kindern untereinander. Jede Schule hat heute irgendeine Form von Streitlösungs-, Anti-Mobbing- oder Mediationsprogrammen. Die ausdrückliche Verbindung im „Haus der Kinderrechte" macht es Schulen und Partnern leichter, den Kinderrechte-Fokus auf diesen Bereich anzuwenden und zu erkennen: Was tun wir schon, damit sich alle an der Schule sicher fühlen und in einer guten Atmosphäre lernen und unterrichten können und alle respektvoll miteinander umgehen? Wie ergänzen sich die Aktivitäten zum Kinderschutz mit den anderen Kernbereichen der Kinderrechte, zum Beispiel der Partizipation?

1.3 Förderung

Individuelle Förderung betrifft die Potenzialentwicklung von Kindern und Jugendlichen. Wie wird die Schule diesem Anspruch gerecht – wird das einzelne Kind mit seinen individuellen Ausgangsvoraussetzungen und Möglichkeiten in den Blick genommen? Werden Kinder mit Beeinträchtigungen gefördert? Hier kommt es darauf an, den Kinderrechte-Fokus auf den Bereich der Förderung zu richten und zu prüfen: Was gelingt schon gut an der eigenen

Schule und wo wollen wir uns entwickeln? Welches sind die nächsten Schritte? Hier trifft sich die Kinderrechte-Perspektive mit vielen Bereichen der Schulentwicklung und mit den Anliegen verschiedener anderer Schulnetzwerke oder auch Förderpreise.

1.4 Partizipation

Beteiligung und Verantwortungsübernahme sind zwei Seiten einer Medaille. Das betrifft das eigene Lernen, die Möglichkeit, sich im Unterricht und in Projekten, durch demokratische Strukturen wie den Klassenrat, KlassensprecherInnen oder SchülerInnenparlament und integrierten Beteiligungsformen aus basisdemokratischen und repräsentativen Strukturen sowie projektorientierten Formen am Gemeinschaftsleben der Klasse, der ganzen Schule oder auch der Gemeinde zu beteiligen und gleichzeitig Verantwortung für dieses Handeln zu übernehmen. Partizipation von Anfang an gehört zur Essenz der UN-Kinderrechtskonvention: Kinder werden als Subjekte ihres Lebens und nicht als Objekte von Erziehung betrachtet. Hier trifft sich die Kinderrechtskonvention mit den Erkenntnissen der Hirnforschung, der Reformpädagogik und den Intentionen vieler Schulnetzwerke wie „Blick über den Zaun"[1], dem hessischen Netzwerk „Gewaltprävention und Demokratielernen" (GuD)[2] oder dem Netzwerk des Deutschen Schulpreises.[3]

Ergänzend zu den Prinzipien im „Haus der Kinderrechte" sollte immer auch mindestens eine Kurzfassung der UN-Kinderrechtskonvention für Kinder bzw. Jugendliche hinzugezogen werden, damit die Prinzipien weiter mit Leben gefüllt und auf den Schulalltag bezogen werden können. Beim Einsatz des „Hauses der Kinderrechte" bei Lehrerfortbildungen hat sich gezeigt, dass einige Schulen eher mit den Prinzipien der Konvention, andere mit der Kurzfassung der Konvention arbeiten und wieder andere ihr eigenes Schulhaus der Kinderrechte anhand der Vorlagen und Anregungen frei gestalten.[4]

---

1   www.blickueberdenzaun.de
2   www.gud.bildung.hessen.de
3   www.schulpreis.bosch-stiftung.de
4   Mehr dazu in Barbara Buschs Artikel „Schulentwicklung hin zur kindergerechten Grundschule. Ein Praxisbericht der Albert-Schweitzer-Schule Langen".

2. Einbeziehung aller Zielgruppen

Auch wenn sich jeder und jede nur selbst entwickeln kann, sind wir Gemeinschaftswesen und brauchen einander – auf jeder Ebene. In der Schule betrifft das alle an der Schulgemeinschaft Beteiligten: Kinder und Jugendliche, Lehrkräfte, pädagogische Fachkräfte, Schulpersonal, die Schulleitung sowie Koordinatoren, Fortbildner, Partner aus Stiftungen, Kommunen, Land und Bund: Welche Zielgruppen sind schon gut informiert über die Entwicklungsprozesse und in das Projekt eingebunden, welche fehlen? Welche Materialien oder weitere Informationskanäle braucht die Schule, um das Thema besser an die verschiedenen Zielgruppen kommunizieren zu können? Beispiele sind die Elterninfo zu den Kinderrechten, Kinderrechte-Poster oder -Geburtstagskalender für die Klasse, Kinderrechte-Postkarten zum Verteilen auf dem Schulfest oder eine Materialliste bzw. ein Materialpaket für das Lehrerzimmer.[5]

3. Arbeit und Bildungsqualität

Eine Dimension im „Haus der Kinderrechte" betrifft die inhaltliche Umsetzung der Kinderrechtskonvention: die Fach- und Bildungsqualität des Projekts, Fragen nach der Tiefe des Verständnisses von Kinderrechten und dem, was eine kindergerechte Schule und Gesellschaft ausmacht.

3.1 Das Wissen um Kinderrechte und den Erwerb kinderrechtlicher Handlungskompetenzen

Wie kann das Wissen über Kinderrechte für verschiedene Zielgruppen aufgearbeitet werden? Wie können die Kinder im Alltag Kinderrechte erfahren, ihre Bedeutung reflektieren und stark gemacht werden dafür, sich für die eigenen Rechte und die Rechte anderer Kinder zu engagieren? Werden die Kinderrechte im Unterricht und/oder in Projekten besprochen? Wo kommen kinderrechtliche Themen bereits im Schulcurriculum für die gesamte Schule oder in einzelnen Fächern vor? Kennen alle Kinder und Erwachsenen die schuleigenen Regeln zur Umsetzung ihrer Rechte oder müssen für die verschiedenen Zielgruppen noch weitere konkretisiert werden?

---
5   Die Materialien sind bei dem Verein Makista bestellbar: www.kinderrechteschulen.de

3.2 Eine kindergerechte und demokratische Lern- und Schulkultur

Wie können Kinder in einer sicheren und fördernden Lernumgebung ihre Fähigkeiten entwickeln? Wie können sie sich aktiv am eigenen Lernen und am Leben in der Schule beteiligen? Werden die Werte der Kinderrechtskonvention im Schulalltag gelebt? Sind die Prinzipien der Kinderrechte im Profil der Schule verankert und in den Regeln des Miteinanders in der Schule und in jeder einzelnen Klasse? Gibt es Klassenräte und wie sind sie mit der Schülervertretung und dem Schülerparlament verzahnt? Wie werden die Kompetenzen für den Klassenrat und den gewaltfreien Umgang miteinander und anhand praktischer Fragestellungen eingeübt und vertieft?

3.3 Kinderrechtliche Bildungsstandards

Der Bezug der Kinderrechte zu Qualitätsstandards des Landes oder Lehrplänen hilft den Schulen, die Kinderrechte nicht als „exotisches" bzw. fakultatives Thema zu verstehen, sondern als Qualitätsmerkmal guter Schule. Für die Einzelschule stellt sich die Frage nach der spezifischen Umsetzung dieser Standards in das schulische Qualitätsprogramm.

4. Organisatorische Qualität

Die Organisationsqualität der Schule spielt für den Erfolg der Schulentwicklung im Bereich Kinderrechte eine bedeutende Rolle.

4.1 Organisation und Kommunikation

Wer steuert das Schulentwicklungsprogramm zu den Kinderrechten an der Schule? Wie sind Schulleitung und andere wichtige schulische Gruppen einbezogen und wie wird mit wem worüber und wann kommuniziert? Wie wird die Schule nach außen und innen als Modellschule für Kinderrechte dargestellt? Wie werden die Ergebnisse der Netzwerktreffen oder Fortbildungen schulintern kommuniziert, so dass alle wichtigen Gruppen erreicht werden?

4.2 Zusammenarbeit der innerschulischen Gruppen

Wie werden Schüler und Schülerinnen, das gesamte Kollegium, Eltern und pädagogische Fachkräfte (z. B. Nachmittags-AGs) einbezogen? Welche Gelegenheiten gibt es, dass alle Gruppen gemeinsam zum Thema Kinderrechte aktiv werden (Aktionstag, Tag der Offenen Tür …)?

4.3 Partner und Transfer

Wie werden die schulischen Projekte bei außerschulischen Partnern, in der Kommune und den örtlichen Medien kommuniziert? Werden die Bürgermeister, die Schulbeauftragten, die Medien oder wichtige kommunale Träger zu Festen oder Veranstaltungen an der eigenen Schule eingeladen? Wie werden offizielle Auszeichnungen oder Preise der Schule oder ihrer Schülerinnen und Schüler örtlich bekannt gemacht? Werden die Erfahrungen der eigenen Schule an andere Schulen weitergegeben und wird dazu Öffentlichkeit hergestellt? Werden die Kinderrechte in die sozialräumlichen Strukturen eingebracht und gemeinsame Vorhaben zu den Kinderrechten mit Partnern aus Jugendhilfe, Verbänden aus Wirtschaft und Politik geplant und durchgeführt? Gibt es ein Kinderrechte-Netzwerk auf örtlicher Ebene oder schon Ansätze dazu bzw. wie kann man diese schaffen?

5. Zeit und Entwicklung

Um den Prozess der Entwicklung als Kinderrechte-Schule zu betonen, hat das Haus der Kinderrechte eine Zeitschiene. Schulentwicklung geht nicht im Hau-Ruck-Verfahren und Entwicklungsprozesse brauchen ihre eigene Zeit. Es gibt klare Projektphasen, die für alle transparent sein müssen, und es gibt offene Räume, die von den Beteiligten gestaltet werden können. So sind Einheitlichkeit und Vielfalt gewährleistet.

6. Schlussbemerkung

Das Haus der Kinderrechte hat sich als Reflektions- und Evaluationshilfe für die Schulen und die Schulberatung bewährt. Es kann von der Webseite www.kinderrechteschulen.de für den eigenen Bedarf kostenlos heruntergeladen werden.

Jasmine Gebhard

Kinderrechte-Fortbildungen: Von Schulen für Schulen

„Kinderrechte werden in der Schule thematisiert und beachtet." (IQ 2011, S. 65) Was der Hessische Referenzrahmen Schulqualität als ein Qualitätsmerkmal guter Schule benennt, machen Modellschulen für Kinderrechte in Hessen praktisch erlebbar. Im Rahmen der Fortbildungsreihe „Kinderrechte lernen und leben" laden sie Lehr- und Fachkräfte ein und geben Einblick in ihren Schulalltag. Aufbauend auf ihre Arbeit und Entwicklung in der Pilotphase des „Modellschul-Netzwerks für Kinderrechte Rhein-Main" entwickelten die Schulen gemeinsam mit der Projektleitung und im Austausch mit den anderen Netzwerkschulen Fortbildungen zu ihrem Kinderrechte-Schwerpunkt. Damit stärken sie ihr eigenes Schulprofil und geben ihr Wissen und ihre Erfahrungen praxisnah an andere Schulen im Land weiter.

1. Aus der Praxis für die Praxis

Die Aufnahme der Kinderrechte in den Hessischen Referenzrahmen Schulqualität ist eine gute Rahmenbedingung für die Umsetzung der Kinderrechte an allen hessischen Schulen. Sie setzt ein Zeichen dafür: Kinderrechte an der Schule gehören ins Zentrum demokratischer Unterrichts- und Schulkultur und sind mehr als eine beliebige Ergänzung. Es bedarf aber guter Beratungs- und Lernangebote, um Schulleitungen, Lehr- und pädagogische Fachkräfte bei der Umsetzung der Kinderrechte im Unterricht und der Schulkultur zu unterstützen. Das Fortbildungsprogramm von Schulen für Schulen ist ein Baustein für interessierte Schulen und Fachkräfte, die mit Schulen arbeiten, Entwicklungsprozesse in Richtung „kindergerechte Schule" in Eigenregie zu beginnen.

Nach dem Prinzip „Aus der Praxis für die Praxis" machen die Fortbildungs-Schulen anderen Mut, Kinderrechte in den Mittelpunkt des Schulalltags zu stellen und geben konkrete und praxisnahe Hilfestellungen, die sich an der Realität aller an Schule Tätigen orientieren. Zielgruppen sind dabei nicht nur Schulleitungen und Lehrkräfte oder Lehrkräfte im Vorbereitungsdienst, sondern auch Eltern, Mitarbeiter aus Kindertagesstätten, der schulischen oder außerschulischen Jugend- und Sozialarbeit, aus Lehrerfortbildungsinstituten, Schulämtern, Bildungsministerien, Gemeinderäte, Elternbund, Universitäten oder Jugend- oder Kinderbeauftragte der Kommune, die teilweise auch aktiv in die Gestaltung der Fortbildungen eingebunden werden. Damit sind die Kinderrechte-Fortbildungen in Hessen ein wichtiger Bestandteil der Kinderrechte-Infrastruktur des Landes. Entsprechend dem Auftrag der UN-Kinderrechtskonvention regt das Programm die enge Kooperation von staatlichen Einrichtungen und Zivilgesellschaft an. Die Reihe ist eine gute Gelegenheit, Schule für zivilgesellschaftliches Engagement zu öffnen.

Die Fortbildungen sind als Tages- oder Halbtagesveranstaltungen organisiert und bieten neben fachlichen Inputs der ReferentInnen (SchulleiterInnen, Lehrkräfte, pädagogische Fachkräfte, SchülerInnen, Eltern, außerschulische Partner) vor allem praxisnahe und anschauliche Beispiele für Unterricht, Projekte oder Schulentwicklung, Hospitationen und Raum für Gespräche mit verschiedenen Mitgliedern der Schulgemeinde. Außerdem erhalten alle Teilnehmenden Materialien für die weitere Arbeit zu den Kinderrechten (u. a. ein Kinderrechte-Poster für die Klasse sowie die Infobroschüre „Schule als Haus der Kinderrechte"). In jedem Schulhalbjahr finden ca. fünf Veranstaltungen verschiedener Kinderrechte-Schulen statt, die unabhängig voneinander besucht werden können. Sie sind offiziell als Lehrerfortbildung beim Hessischen Landesschulamt und der Lehrkräfteakademie akkreditiert.

2. Die eigenen Stärken kennen und andere dadurch bereichern

Jede Modellschule hat ihren eigenen Weg zur Umsetzung der Kinderrechte gefunden, eigene Schwerpunkte gesetzt und entwickelt diese Stärken fortlau-

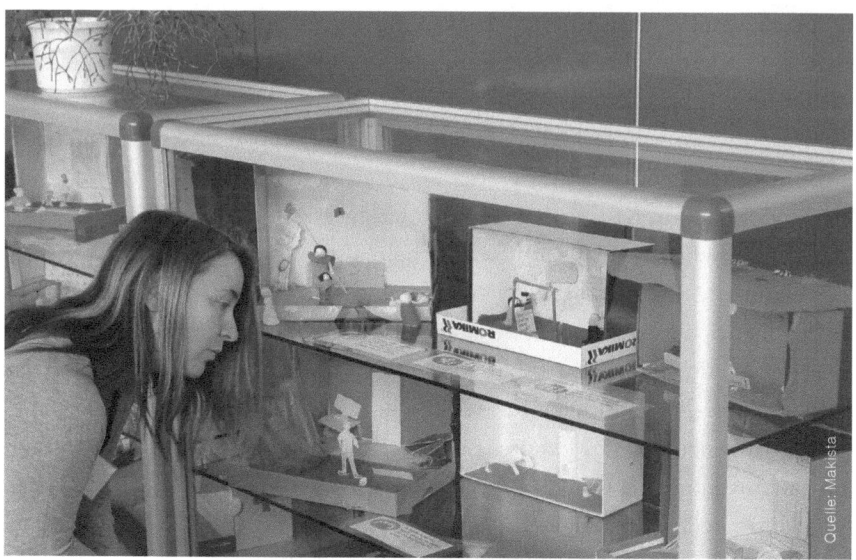
Beim Schulrundgang werden die Kinderrechte-Kisten bewundert

fend weiter. Unabhängig vom Stand der eigenen Entwicklung kommt deshalb bei dem Fortbildungsprogramm „Kinderrechte lernen und leben" die Vielfalt und Einzigartigkeit von Schulen zur Geltung. Gemeinsam ist ihnen dabei der ganzheitliche Blick auf die Verwirklichung der Grundprinzipien der UN-Kinderrechtskonvention Gleichheit, Schutz, Förderung und Partizipation. Insofern sind die Fortbildungen selbst ein Ausdruck der Verbindung von menschenrechtlichen Universalismen und ihrer individuellen Umsetzung, die sich an den konkreten Ausgangsbedingungen der Einzelschule orientiert.

Die Themen sind so unterschiedlich wie die Schulen selbst. Einige Beispiele: „Vom sozialen Lernen zum sozialen Handeln – Fachcurriculum und Projektvielfalt", „Auf dem Weg zur demokratischen Schule – Schule und Stadtteil gemeinsam aktiv für Kinderrechte", „Kinder für Kinder – Partizipation und Verantwortungsübernahme", „Demokratie-Bausteine und Kinderrechte-Praxis: Schule nachhaltig entwickeln" oder „Lernen mit Spaß und Bewegung – miteinander und füreinander".[1]

---

[1] Regelmäßig erscheint ein Flyer zu dem Fortbildungsprogramm (Termine, Inhalte, Anmeldung), der u. a. auf der Webseite www.kinderrechteschulen.de abrufbar ist.

Dass Kinderrechte nicht nur ein Thema von Ethik oder Religion sind, sondern in jedes Unterrichtsfach integriert werden können, erlebten die Fortbildungsteilnehmer in Hospitationen in den Fächern Physik, Deutsch, Englisch und Arbeitslehre an der Gutenbergschule (Kooperative Gesamtschule in Darmstadt). So wurde im Deutschunterricht das Märchen „Hänsel und Gretel" auf Kinderrechtsverletzungen untersucht. Im Englischunterricht führten die Kinder selbst geschriebenen Kinderrechte-Szenen in englischer Sprache vor.

Wie Grundgedanken, Haltungen und auch Kenntnisse der Kinderrechte im Fach Soziales Lernen vermittelt werden, zeigt die Hans-Quick-Schule (Grundschule in Bickenbach). Eine soziale Lernstunde ist fester Bestandteil des Unterrichts in allen Klassen und wird von einer Sozialpädagogin geleitet, die mit einer Vollzeitstelle an der Schule tätig ist. Dieses eher seltene Modell der Kooperation von Sozialpädagogik und Schule gab den Anstoß für eine Zusammenarbeit des Programms Kinderrechte-Schulen mit der Hochschule Rhein-Main im Fachbereich Sozialwesen. Die Sozialpädagogin der Grundschule Bickenbach war Gastdozentin in einem Seminar der Hochschule, das sich intensiv mit den Kinderrechten beschäftigt. Um die Praxis der Sozialpädagogin genauer kennenzulernen, ist darüber hinaus eine Hospitation der Studierenden an der Grundschule geplant. Ergebnis der Seminararbeit soll eine interaktive Webseite „Kinderrechte aus Kindersicht" sein.

Bereits aktive Kinderrechte-Schulen als auch Schulen, die sich neu auf den Weg machen, konnten von den langjährigen Erfahrungen der Albert-Schweitzer-Grundschule profitieren, die vor allem im Bereich Schülerbeteiligung erfolgreich arbeitet. Überzeugend sind dabei allen voran die Schülerinnen und Schüler selbst, die nach der Hospitation im Gespräch mit den Fortbildungsgästen selbstbewusst über die Praxis des Klassenrats und des Schülerparlaments, von Ergebnissen und Diskussionen untereinander, berichten.

Von den Teilnehmenden der Fortbildung werden vor allem die Praxisnähe und die gute Atmosphäre geschätzt. Vorgestellt werden nicht bloß Konzepte und Methoden, sondern eine theoretisch fundierte und begründete Unterrichts- und Schulpraxis mit all ihren Aufs und Abs, ihren Stolpersteinen und Erfolgen. Der wertschätzende Umgang miteinander bei den Fortbildungen ist nicht nur atmosphärisches Zubehör, sondern betrifft zugleich den Kern des

Programms und ist damit modellhaft für die Frage: Wie wollen wir an der Schule miteinander lernen und leben? An welchen Werten orientieren wir uns dabei? Wie geben wir Rückmeldungen an andere und wie gehen wir mit Rückmeldungen anderer um? Sind wir interessiert an der ständigen Verbesserung unserer Arbeit zum Wohle aller Beteiligten? Kinderrechte und demokratische Schulkultur betreffen nicht nur das Wissen darüber, sondern auch die Art unseres Miteinanders in pädagogischen Beziehungen: Das Was und das Wie müssen dabei kongruent sein und sich auch in den Fortbildungen spiegeln.

„Die ganze Schulgemeinde muss an einem Strang ziehen und die Kinderrechte als Haltungsform annehmen und umsetzen. Der Lohn ist ein besseres Miteinander", ermutigte Schulleiterin Beate Hunfeld ihre Gäste (Fortbildung Kinderrechte mit allen Sinnen, Hans-Quick-Schule Bickenbach).

„Meine Tochter hat an der weiterführenden Schule auf eigene Initiative eine ganze Klassenstunde zu den Kinderrechten gehalten", erzählte eine Mutter (Fortbildung Kinder für Kinder – Partizipation und Verantwortungsübernahme, Grundschule Stierstadt).

„Die Hanauer Modellschulen für Kinderrechte sind ein großes Glück für die Stadt. Ihre pädagogische Arbeit greift gut in die kommunalen Bemühungen zu mehr Kindergerechtigkeit", so Andrea Pillmann, Leiterin der Stabsstelle Prävention, Verantwortliche für das Projekt Kinderfreundliche Kommune (Fortbildung Auf dem Weg zum Haus der Kinderrechte – Erste Schritte in Schule und Kommune, Gebeschusschule Hanau).

---

3. Lehren und zugleich lernen

Bei der Durchführung der Fortbildung sind die gastgebenden Schulen Lernende und Lehrende zugleich. Die Weitergabe der eigenen Erfahrungen an andere fördern das Selbstbewusstsein und die Selbstwirksamkeit, den fremden Blick auf die eigene Schule sowie den Stolz auf das Erreichte. Gerade Letzteres ist für Lehrkräfte nicht immer ganz selbstverständlich. Bei der Ausarbeitung einer eigenen Fortbildungsveranstaltung müssen die Schulen das bereits Erreichte und die eigenen Stärken im Sinne einer Selbstreflexion in den Blick

Kinderrechte-Fortbildungen: Von Schulen für Schulen 81

SchülerInnen berichten aus dem Schulparlament

nehmen und sich von „außen" betrachten. Dabei stellen sich Fragen wie „Was sind wesentliche Erkenntnisse und Ergebnisse unserer Entwicklung?", „Welche Umsetzung ist uns besonders gelungen?", „Was ist für Außenstehende interessant und wie können wir das vermitteln?" Jede und jeder lernt zu unterscheiden, was sie oder er schon gut kann und daher weitergeben kann und anzuerkennen, wo noch Lernbedarf besteht. Das gilt für alle aktiv Beteiligten: die Lehr- und Fachkräfte, Schulleitungsmitglieder, Eltern und Schülerinnen und Schüler. Ähnlich dem Prinzip „Lernen durch Lehren"[2] werden durch die Präsentation und den Dialog mit den Gästen Kompetenzen (z. B. Planungsfähigkeit, Moderationstechniken oder Teamfähigkeit) gefordert und gefördert sowie das eigene Wissen vertieft. In Form von Referentenbestätigungen werden die Fortbildungs-Tätigkeiten wertgeschätzt; auch den beteiligten Kindern und

---
2 „Lernen durch Lehren" als didaktisches Konzept, bei dem Kinder und Jugendliche andere Kinder und Jugendliche unterrichten (in Anlehnung an Alan Gartner und Jean-Pol Martin).

Jugendlichen wird ihr Beitrag bei der Fortbildung bestätigt und für ihr Portfolio zur Verfügung gestellt.

4. Fortbilden als Partizipation und Verantwortungsübernahme

Die am Fortbildungsprogramm beteiligten Schulen wurden in der ersten Phase auf dem Weg zur Kinderrechte-Schule nachhaltig in ihrem eigenen Schulentwicklungsprozess unterstützt. Durch die Weitergabe ihrer Erfahrungen an andere leisten sie nicht nur einen Beitrag zu ihrer eigenen Profilbildung, sondern geben etwas an andere, an die Gesellschaft zurück. Mit diesem bürgerschaftlichen Engagement sind sie ein gutes Beispiel dafür, wie man sich selbst entwickeln kann und andere bei ihrer Entwicklung unterstützt – je nach eigenem Können und Vermögen. Die Schulen verkörpern somit das, was sie ihren Schülerinnen und Schülern als Prinzip des Miteinander- und Voneinander-Lernens mit auf den Weg geben wollen. Dabei warten sie nicht darauf, bis sie „perfekt" oder ein „Leuchtturm" sind, sondern sie geben je nach Entwicklungsstand das weiter, was sie gut können, während sie sich insgesamt und in anderen Bereichen weiterentwickeln.

Literatur

Institut für Qualitätsentwicklung (IQ) (Hrsg.) 2011: Hessischer Referenzrahmen Schulqualität, Wiesbaden.

Ulrike Leonhardt, Lea Berend

Prozessberatung und Selbstevaluation in der Schulentwicklung

1. Erfahrungen aus der Praxis des Modellschul-Netzwerks für Kinderrechte Rhein-Main

Die Umsetzung von Kinderrechten an Schulen bedarf eines ganzheitlichen Prozesses, an dem verschiedene Akteure (Schulleitung, Schüler, Lehrkräfte, Eltern) beteiligt werden müssen. Im Folgenden sollen prozessbegleitende Strukturen innerhalb des Projekts „Modellschulnetzwerk für Kinderrechte Rhein-Main" sichtbar werden: zum einen auf der Projektleitungsebene und zum anderen auf der Ebene der Schulen. Im Zentrum stehen Instrumente und Methoden, durch die die Projektaktiven an den Schulen zu einer kontinuierlichen Selbstevaluation angeregt wurden, um so spezifische Lösungswege und -strategien zur Implementierung von Kinderrechten an der eigenen Schule zu erkennen und zu nutzen. Ebenso soll deutlich werden, wie das Projekt auf der übergeordneten Projektleitungsebene reflektiert und gesteuert wurde und wie eine externe Prozessbegleitung dies unterstützen kann.

2. Zielfindungsprozess und strukturgebende Elemente an den Modellstandorten

Für das „Modellschul-Netzwerk für Kinderrechte" sollte ein übertragbares Modell zum Aufbau von Kinderrechte-Schulen entwickelt und verstetigt werden. Hierzu wurden 10 Schulen aus der Rhein-Main-Region gewonnen, die sich durch eine starke Heterogenität in den Startbedingungen auszeichneten.

Nicht nur in der Schulform, -größe und Lage unterschieden sich die Schulen, sondern auch in ihren Vorerfahrungen zum Thema. Einige Schulen hatten bereits in Modellprojekten oder themennahen Netzwerken gearbeitet, andere haben sich mit den Kinderrechten z. B. im Rahmen von Projekttagen beschäftigt und wieder andere hatten die Kinderrechte nach eigener Auffassung noch gar nicht in den Blick genommen. Diese sehr unterschiedlichen Ausgangslagen legten nahe, zum Projektstart keine einheitliche Zielvorgabe für alle teilnehmenden Schulen zu bestimmen. Vielmehr galt es, die jeweilige Schule dort abzuholen, wo sie gerade im Umgang mit dem Thema steht und von da aus die weiteren Projektschritte konkreter zu definieren. So formulierte jede Schule eigene Ziele und hielt diese in einer Ziel- und Meilensteinplanung fest. Mit Unterstützung der Projektleitung wurden gemeinsam Ansätze in der schulischen Arbeit aufgespürt, in denen die Kinderrechte implizit (oder bereits explizit) einen Platz gefunden haben, um diese dann weiterzuentwickeln (z. B. durch Klassenräte, Streitschlichtung, bewegte Pause). Für jede Schule wurde ein Zielplakat gestaltet, auf dem die jeweilige Ausgangslage und die für die Schule gefundenen Ziele abgebildet und für alle transparent wurden. Durch die selbst gesetzten Ziele konnte jede Schule individuell ihren Entwicklungsweg und ihre Entwicklungsgeschwindigkeit bestimmen. Sie konnte eigene Schwerpunkte formulieren und auf diese Weise die eigenen Ziele realistisch verfolgen.

Die Initiatorinnen des Projektes – das Projektleitungsteam – übernahmen die Aufgabe einer internen Prozessbegleitung. In ihrem Fokus stand das Einbeziehen der Projektbeteiligten über den gesamten Projektzeitraum und die konsequente Hilfe zur Selbsthilfe. Der Vorteil dieses Vorgehens lag in der Nachhaltigkeit der im Entwicklungsprozess gefundenen Lösungen, da diese aus dem jeweiligen Schulsystem heraus entwickelt wurden.

Werden Lösungswege von der Organisation als ihre eigenen, von ihr selbstentwickelten betrachtet, werden sie auch nachhaltig im Alltag lebbar und im individuellen wie institutionellen Selbstverständnis lebendig bleiben – auch über den Projektzeitraum hinaus. Ein strukturierendes Element war die Einrichtung von Schulteams in Form einer Koordinierungsgruppe mit Projektbeginn an jeder Schule. Neben den üblichen Koordinierungsaufgaben war diese

Gruppe damit beauftragt, die Kommunikation zwischen Projektaktiven, Schulleitung und nicht aktiven KollegInnen zu gewährleisten und die Projektschritte für alle transparent zu gestalten. Diese Gruppe wurde über den gesamten Projektzeitrum hinweg durch das Projektleitungsteam kontinuierlich begleitet und angeregt, den schulischen Entwicklungsprozess zu reflektieren und die gesetzten Ziele immer wieder ins Bewusstsein zu rücken. Wichtige Fragen waren dabei: Wo stehen wir gerade? Was brauchen wir, um mit der Kinderrechtearbeit voranzukommen?

3. Motivation für eine externe Prozessberatung

Das Projektleitungsteam beabsichtigte, neben einer Sensibilisierung für das Thema Kinderrechte, die Schulen auch in ihrer Umsetzung von Handlungsmodellen, welche die Kinderrechte konkret erfahrbar machen, zu unterstützen und zu begleiten. Es sollte ein wirkungsvoller Schulentwicklungsprozess in Gang gesetzt werden, der sowohl einen Veränderungsprozess der Organisation Schule als auch der darin tätigen Menschen anregt. Mit einem so angelegten Konzept wurde von Beginn an dem Prozess eine herausragende Bedeutung beigemessen. Selbstorganisationskräfte sollten mobilisiert werden, die zum einen die Zielvorgaben des Modellvorhabens im Blick behalten und zum anderen genügend Raum lassen für spontane, aus Eigenmotivation heraus entstehende Aktivitäten.

Ausgehend davon, dass sich das Lernen der Organisation und das Lernen der darin Tätigen gegenseitig bedingen, sollten die „Betroffenen" zu „Beteiligten" werden – ganz im Sinne einer „Lernenden Organisation". So wurde den beteiligten Schul- und SozialpädagogInnen im Rahmen des Projektes die Möglichkeit der aktiven Gestaltung von (Kultur-)Veränderung an der Schule eröffnet.

Mit dem Anspruch, auch einen Organisationsentwicklungsprozess zu initiieren, wuchsen auch die Anforderungen an das Projektleitungsteam. Das Projekt musste so geplant werden, dass die beteiligten Personen über den gesamten Projektzeitraum für eine aktive Mitgestaltung motiviert bleiben und am Ende tragfähige Ergebnisse erzielen, die sich für einen Transfer auf andere Schulen und Regionen eignen. Gleichzeitig galt es die „Nicht-Aktiven" der

Schulgemeinde ausreichend über den Entwicklungsprozess zu informieren und für das Thema zu gewinnen, um mehr Nachhaltigkeit auch im Umfeld der Projektbeteiligten zu erzeugen.

Um der Komplexität des Modellvorhabens gerecht zu werden, hat sich das Projektleitungsteam von Beginn an eine beratende Unterstützung durch eine externe Prozessberatung mit Expertise in Projektmanagement und Organisationsentwicklung eingeholt. Mit der Beauftragung einer externen Prozessberatung ermöglichte sich das Projektleitungsteam im gleichen Maße eine aktive Gestaltung von Lernerfahrungen, wie sie es wiederum durch ihre interne Prozessbegleitung den Lehrkräften und SozialpädagogInnen ermöglicht hat. Eigene Lernerfahrungen konnten somit auf die Ausgestaltung der internen Prozessbegleitung wie auch auf die Projektentwicklung insgesamt übertragen und für den gesamten Entwicklungsprozess nutzbar gemacht werden.

4. Haltung und Vorgehen der externen Prozessberatung

Dem Selbstverständnis der externen Prozessberatung lag die von Edgar Schein formulierte Definition zugrunde: „Prozessberatung ist der Aufbau einer Beziehung mit dem Klienten, die es diesem erlaubt, die in seinem internen und externen Umfeld auftretenden Prozessereignisse wahrzunehmen, zu verstehen und darauf zu reagieren, um die Situation, so wie er sie definiert, zu verbessern" (vgl. Schein 2003, S. 39). Nach Schein lässt sich die Prozessberatung „am ehesten verstehen, wenn man sie als einen Operationsmodus sieht, den der Berater in jeder gegebenen Situation wählen kann" (ebd., 40), denn je nach Dynamik des Prozesses ändern sich auch die Rollen des Beraters: Expertenrolle, Beraterrolle oder auch Helferrolle.

Diesem Selbstverständnis entsprechend, hat die Prozessberatung bei auftretenden Projektentwicklungsfragen keine fertigen Lösungen angeboten, vielmehr wurde in einem gemeinsamen Dialog mit dem Projektleitungsteam nach Handlungsmöglichkeiten gesucht. Dies ist eine Voraussetzung dafür, dass die weitere Projektentwicklung und Prozessoptimierung in der Verantwortung der Projektleitung bleibt. Seitens der Prozessberatung wurde lediglich dahingehend interveniert, den Fokus im Prozess immer wieder auf strukturierende Elemente zu legen.

Die Prozessberatung fand auf mehreren Ebenen statt. Zum einen führte die Prozessberaterin mit dem Projektleitungsteam regelmäßige Treffen für eine Projektreflexion durch. Zum anderen nahm sie beobachtend und unterstützend an den Netzwerktreffen teil. Darüber hinaus war sie Mitglied im Fachbeirat und konnte sich auf dieser Ebene an einem Fachdiskurs beteiligen. Die Übernahme der unterschiedlichen Rollen ermöglichten ihr einen erweiterten Blick auf das Projektgeschehen und das Einbeziehen unterschiedlicher Perspektiven in den Beratungsprozess.

Praxisbeispiel

Die Projektreflexion mit der externen Prozessberatung folgte einer gewissen Systematik. Zu Beginn der Gespräche berichtete das Projektleitungsteam, was sich im zurückliegenden Zeitraum ereignet hatte. Dieser Teil wurde eher offen und assoziativ gestaltet, um auf Themen zu stoßen, die bei einer systematischen Vorgehensweise möglicherweise nicht zur Sprache gekommen wären. Folglich standen in den Sitzungen Fragestellungen im Vordergrund, die in einem Bezug zum Entwicklungsprozess der einzelnen Schule, zu den Projektzielen insgesamt und zur (Selbst-)Evaluation standen. Im zweiten Teil des Projektgespräches wurden Fragen zu anstehenden Veranstaltungen, wie z. B. die Netzwerktreffen oder die Fachbeirats-Sitzungen, besprochen und Planungsschritte überlegt.

Zur Projekthalbzeit kristallisierte sich in einer Projektreflexion schnell das Thema „stärkere Einbindung der SchulleiterInnen in das Projekt" heraus. Auch der Prozessberaterin war auf dem zuvor durchgeführten Netzwerktreffen aufgefallen, dass in diesem Bereich eventuell nachgesteuert werden muss, und sie hatte sich vorgenommen, auf diesen Punkt in der nächsten Projektreflexion hinzuweisen. Seitens des Projektleitungsteams wurde im assoziativen Einstieg sofort angesprochen, dass an einem der Schulstandorte der Blick dafür fehle, das Kinderrechte-Projekt als ein Schulentwicklungsprojekt zu betrachten. Die Relevanz der Einbindung der Schulleitung, gerade auch im Hinblick auf den Transfer nach Innen, wurde herausgearbeitet und festgehalten, dass nicht nur zum Projektbeginn und Projektende, sondern insbesondere mit Beginn der

Implementierungsphase – also in der Projektmitte – nochmals explizit die Schulleitung ins Boot geholt werden muss.

Folglich wurde zum einen überlegt, zukünftig die Schulleitung zu den Einzelgesprächen des Projektleitungsteams einzuladen. Zum anderen wurde entschieden, die Schulleitungen aller Projektstandorte zu einem Leitungsforum einzuladen, in dem sie über den Projektstatus informiert werden und über Implementierungsstrategien nachdenken können. Mit der Durchführung eines Leitungsforums konnte davon ausgegangen werden, dass nicht nur der Austausch untereinander zu mehr Nachhaltigkeit im Projekt führen wird, sondern hier auch ein Raum geschaffen ist, die Kinderrechte als ein die ganze Schule betreffendes Thema wahrzunehmen. Ebenfalls war über dieses Forum intendiert, die Projektverantwortlichen in den Schulen zu stärken.

Es galt nun zu überlegen, welche formalen Entscheidungsträger eingebunden werden müssen, damit die SchulleiterInnen dieser Einladung auch folgen würden. An dieser Stelle war die Möglichkeit einer Rückkopplung mit dem Fachbeirat sehr hilfreich. So konnte zur Projektmitte ein Schulleiterforum zum Thema „Kinderrechte und Schulentwicklung" mit hoher Beteiligung der SchuleiterInnen durchgeführt werden. Dabei wurden die SchulleiterInnen in ihrer Rolle bestärkt und wichtige Hinweise gegeben wie zum Hessischen Referenzrahmen Schulqualität, der seit Dezember 2011 auch die Kinderrechte enthält und die Potenzialentwicklung der Schulen unterstützen kann. Veranstaltungspartner waren der Direktor des Hessischen Instituts für Qualitätsentwicklung, die wissenschaftliche Begleitung der Universität Saarland, der Leiter des HKM-Projektes „Gewaltprävention und Demokratielernen" sowie Makista e. V.

Aufgrund der positiven Resonanz auf die Veranstaltung kann für das Pilotprojekt festgehalten werden: Soll die Umsetzung eines Schulentwicklungsprozesses von der ganzen Schulgemeinde mitgetragen werden, müssen diese vor allem auf der Schulleitungsebene gewollt und mitverantwortet werden. Es gilt Kommunikationsstrukturen zu etablieren, die einen regelmäßigen Informationsfluss wie auch den Austausch über die Erfahrungen und Erkenntnisse bei ihrer Umsetzung einer kindergerechten Schule ermöglichen. Die Notwendigkeit, dem Transfer nach innen besondere Aufmerksamkeit zu widmen, wird in den unterschiedlichsten Kooperationszusammenhängen betont, immer dann, wenn es darum geht, neue Angebote und Maßnahmen in der Schule zu implementieren (vgl. Schröder/Leonhardt 2011; S. 129 ff.; Leonhardt 2012, S. 11 f. und S. 36 ff.).

5. Selbstevaluation: Ein Instrument zur Prozessoptimierung, Wertschätzung und Ergebnissicherung

Sollen Veränderungen nachhaltig wirken, brauchen sie Entwicklungszeit, Zeit zur Erprobung und Implementierung und für Evaluation. Gerade für eine umfangreiche Umsetzung der Themen Kinderrechte/Demokratie, bei der es sich nicht nur um Einzelprojekte handelt, ist ein langer Atem hilfreich. Eine Projekt- bzw. Prozessevaluation kann die eigene Praxis darin unterstützen, die konzeptionelle Ausgestaltung sowie die gewonnenen Erfahrungen und Erkenntnisse systematisch zu erfassen und zu beurteilen – ganz im Sinne einer Selbstevaluation, die als „Selbstbetrachtung (Selbstbeobachtung), Selbstreflexion, Selbstauswertung und Selbstklärung zugleich" (Klawe 2007, S. 111) definiert ist.

Diesem Grundgedanken folgend, waren im Modellprojekt immer wieder Möglichkeiten zur Selbstevaluation eingeplant. Alle Schulteams wurden regelmäßig (halbjährlich) von dem Projektleitungsteam zu Entwicklungsgesprächen besucht. Im Vorfeld zu den Treffen wurden die Schulteams aufgefordert, spezifische Fragen zum Projektstatus und im Hinblick auf ihre Ziel- und Meilensteinplanung schriftlich zu beantworten. Diese Vorgehensweise sollte die Schulteams zu einer Selbstreflexion anleiten und mit Blick auf das anstehende Entwicklungsgespräch darin unterstützen, Stolpersteine und Erfolge zu identifizieren. Weiterhin eigneten sich auf der operativen Ebene die Netzwerktreffen mit den Projektbeteiligten für eine kontinuierliche Reflexion und Bewertung der entwickelten Maßnahmen und des Schulentwicklungsprozesses. In die Netzwerktreffen, an denen auch die externe Prozessberatung teilnahm, flossen die Ergebnisse der Entwicklungsgespräche ein. Sie wurden anschließend dokumentiert und auch im Rahmen der externen Prozessberatungstreffen ausgewertet. Die inhaltlichen Themenschwerpunkte der Netzwerktreffen wechselten je nach Interessenlage der Schulen sowie der Zielführung des Gesamtprojekts.

Auf der strukturellen Ebene wurde das Haus der Kinderrechte als Beratungs- und Entwicklungsinstrument von der Projektleitung und mit Unterstützung der externen Prozessberatung erarbeitet. Das Haus der Kinderrechte ermöglichte den Schulen einen systemischen Blick auf die verschiedenen Dimensionen von Schulentwicklung und förderte ein ganzheitliches Verständnis in der Umsetzung von Kinderrechten. Das Haus wurde sowohl in der Einzelberatung der Schulen als auch bei Netzwerktreffen eingesetzt.[1]

Auf der Projektleitungsebene dienten einerseits Feedbackschleifen im Leitungsteam und andererseits die mit der externen Prozessberatung geführten Reflexionsgespräche einer Prozessevaluation. Nicht zuletzt eröffnete die regelmäßige Präsentation und Diskussion der Zwischenergebnisse in dem für das Projekt eingerichteten Fachbeirat einen erweiterten Blick auf die Einschätzung der Projektinhalte. Der Fachdiskurs konnte ebenfalls für eine Prozessoptimierung genutzt werden.

Zusätzlich zur kontinuierlichen Selbstevaluation im Prozess wurde zum Abschluss der zweijährigen Pilotphase eine systematische Befragung durchgeführt, die in erster Linie dazu diente, rückblickend ein Meinungsbild der Projektaktiven zum Pilotprojekt einzufangen. Hierzu wurde ein Fragebogen entwickelt, der die Schulteams anregen sollte, ihre Arbeit noch einmal anders als über die Netzwerktreffen und die Einzelgespräche zu bilanzieren und zu stärken.[2] Fragen zum Erfolg ihrer Arbeit, ihrer Wirkung und Effektivität sollten zu einer eigenen Einschätzung zum Projektverlauf verhelfen und für alle transparent beantwortet werden. Die Fragebogenerhebung sollte Erfolge bewusst machen und aufdecken, in welchen Bereichen eine Nachsteuerung notwendig ist. So konnte die Beantwortung der Fragen als Reflexionsraum zur internen Selbstbewertung wie auch für das Modellnetzwerk insgesamt genutzt werden.

---

1 Mehr dazu in Sonja Students Artikel „Schule als Haus der Kinderrechte".
2 Die Fragen wurden von der Prozessberaterin und dem Projektleitungsteam gemeinsam entwickelt. Auf diese Weise konnten die Projekterfahrungen und -erkenntnisse der internen Prozessbegleitung unmittelbar in die Fragestellungen einfließen. Der Fragebogen kann eingesehen werden unter www.makista.de/schulnetzwerk.

Darüber hinaus versprach sich das Projektleitungsteam von der Befragung praxisrelevante Anregungen für die Konzipierung der Transferphase.

Die Entwicklung des Fragebogens orientierte sich zum einen an typischen Problemfeldern in Veränderungsprozessen (Gelingt der Transfer nach innen? Ist es gelungen, die Kolleginnen und Kollegen mitzunehmen, die nicht unmittelbar im Projekt mitgearbeitet haben?). Zum anderen sollte ein Meinungsbild in Erfahrung gebracht werden, was die PädagogInnen selbst bei ihrem Versuch, die Kinderrechte in der Schule zu implementieren, als gelungen bezeichnen. Hierzu wurden 19 Fragen formuliert, welche die unmittelbare Alltagspraxis der Schule in den Blick nahm. Die Schulteams sollten ihre Einschätzung zu sieben Fragekategorien abgeben und diese auf einer Skala von 1-10 bewerten: zum aktuellen Entwicklungsstand, zur Umsetzung der Projektziele, zum Energiepotential bei der Entwicklung einer „kindergerechten Schule", zum Akzeptanzniveau hinsichtlich einer Veränderungsbereitschaft, zur Zusammenarbeit mit außerschulischen Kooperationspartnern, zum Schulklima und zu den Projektangeboten. Dabei wurden die Fragen so formuliert, dass die PädagogInnen auch zu einem Perspektivenwechsel aufgefordert wurden, indem sie nicht nur ihre Sicht auf die Dinge beurteilen, sondern auch eine Einschätzung darüber abgeben sollten, wie die nicht aktiv am Projekt beteiligten KollegInnen die eine oder andere Frage beantworten würden. Nicht zuletzt sollte die Fragebogenerhebung implizites Wissen explizit werden lassen, um darüber den Projektaktiven auch eine Wertschätzung ihrer Arbeit entgegenzubringen.

An dieser Stelle soll nur auf eine der Fragen, jener zum Entwicklungsstand, näher eingegangen werden. Die Schulteams wurden aufgefordert, ihren Entwicklungsfortschritt bei der Implementierung der Kinderrechte in ihrer Schule zu bewerten. Dabei reichte die Skala von „Wir stehen mit unserer Entwicklung noch am Anfang" bis hin zu „Unser Entwicklungsprozess ist bereits abgeschlossen". Sieben von zehn Schulen sahen sich hier im mittleren Bereich. Vergleicht man dieses Ergebnis mit den Erfahrungen anderer Schulentwicklungsprozesse, die ca. 4-5 Jahre brauchen, wenn sie neue Maßnahmen implementieren möchten, kann dieser mittlere Fortschritt nach zwei Projektjahren durchaus positiv bewertet werden. Als ein herausragendes Ergebnis ist festzustellen, dass alle Schulen die Kinderrechte strukturell oder direkt in ihrem Schulprogramm verankert haben.

6. Fazit

Mit der hier beschriebenen Vorgehensweise wurde deutlich, dass im Projektverlauf in den unterschiedlichen Zusammenhängen immer wieder danach gefragt wurde: Wo stehen wir im Prozess? Folgen wir noch unserer Zielausrichtung? Was können wir optimieren? Diese Perspektive auf das Gesamtprojekt war sowohl in der Zusammenarbeit mit den Schulen in den Beratungsgesprächen und in den Netzwerktreffen präsent. Die Lehrkräfte und Schulleitungen wurden dadurch angeregt, ihren eigenen Entwicklungsprozess regelmäßig zu analysieren, sich den Stand ihrer Vorhaben bewusst zu machen und auf dieser Grundlage bisherige Planungen neu zu justieren und die nächsten Schritte zu gehen.

Der Einsatz von unterschiedlichen Methoden zur Projekt- und Prozessreflexion hat sich insofern als stimmig erwiesen, da mit ihnen über den Projektzeitraum hinweg immer wieder neu eine Bewertung der einzelnen Schritte vorgenommen, Zwischenergebnisse bewusst gemacht und für eine Prozessoptimierung genutzt werden konnten. Die sich wiederholende Abfolge von Planung, Umsetzung, interner Reflexion und externem Feedback zeigte sich als wesentliche Gelingensbedingung für die Implementierung der Kinderrechte in den Schulen bzw. den Schulalltag.

Mit Unterstützung der externen Prozessberatung wurde immer wieder neu eine Balance zwischen dem Erkennen von Problemen und Schwierigkeiten und dem Gestalten von Lösungswegen und Handlungsmöglichkeiten angestrebt. In diesem Zusammenhang war es für die Prozessberaterin von zentraler Bedeutung, dass das Projektleitungsteam immer offen für beratende Unterstützung und zu findende Lösungswege blieb. Die durch die Beratung angelegten Lernchancen wurden als solche wahrgenommen und für die weitere Konzept- bzw. Projektentwicklung aufgegriffen. Die in der „Expertenrolle" eingebrachten Vorschläge wurden kritisch hinterfragt und reflektiert und in vielen Fällen auch aufgegriffen. So war der gesamte Beratungsprozess von einer gegenseitigen Wertschätzung geprägt, die wesentlich dazu beigetragen hat, einen kontinuierlichen Entwicklungsprozess zu gestalten und übertragbare Ergebnisse zu erzielen.

Literatur

Klawe, Willy 2007: Selbstevaluation als reflexive Praxis. In: Ute B. Schröder/Claudia Streblow (Hrsg.): Evaluation konkret. Opladen & Farmington Hills, S. 107-122.

Leonhardt, Ulrike 2012: Wissenschaftliche Begleitforschung im Projekt „Netzwerk ABBA – Ausbildung, Bildung und Arbeit in Kranichstein" – Ergebnisse zu den Befragungen mit Projektbeteiligung. Hrsg.: Netzwerk rope e.V. Darmstadt.

Schein, Edgar H. 2003: Prozessberatung für die Organisation der Zukunft. Der Aufbau einer helfenden Beziehung. Edition Humanistische Psychologie (Bergisch Gladbach), 2. unveränd. Aufl.

Schröder, Ute B./Streblow, Claudia (Hrsg.) 2007: Evaluation konkret. Fremd- und Selbstevaluationsansätze anhand von Beispielen aus Jugendarbeit und Schule. Opladen & Farmington Hills.

Schröder, Achim/Leonhardt, Ulrike 2011: Kooperation zwischen Jugendarbeit und Schule. Wie Jugendarbeit schulisches Lernen erweitert. Schwalbach/Ts.

Helmolt Rademacher

Kinderrechte und demokratische Schulentwicklung

Am Beispiel des hessischen Projekts Gewaltprävention und Demokratielernen

Mit diesem Beitrag soll aufgezeigt werden, wie die Kinderrechte nachhaltig in Schulen implementiert werden können und welche Rolle dabei die Schulentwicklung spielt. Hierzu ist es notwendig, die Entwicklung der Themen Demokratie und Kinderrechte nachzuzeichnen und sich etwas genauer mit Schulentwicklung zu beschäftigen. Wie solche Prozesse organisiert werden können, wird exemplarisch am Beispiel des Projekts des Hessischen Kultusministeriums „Gewaltprävention und Demokratielernen" (GuD) aufgezeigt, das bereits in seinem Titel zwei der vier Grundprinzipien der UN-Kinderrechtskonvention (Gleichheit, Schutz, Förderung, Partizipation) zusammenführt. In Anschluss wird kurz das Thema Nachhaltigkeit behandelt, bevor dann Schlussfolgerungen gezogen werden.

1. Zur Bedeutung der Kinderrechte im Kontext von Demokratiepädagogik

Die Umsetzung demokratiepädagogischer Vorhaben ist systematisch erst durch das Programm der Bund-Länder-Kommission (BLK) „Demokratie lernen und leben", das von 2002–2007 in 13 Bundesländern realisiert wurde, in den Fokus der Fachöffentlichkeit gerückt. Zwar gab es auch schon zuvor Schulen, die Demokratiepädagogik praktizierten, aber dies erfolgte nicht unter dieser Begrifflichkeit und weniger stringent im Sinne von Schulentwicklung. Der Qualitätsrahmen Demokratiepädagogik (de Haan/Edelstein/Eikel) und in seiner

Weiterentwicklung der Merkmalskatalog „Demokratische Schulen"[1] sind wesentliche Ergebnisse dieses Prozesses. Ein Vorläufer des BLK-Programms war das Förderprogramm Demokratisch Handeln[2], das nun seit über 20 Jahren demokratiepädagogische Projekte auszeichnet.

Die Kinderrechte – obwohl bereits 1992 durch die Bundesregierung ratifiziert – spielten im Rahmen des BLK-Programms keine herausgehobene Rolle. Die Kinderrechte fanden in dem einen oder anderen Vorhaben Beachtung und dienten auch als Bezugsgröße. Mit dem „Modellschul-Netzwerk Kinderrechte Rhein-Main", das 2010 begann, wurde den Kinderrechten besondere Aufmerksamkeit zuteil – in Hessen und bundesweit.

2. Schulentwicklung – Ein neuer Fokus

Schulentwicklung ist ein Thema, das seit ca. 20 Jahren verstärkte Aufmerksamkeit im Kontext von Bildungspolitik erfährt. Es setzte sich die Erkenntnis durch, dass Schule nicht nur aus Unterricht besteht, der von Lehrkräften in einzelnen Klassen abgehalten wird, sondern dass Schule als Gesamtsystem gesehen und systematisch entwickelt werden muss. „Folgerichtig besteht der Kern der Schulentwicklung in der Entwicklung von Einzelschulen" (Rolff 2010, S. 30). Die Qualität des Lernens hängt nicht nur von den einzelnen Lehrkräften ab, sondern auch davon, wie eine Schule insgesamt organisiert ist und welche Werte dort gelebt werden. Das Schulklima ist dabei ein wichtiger Faktor. Dieses wird beispielsweise davon bestimmt, ob es einen wertschätzenden und respektvollen Umgang aller Beteiligten gibt, ob Konflikte konstruktiv gelöst werden, ob es partizipativ erarbeitete Regeln und Beteiligungsrechte für Schülerinnen und Schüler und Eltern gibt und diese auch gelebt werden. Ferner gehört dazu, dass Schulleitung die vorhandenen Gremien gut informiert und so ein Beteiligungsprozess möglich ist.

---

1 Landesinstitut für Lehrerbildung und Schulentwicklung (LI) (2013): Merkmale demokratiepädagogischer Schulen – Ein Katalog, Hamburg (zu beziehen bei: LI Hamburg, Felix-Dahn-Straße 3, 20357 Hamburg).
2 www.demokratisch-handeln.de

„Schulentwicklung bewegt sich […] im Zyklus einer Trias bzw. eines Drei-Wege-Modells" (Rolff 2010, S. 30), d. h. drei Aspekte sind von wesentlicher Bedeutung:
1. Die Organisationsentwicklung, die das gesamte System Schule in den Blick nimmt und am effektivsten mit der Unterstützung externer Berater realisiert wird.
2. Die Unterrichtsentwicklung, die eine Verbesserung des Unterrichts zum Ziel hat und ein hohes Maß an Kooperation unter den Lehrkräften erfordert.
3. Die Personalentwicklung, die insbesondere die Weiterqualifizierung der Lehrkräfte durch Fortbildungen zum Ziel hat und über Mitarbeitergespräche den Fortbildungsbedarf erhebt. Durch eine entsprechende Fortbildungsplanung werden persönliche Interessen und Neigungen und schulische Erfordernisse der Weiterentwicklung möglichst zur Deckung gebracht.

Das Vorgehen bei der Schulentwicklung ist prozess- und zielorientiert, es werden gemeinsame Ziele formuliert, die sich aber im Laufe der Zeit auch wieder verändern können bzw. an aktuelle Erfordernisse angepasst werden. Der gesamte Prozess ist selbstgesteuert (durch das Kollegium und die Schulleitung) und wird nicht von oben durch eine Behörde kontrolliert oder beeinflusst. Er dient der Professionalisierung von Lehrkräften, ist ein Beitrag zur Qualitätsentwicklung und dient somit der Entwicklung von Schulkultur.

Angestoßen wird der Schulentwicklungsprozess in der Regel durch die Schulleitung, die einen entsprechenden Auftrag an die Gesamtkonferenz formuliert. Gelegentlich kann die Initiative auch vom Kollegium ausgehen, das sich an die Schulleitung wendet, um einen entsprechenden Prozess in Gang zu setzen. Auf der Gesamtkonferenz wird dann eine Steuergruppe eingerichtet, der immer die Schulleitung und gewählte Kolleginnen und Kollegen angehören. Wenn es gut organisiert ist, sind in der Steuergruppe Vertreter von Projektgruppen und/oder Fachgruppen sowie Eltern und in der Sekundarstufe auch Schülerinnen und Schüler. Um arbeitsfähig zu bleiben, sollte die Steuergruppe sechs bis acht, maximal zehn Personen umfassen. Eine Projektgruppe könnte sich z. B. mit der ganzheitlichen Umsetzung der Kinderrechte beschäftigen. Die Steuergruppe achtet auf den Gesamtprozess und registriert u. a. alle

Fortbildungsnotwendigkeiten. Daraus ergibt sich dann die Fortbildungsplanung für die Schule. Der aktuelle Stand der Schulentwicklung und die Entwicklungswünsche, die in den Projektgruppen und der Steuergruppe diskutiert wurden, werden dann im Schulprogramm festgeschrieben. Dieses Programm unterliegt einer ständigen Evaluation und Revision.

3. Schulentwicklung und Kinderrechte

Demokratielernen und die Umsetzung der Kinderrechte sind in der Schule noch längst keine Selbstverständlichkeit. Zum einen gibt es Schulen, die sich mit dem Thema noch gar nicht näher beschäftigt haben; zum anderen gibt es solche, die bei der Umsetzung des Themas noch am Anfang stehen. Es gibt noch keine lange Erfahrung in der Umsetzung. Insofern bedarf es einiger Anstrengungen, um das Thema auf die Tagesordnung zu setzen und dann auch lebendig zu erhalten. Um dies zu erreichen, ist ein entsprechender Schulentwicklungsprozess erforderlich.

„Exemplarisch lässt sich das am Beispiel der Albert-Schweitzer-Grundschule in Langen (Hessen) aufzeigen. Diese Schule beteiligte sich am BLK-Programm „Demokratie lernen und leben" und gewährt allen an Schule Beteiligten ein Höchstmaß an Partizipation. U. a. wurden von 2002 bis 2006 Rechten- und Pflichtenhefte für Schülerinnen und Schüler, Eltern und Lehrkräfte erstellt, wobei jede dieser Gruppen diesen Prozess eigenständig durchführte" (Rademacher 2013, S. 17). Dabei wurden die Kinder von den Erwachsenen unterstützt. Die Schülervertretung ist ein Schülerparlament. Eine besondere Aufmerksamkeit und Bedeutung erhält es dadurch, dass sich die Schulleitung wöchentlich mit ihm trifft, um alle Anliegen einvernehmlich zu besprechen und zu regeln. Jede Klasse hat einen Klassenrat, in dem wöchentlich alle wesentlichen Anliegen besprochen und geklärt werden.

Während der Teilnahme am BLK-Programm erhielt die Albert-Schweitzer-Schule externe Unterstützung durch eine Schulentwicklungsberaterin, um die Prozesse mit Hilfe ihres externen Blicks zu optimieren. Seit 2010 ist die Schule am „Modellschul-Netzwerk für Kinderrechte" beteiligt, um auch hier von externer Begleitung zu profitieren. An diesem Beispiel wird deutlich, dass ein demokratischer Schulentwicklungsprozess externer Unterstützung bedarf, um erfolgreich zum Ziel zu führen. Schulentwicklung in diesem Sinne ist ein immerwährender partizipativer Prozess von interner und externer Evaluation und Weiterentwicklung zum Wohle der Kinder und Jugendlichen und aller an Schule Tätigen.

Im Kontext von Schulentwicklung spielt die Qualität der Lehr- und Lernprozesse und damit des gesamten schulischen Lebens eine sehr wichtige Rolle. Aus diesem Grund wurden in den meisten Bundesländern Institute für Qualitätsentwicklung (IQ) gegründet. In Hessen hat das IQ in diesem Kontext einen Hessischen Referenzrahmen Schulqualität (HRS) entwickelt, der alle wesentlichen Aspekte schulischen Lebens umfasst. Positiv an der Entwicklung dieses Rahmens ist, dass auch wesentliche Elemente demokratischer Schulentwicklung wie Klassenrat, Partizipation und Mediation benannt sind. Seit 2011 sind explizit die Kinderrechte aufgeführt (vgl. HRS 2011, S. 65 und S. 71). Da der HRS eine wichtige Orientierungsfunktion für Schule und Lehrerausbildung hat und zudem die Grundlage der Schulinspektion ist, kann davon ausgegangen werden, dass damit Kinderrechte und Demokratielernen in Schule mehr und mehr Eingang in die Alltagspraxis von Schule finden können.

Um Schulen bei der Schulentwicklung im Sinne der Kinderrechte zu unterstützen, wurde im „Modellschul-Netzwerk für Kinderrechte" das „Haus der Kinderrechte" als internes Schulentwicklungsinstrument für die Einzelschule als auch als Beratungsinstrument für die externe Begleitung entwickelt. Es zeigt, wie die verschiedenen Entwicklungsbereiche Gleichheit, Schutz, Förderung und Partizipation unter dem Dach der Kinderrechte systemisch zusammengeführt werden können.

4. Schulen bei Gewaltprävention und Demokratielernen unterstützen

Unmittelbar nach Ende des BLK-Programms begann das hessische Projekt „Gewaltprävention und Demokratielernen" (GuD)[3]. Mittlerweile gehören ca.

---

3   Nähere Informationen zum Projekt und Fortbildungsprogramm finden sich auf folgender Website: www.gud.bildung.hessen.de

400 Schulen zu dem Netzwerk. GuD hat damit in der hessischen Schullandschaft seinen festen Platz und ist so zu einer Daueraufgabe geworden, dessen institutionelle Verankerung allerdings noch aussteht. Mit den beiden Bereichen Schutz vor Gewalt sowie Demokratielernen und Partizipation wurden zwei der vier Grundprinzipien der UN-Kinderrechtskonvention zusammengeführt und aufeinander bezogen, ohne die Kinderrechte explizit zu benennen.

Im Rahmen des Projekts führt GuD ein „umfangreiches Fortbildungs- und Beratungsprogramm durch, um Schulen auf ihrem Weg zu einer gewaltpräventiven bzw. demokratiefördernden Einrichtung zu unterstützen. Dabei ist die Verknüpfung von Fortbildungs- und Beratungsangeboten entscheidend, um Nachhaltigkeit der Umsetzung zu erreichen" (Rademacher 2012, S. 271).

4.1 Fortbildungen

Neben Fortbildungen zur konstruktiven Konfliktbearbeitung/Mediation ist im Feld Demokratielernen insbesondere das Thema Klassenrat sehr erfolgreich. Seit 2008 haben 144 Schulen, d. h. über 2000 Lehrkräfte, an Fortbildungen teilgenommen und entsprechend wurden in diesen Schulen in vielen Klassen Klassenräte etabliert. Die Fortbildung wird nur schulintern durchgeführt, um zu erreichen, dass der Klassenrat in der ganzen Schule realisiert wird. Sie ist auf drei Nachmittage verteilt, die in größerem Abstand stattfinden, damit die Umsetzung immer wieder reflektiert werden kann. Ein vierter Nachmittag ist hinzugekommen, um speziell eine Verbindung zwischen Kinderrechten und Klassenrat herzustellen. Die Fortbildung und die Umsetzung wurden vom Hessischen Institut für Qualitätsentwicklung (IQ) (seit 1.1.2013 Abteilung III im Landesschulamt) 2011 und 2012 evaluiert. Die erste Evaluation beschäftigte sich mit der Qualität der Fortbildung, die von den Befragten als sehr hoch eingeschätzt wurde. Die zweite Evaluation hatte die Auswertung der Umsetzung in der Praxis zum Ziel. Hierbei wurden Lehrkräfte und Schülerinnen und Schüler befragt. Die Ergebnisse zeigen, dass in der Praxis in sehr hohem Maße die Grundsätze und Regelwerke des Klassenrats eingehalten werden und substanzielle Anliegen in einer demokratischen Art und Weise geklärt werden. Interessant ist, dass es eine recht hohe Übereinstimmung in den Aussagen der Schülerinnen und Schüler und der Lehrkräfte gibt, d. h. dass die Lehrkräfte ihr eigenes Verhalten – bestätigt durch die Aussagen der Schüler – relativ realistisch einschätzen.

Die Verbreitung des Themas Kinderrechte wird insbesondere durch eine Kooperation mit dem Verein Makista bzw. dem „Modellschul-Netzwerk für Kinderrechte" ermöglicht. GuD unterstützt dieses Projekt durch Mitarbeit in einem Fachbeirat, fachlichen Austausch, die Verbreitung von zwei Broschüren zum Thema Kinderrechte, gemeinsame Veranstaltungen sowie die Kommunikation der Angebote bei den GuD-Schulen.

Ein weiterer wichtiger Baustein des Demokratielernens ist eine Fortbildungsreihe für Schulleitungsteams mit dem Titel „Schule demokratisch und partizipativ leiten", die mit Unterstützung des Landesschulamts (LSA) durchgeführt wird. Im Zentrum steht hierbei, dass sich Schulleitungsteams überlegen, was sie im Hinblick auf ihre Strukturen und ihr Leitungsverhalten verändern können, um mehr Demokratie in Schule zu ermöglichen.

Weitere Fortbildungsangebote sind im Grundschulbereich das Peer-Lernen (Buddy-Programm) sowie für alle Schulformen das Kooperative Lernen und das Konzept des Trainingsraums. Zusätzliche Angebote richten sich an Schulen, die sich im Bereich Mobbing und Jugendmedienschutz engagieren. Dabei spielt der Ansatz des No Blame Approach, bei dem eine Unterstützergruppe (unter Einschluss der Täter) für das Opfer gebildet wird, eine wesentliche Rolle. Das Mobbing-Thema gewinnt durch das verstärkte Cyber-Mobbing, also die virtuelle Variante im Netz, noch mehr an Bedeutung. Das Hessische Kultusministerium (HKM) hat sich daher dieses Themas unter dem Oberbegriff Jugendmedienschutz angenommen. GuD kooperiert hier sehr eng mit dem entsprechenden Programm: Zum einen geht es um die Sensibilisierung der Eltern, die meist sehr wenig über den (problematischen) Umgang von Kindern und Jugendlichen mit den Neuen Medien wissen. Zum anderen geht es um die Ausbildung von Multiplikatoren an den Staatlichen Schulämtern und um die Schulung von Ansprechpartnern in den Schulen.

4.2 Beratung

Neben den Fortbildungsangeboten zu den unterschiedlichen Programmen liegt der zweite Schwerpunkt der Arbeit in der Beratung der Schulen bei der Umsetzung der Programme. Die besten Fortbildungsprogramme sind nur dann wirksam, wenn sie gezielt und damit bedarfsgerecht in den Schulen eingesetzt werden. Oft sind Schulen überfordert, aus der Fülle an Angeboten das für sie passende Programm zu bestimmen und die notwendigen Voraussetzungen dafür zu schaffen. Oder es gibt Schwierigkeiten, die bei der Einführung und nachhaltigen Implementierung entstehen, die durch außenstehende Personen besser gelöst werden können. GuD hat unterschiedliche Formen der Beratung entwickelt. Es gibt eine einmalige Beratung von Lehrkräften und Schulleitungsmitgliedern in Form einer Bestandsaufnahme und Beratung zu weiteren Schritten. Es gibt Prozessberatungen, die sich über mehrere Sitzungen hinziehen und es gibt sogenannte Projektentwicklungsgruppen, in der mehrere Projektschulen zusammengeschlossen sind, die sich zweimal jährlich unter Anleitung ausgebildeter Moderatoren treffen. Diese Treffen dienen zum einen dem Austausch, der Besprechung aktueller Anliegen, der Vermittlung aktueller Möglichkeiten der Weiterentwicklung der Vorhaben an der jeweiligen Schule und der Vorstellung von „Best Practice" und zum anderen der Rollenklärung der beteiligten Akteure. Letzteres ist insbesondere deshalb wichtig, weil meistens der Auftrag der Beteiligten in den Projektentwicklungsgruppen nicht klar ist. Teilweise haben sich diese ihren Auftrag aus hohem Engagement heraus selbst gewählt und sind weder von der Schulleitung noch von einer Gesamtkonferenz klar beauftragt und legitimiert.

4.3 Vernetzung

Neben Fortbildung und Beratung ist es eine weitere Aufgabe von GuD, den Vernetzungsprozess unterschiedlicher Akteure im Feld Gewaltprävention und Demokratielernen zu unterstützen. Einer der wichtigsten Partner ist das Netzwerk gegen Gewalt. Das Netzwerk ist eine spezifisch hessische Einrichtung, die nach dem Amoklauf von Erfurt unter der Beteiligung von vier Ministerien (Kultus, Inneres, Soziales und Justiz) Ende 2002 gegründet wurde und nach einer mehrjährigen Vorlaufphase seit sechs Jahren gezielt verschiedene gewaltpräventive Vorhaben vernetzt. GuD kann in das Netzwerk sehr gut die schulische Expertise einbringen.

Gleich wichtig ist die Zusammenarbeit mit den Schulpsychologinnen und Schulpsychologen an den Staatlichen Schulämtern, die für die Gewaltprävention zuständig sind. Hier ist das wechselseitige Wissen über die jeweiligen Angebote wichtig, aber auch gemeinsame Initiativen wie die Einrichtung von „Runden Tischen", bei denen im jeweiligen Schulamtsbezirk alle wesentlichen Akteure der Gewaltprävention ihre Strategien miteinander abgleichen.

Weitere Kooperationspartner sind u. a. die zuständigen Dezernate im Landesschulamt, das Beratungsnetzwerk Rechtsextremismus, die Serviceagentur Ganztägig Lernen, das Haus am Maiberg und die Landesarbeitsgemeinschaft Kinder- und Jugendbeteiligung Hessen (LAG). Mit diesen Partnern und dem Netzwerk gegen Gewalt wird der seit 2008 jährlich stattfindende hessische Demokratietag durchgeführt. Die Fachtagung wird mit regionalen Bündnispartnern durchgeführt und richtet sich an interessierte Schülerinnen und Schüler, Lehrkräfte, Elternvertreter und außerschulische Partner.

4.4 Nachhaltigkeit durch Partizipation

Die Entwicklung sowohl einer konstruktiven Konfliktkultur als auch einer partizipativen und somit demokratieförderlichen Lern- und Lebensform in Schulen erfordern, wie oben beschrieben, einen systemischen Schulentwicklungsprozess. Die Schule ist per se nicht eine Institution, in der Partizipation selbstverständlich ist. In der Regel herrscht ein Stil vor, der die partizipativen Fähigkeiten der Schülerinnen und Schüler nicht ernst nimmt, sondern ihnen die Rolle der zu Unterweisenden zuschreibt. Die Schule bietet viel mehr Möglichkeiten gelebter Partizipation. Diese werden aber in der Praxis nicht realisiert. Und das betrifft auch die Konfliktbearbeitung, d. h. Mediation durch die Schülerinnen und Schüler. Mediation und Partizipation müssen daher immer wieder erhalten und weiterentwickelt werden. Eine demokratische Schulkultur erfordert eine stetige Verringerung des Widerspruchs zwischen selbst formuliertem Anspruch und der Wirklichkeit. Insofern ist immer wieder zu fragen, ob nicht Eltern und Schülerinnen und Schüler in verschiedenen Bereichen der Schule (z. B. in Projektgruppen) beteiligt werden können.

5. Schlussfolgerungen

Demokratielernen hat in den letzten zehn Jahren immer mehr Akzeptanz gewonnen und hat insofern immer mehr Eingang in den Alltag von Schulen gefunden. Das gilt auch für das damit verbundene Thema Kinderrechte. Dennoch befinden wir uns erst am Anfang eines Entwicklungsprozesses, dessen Ziel ist, dass alle Kinder und Jugendliche in einer humanen, kindergerechten und freundlichen Schule motiviert und mit Freude lernen können. Die weiter oben beschriebene Albert-Schweitzer-Schule ist, gemeinsam mit weiteren Modellschulen für Kinderrechte in Hessen, noch eine Ausnahmeschule, d. h. eine „Leuchtturmschule", die in dieser Konsequenz ihr „Leben" ganz an den Prinzipien der Kinderrechte, der Partizipation und der Demokratie ausrichtet. Dies gelingt dort vor allem deshalb, weil dort eine entsprechende Haltung von allen Lehrkräften gelebt wird und die Schule sich ständig in einem Prüfungs- und Veränderungsprozess befindet. Eine demokratische Schule braucht sowohl eine am Thema und der Praxis interessierte und engagierte Schulleitung als auch ein Kollegium, das dieses Konzept mitträgt und entwickelt. Eine große Bedeutung hat dabei die regelmäßige Unterstützung von externer Begleitung, um die Prozesse zu optimieren und Impulse für die Weiterentwicklung zu erhalten. Außerdem sind die Unterstützung durch die Elternschaft sowie eine engagierte Schülervertretung wichtig sowie der Kontakt zu außerschulischen Institutionen – sei es eine Jugendeinrichtung, ein Sportverein oder eine nahe gelegene Kirchengemeinde. Bildung für Kinderrechte und Demokratie sind eine gemeinsame Aufgabe von staatlichen Einrichtungen und der Zivilgesellschaft. Nur durch Kooperation vieler Partner können die wichtigen Ziele erreicht und die dabei anfallenden Aufgaben auf viele Schultern verteilt werden.

Literatur

de Haan, Gerhard/Edelstein, Wolfgang/Eikel, Angelika 2007: Qualitätsrahmen Demokratiepädagogik – Demokratische Handlungskompetenz fördern, demokratische Schulqualität entwickeln. Weinheim und Basel.
Institut für Qualitätsentwicklung 2011 (Hrsg.): Hessischer Referenzrahmen Schulqualität. Wiesbaden.
Landesinstitut für Lehrerbildung und Schulentwicklung (LI) 2013: Merkmale demokratiepädagogischer Schulen – Ein Katalog, Hamburg.
Rademacher, Helmolt 2012: Demokratielernen in Hessen. In: Beutel, Wolfgang/Fauser, Peter/Rademacher, Helmolt: Jahrbuch Demokratiepädagogik – Aufgabe für Schule und Jugendbildung, Schwalbach/Ts., S. 271 ff.
Rademacher, Helmolt 2013: Demokratie muss gelernt werden – Projekte zur Verwirklichung von Kinderrechten. In: Hessische Lehrerzeitung, Heft 5/13, S. 16 f.
Rolff, Hans-Günther 2010: Schulentwicklung als Trias von Organisations-, Unterrichts- und Personalentwicklung. In: Bohl, Thorsten/Helsper, Werner/Holtappels, Heinz-Günter/Schelle, Carla (Hrsg.): Handbuch Schulentwicklung, Bad Heilbrunn, S. 29 ff.

Barbara Busch

Schulentwicklung hin zur kindergerechten Grundschule
Ein Praxisbericht der Albert-Schweitzer-Schule Langen

Seit 2010 gehört die Albert-Schweitzer-Schule (ASS) zum Schulnetzwerk der Modellschulen für Kinderrechte in Hessen. Die Teilnahme an diesem Projekt hat der Schule viele neue pädagogische Impulse für das Schulleben und wertschätzendes Feedback von der Schulgemeinde gebracht. Mit dem „Koffer voller Kinderrechte" gewann die Schule im Jahr 2012 den Sonderpreis „Kinderrechte machen Schule" beim UNICEF JuniorBotschafter-Wettbewerb. Die Jury würdigte die engagierten sozialen Projekte und die Einbindung der Kinderrechte in das Gesamtkonzept der Schule. Als Preis gewann die Schule die Realisierung eines gemeinsamen Medienprojektes mit dem Kinderkanal KiKa. Im Sommer wurde ein Musikvideo zu dem Schulsong mit einer neuen Kinderrechtestrophe gedreht.

1. Die Verankerung der Kinderrechte im Gesamtkonzept

Demokratieerziehung und Soziales Lernen haben an der ASS bereits eine lange Tradition und sind nachhaltig implementiert. Es gibt ein curriculares Unterrichtskonzept und Materialkisten für die einzelnen Jahrgangsstufen sowie aktuelle Projekte und Ideen aus dem Kollegium und von den Kindern selbst, die ebenfalls Berücksichtigung finden. Eine jährliche Evaluation rundet das Konzept ab.

Mediation und Partizipation sind auch wichtige Bestandteile des täglichen Schullebens und beziehen sich auf alle Bereiche der Schulkultur. An der Schule üben sich die Kinder schon früh darin, Konflikte eigenständig und friedlich zu lösen. Sie lernen mit den Mitteln der Mediation, unterschiedliche Standpunkte auszutauschen. Für das Training der Kommunikations- und Konfliktfähigkeiten ist im Stundenplan eine Unterrichtsstunde reserviert – und zwar in Form des Klassenrats. In dieser Klassenratsstunde bekommen die Kinder Zeit und Raum, geschützt miteinander ins Gespräch zu kommen und Probleme gemeinsam aufzugreifen.

Die Rechte der Kinder werden somit an vielen Stellen gelebt und thematisiert. Was bis zur Teilnahme am „Modellschul-Netzwerk für Kinderrechte" fehlte, war deren explizite Benennung und Bewusstmachung sowie die inhaltliche Auseinandersetzung und thematische Verankerung im Unterricht. Die Achtung und Förderung der Kinderrechte sollte zukünftig in allen schulischen Belangen mitgedacht werden und bekamen daher eine übergeordnete Rolle im Schulkonzept.

In der Grafik zum „Haus der Kinderrechte und Demokratie" (siehe die folgende Abbildung), die unser Schulkonzept darstellt, sind die Kinderrechte mit der Demokratieerziehung als übergeordnete Haltung im Dach verortet. Dies ist der geistige Überbau unseres Schulentwicklungsmodells und eine Selbstverpflichtung, die Kinderrechte noch stärker in den Fokus der Schule zu stellen. Bereits bestehende Projekte werden neu unter diesem Kinderrechtefokus beleuchtet und neue Initiativen und Vorhaben berücksichtigen die Kinderrechte zukünftig von Anfang an.

Die Grafik veranschaulicht außerdem die Vielzahl der schulischen Bausteine und zeigt in den drei farbigen Säulen Auszüge aus dem kindergerechten Schulleben. Weitere Bereiche wie z. B. das Bewegte Lernen und das Ganztagsangebot sind wegen der Übersichtlichkeit nicht abgebildet, obwohl sie ebenfalls maßgeblich zum friedlichen Schulleben und zur Zufriedenheit der Eltern- und Schülerschaft beitragen. Im Fundament befinden sich die Grundlagen des Schullebens: das Schulprogramm, inklusive der rechtlichen, personellen und sächlichen Rahmenvorgaben und den Richtlinien der eigenen Schulcurricula sowie die gemeinsam erarbeiteten Schulregeln. Sie bilden die Basis, auf der das Zusammenleben und -lernen in der Schule fußt.

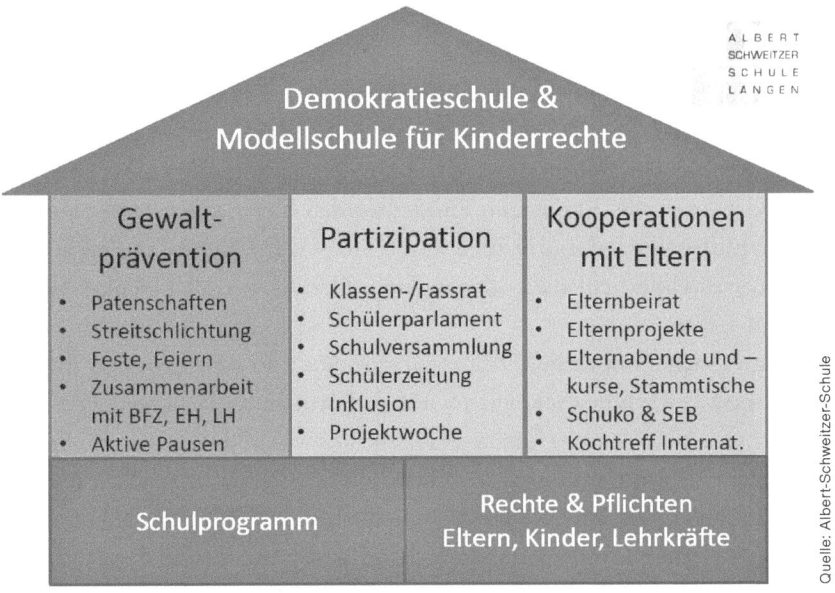

Haus der Kinderrechte und Demokratie Albert-Schweitzer-Schule (Stand November 2012)

2. Wie alles begann: Rechte und Pflichten als demokratische Basis

Herausgefordert durch viele Pausenkonflikte und wiederkehrende Störungen im Unterricht machte sich das Kollegium bereits im Jahr 1996 gemeinsam mit der Schulleitung auf den Weg und beschäftigte sich mit den Themen der konstruktiven Konfliktbewältigung. Teile des Kollegiums besuchten erstmalig Fortbildungen in der Mediation. Gemeinsam erarbeitete Pausenregeln, die in einem Regelheft für alle festgehalten wurden, verbesserten die Pausensituation zunehmend. Noch immer ist dieses Pausenregelheft aktuell und wird jährlich mit den Kindern evaluiert. Im letzten Herbst wurden zum Beispiel neue Regeln für den Umgang mit Kastanien und Eicheln gefunden oder zum Spielen im Baumhaus.

Eine der wichtigsten Regeln der Schule ist nach wie vor die Hör-Auf-Regel, diese wird bereits in der ersten Klasse eingeübt. Sie trägt dazu bei, anderen

Kindern die eigene Grenze anzuzeigen und dem Gegenüber Einhalt zu gebieten.

Unsere Entwicklung als demokratische und schließlich kindergerechte Schule war ein langer Prozess und bedeutete für den einen oder anderen auch einen Wechsel der Haltung. Das Kind im Mittelpunkt, der Lehrer weniger in der zentralen Rolle, Eltern und Kinder werden hier aktiv miteinbezogen, sie dürfen mitbestimmen und werden gehört etc. – Diese Neuerung ging auch mit veränderten Unterrichtsmethoden einher und forderte ein Umdenken für Lehrer und Eltern.

Durch viele Gespräche, Diskussionsrunden und Arbeitstreffen mit allen Beteiligten der Schule (SchülerInnen, Lehrkräfte und Eltern) gelang es, einen gemeinsamen Konsens zu finden. Das Ergebnis war und ist es bis zum heutigen Tag, mehr Verantwortung an die Kinder im Schulalltag abzugeben und Ziele zu formulieren, um eine bessere und friedlichere Schule zu gestalten.

Die sichtbaren Resultate dieser Aushandlungsprozesse sind die „Rechte und Pflichten".[1] Sie wurden jeweils für Eltern, Lehrkräfte, Schülerinnen und Schüler gemeinsam erarbeitet und schriftlich festgehalten. Als unsere Grundsatzgedanken hängen sie in Form großer Plakate zentral im Foyer der Schule und in allen weiteren Schulgebäuden. Sie wirken sich noch immer sehr positiv auf das heutige Zusammenleben aus und fördern nachhaltig die demokratische und friedliche Grundhaltung, die Akzeptanz der Vielfalt der Persönlichkeiten und den freundlichen, respektvollen Umgang miteinander.

3. Schülerpartizipation: Klassenrat, Schülerparlament und Schulversammlung

Mit der Teilnahme am bundesweiten Programm „Demokratie lernen und leben" des Bund-Länder-Kommissions-Programms mit dem hessischen Themenschwerpunkt „Mediation & Partizipation" hat die ASS ihr Schulprogramm von 2003 bis 2007 weiter ausgebaut. In diesen Jahren wurde nach Möglichkeiten gesucht, neue Partizipationsformen und die Mitsprache der Kinder zu fördern. So entwickelten sich der Klassenrat und das Schülerparlament als

---
1 Die Plakate finden sie unter: www.albert-schweitzer-schule-langen.de/rp-schueler.html bzw. rp-eltern.html bzw. rp-lehrer.html

Schulentwicklung hin zur kindergerechten Grundschule

fester Bestandteil des wöchentlichen Stundenplans für alle Klassen. Dieser Demokratiebaustein trägt maßgeblich bis heute zum friedlicheren Zusammenleben bei.

In unseren Klassenräten (als Gremium jeder einzelnen Klasse) gibt es einen Präsidenten und/oder eine Präsidentin, die die Gesprächsrunde leiten, eine/n LeisewächterIn und eine/n ProtokollantIn. In den Jahrgangsstufen eins und zwei übernimmt das Schreiben des Protokolls meist noch die Klassenlehrerin. Ziel ist es, dass die Kinder am Ende der Grundschulzeit alle Ämter eigenständig meistern können. Die Kinder bekommen die Möglichkeit, mit anderen gemeinsam ihre Erfahrungen und Gefühle auszutauschen, Schwierigkeiten zu besprechen und Probleme zu lösen. Ganz nebenbei trainieren die Schülerinnen und Schüler die Einhaltung von Gesprächsregeln, erlernen Kommunikationsfähigkeiten und machen erste Erfahrungen mit demokratischen Aushandlungsprozessen. Sie erstellen Pro- und Kontra-Listen, Meinungsbilder und Blitzlichter zu bestimmten Themen, stimmen ab, planen Projekte zunehmend eigenverantwortlich. Sie lernen einander zuzuhören, sich aufeinander zu beziehen, zu überzeugen und sich für die eigene Ziele einzusetzen. Das Maß an Selbstwirksamkeit ist dabei sehr hoch und erzeugt eine hohe Zufriedenheit bei den Kindern sowie eine positive Identifikation mit der Schule.

„Ich finde den Klassenrat gut, dass man hier auch sagen kann, was einem nicht so gut gefallen hat und die Probleme ansprechen kann und dann kriegt man Tipps von den anderen, wie man es auch allein klären könnte, wenn man mal keinen Klassenrat mehr hat."   Paula, Klasse 4

„Der Klassenrat ist auch wichtig, weil man da Sachen sagt, wo man Angst hat, da können die anderen helfen und eine gute Idee haben."   Moritz, Klasse 1

Über den Klassenrat an unserer Schule hat das HKM-Projekt „Gewaltprävention und Demokratielernen" (GuD) im Jahr 2013 einen Film gedreht, der die Praxis des Klassenrats und die Perspektiven der daran Beteiligten anschaulich macht und über GuD bezogen werden kann.

Das wöchentliche Schülerparlament befasst sich mit gesamtschulischen Fragen und Anliegen aus der Schülerschaft. Die zwei Klassensprecher aller Klassen geben die Stimmung aus der eigenen Klasse wieder und bringen Anregungen und Wünsche ein. Die Schulleitung ist ebenfalls Teilnehmer, aber hat nicht die Leitung der Sitzung inne. Vielmehr gibt es einen Präsidenten und eine Präsidentin, einen Leisewächter und einen Zeitwächter, der das Ende der Sitzung ankündigt, damit alle Buskinder rechtzeitig den Raum verlassen.

Die Teilnahme der Schulleitung am Schülerparlament hat Vorteile für beide Seiten: Die Schulleitung kann direktes Feedback zu bestimmten Fragen einholen und erfährt unmittelbar von den Sorgen, Nöten, Vorlieben und Freuden des Schullebens. Schwierigkeiten können direkt besprochen und nachhaltige Lösungen schneller gefunden werden, die dann für die ganze Schule gelten. So wurde 2011 ein Landschaftsarchitekt ins Schülerparlament eingeladen, der das gewünschte Baumhaus mit den Kindern gemeinsam geplant hat.

Viermal im Jahr findet eine Schulversammlung statt. Die Moderation und das Programm übernehmen die Kinder selbst. Sie singen, tanzen, rappen, schauspielern und berichten von aktuellen Unterrichtsgeschehnissen. Eltern sowie alle Klassen der Schule spenden viel Applaus und Anerkennung für die mutigen Auftritte auf der Bühne.

4. Implementierung der Kinderrechte im Unterricht

Curricular sind die Kinderrechte explizit im Sachunterricht verankert. Sie wurden in das bestehende Demokratie-Konzept eingebunden und für Klasse 3 verpflichtend für alle festgeschrieben.

Klasse 1	• Klassenregeln • Wahl Klassensprecher • Einführung Klassenrat • Hör-auf-Regel
Klasse 2	• Rechte und Pflichten • Pausenregeln
Klasse 3	• Projekt in den Klassen zu den Kinderrechten • Eltern-Infoabend zu den Kinderrechten
Klasse 4	• Formen und Organe der Demokratie • Besuch beim Bürgermeister/Landtag

Schulentwicklung hin zur kindergerechten Grundschule

Engagement für alle sichtbar gemacht: Ausstellung im Schul-Foyer

Die dritten Klassen thematisieren die Kinderrechte, setzen sich kritisch damit auseinander, beziehen sie auf die eigene, aber auch auf die fremden Lebenswirklichkeiten von Kindern verschiedener Nationen. Sie werden sensibilisiert für die Missstände in den Ländern der Welt und erfahren mehr über die Wichtigkeit der politischen Umsetzung weltweit. Die Kinderrechte sollen durch Unterrichtsprojekte für die Kinder praktisch erlebbar und erfahrbar werden. Die Klassen gestalten Plakate, Foto-Stories und finden kreative Ausdrucksformen für exemplarische Kinderrechte, beispielsweise Friedenstauben oder „Himmelsleitern". Diese Unterrichtsergebnisse werden in einer jährlich wechselnden Dauerausstellung im Eingangsbereich der Schule gezeigt und damit auch für andere sichtbar gemacht.

Die Materialkisten für alle dritten Klassen wurden um die Unterlagen für die Kinderrechte von UNICEF und Makista erweitert. Außerdem wurden Bilderbücher und Sachbücher zum Thema angeschafft. Durchgeführte Projekte aus den Klassen oder sonstige Best-Practice-Beispiele ergänzen den

Materialpool. Für die Schülerbücherei wurden ebenfalls Bilderbücher und Sachbücher (z. B. Was ist was – Demokratie, UNICEF-Kinderbücher etc.) bestellt.

5. Soziales Lernen

Die Patenschaften zwischen den Erst- und Drittklässlern dienen dem friedlichen Miteinander, aber auch der Stärkung des Selbstbewusstseins, indem die Kinder für andere Verantwortung übernehmen. Kinder setzen sich für ihre Mitschüler ein und kümmern sich umeinander. Viele Projekte zwischen den Patenklassen intensivieren die Freundschaften und erzeugen Nähe zwischen den „Großen" und den „Kleinen". Besonders stolz sind dann alle, wenn sie selbst Drittklässler werden und nun auch endlich ein Patenkind bekommen.

Durch das Recht von Kindern mit Behinderung auf inklusive Beschulung ergaben sich für die ASS völlig neue Formen der Kooperation. Mit den benachbarten Förderschulen und der Schule für geistig-emotionale Entwicklung wurden gemeinsame Projekte gestartet und somit dem „Recht auf gemeinsames Lernen, mit oder ohne Behinderung" Rechnung getragen. An zwei Tagen kommen Kinder mit geistiger Behinderung an die ASS und lernen in gemeinsamen Unterrichtsprojekten, unternehmen zusammen Ausflüge und essen in gemeinsamer Runde. Die Eltern wurden ebenfalls mit einbezogen, konnten hospitieren und wurden regelmäßig über Fotos oder kleine Aufführungen an Elternnachmittagen informiert. Alle Beteiligten haben schnell Gefallen an dieser so fruchtbaren Zusammenarbeit gefunden und mittlerweile haben sich zwei Klassen gefunden, die den gemeinsamen Unterricht für alle Kindern mit und ohne Behinderung gestalten und ein Kind mit geistiger Behinderung wird ab dem Sommer 2013 voll in die Regelklasse 4 inkludiert.

„Alle Kinder sollen in ihrer Vielfalt ernst- und wahrgenommen werden und sich individuell entwickeln können. Wir möchten unsere Schülerinnen und Schüler an ihre eigenen Leistungsgrenzen heranführen und sie fördern und fordern. [...] Die Stärkung der Persönlichkeit, der kulturellen Identität und der Bewusstmachung eigener Stärken und Schwächen liegt uns am Herzen. [...]", so lauten die Vorworte des Förderkonzepts der ASS und die Leitgedanken des

Schulprofils, die auf das Recht der Kinder, an der Schule so angenommen zu werden, wie sie sind, abzielen.

6. Öffentlichkeitsarbeit, Zusammenarbeit mit Eltern und Kommune

Um Eltern mehr für das Thema Kinderrechte zu interessieren, veranstaltet die Schule jährlich einen Informationsabend für Eltern und Interessierte zu dem Thema „Kinderrechte in der Familie und Schule". An diesem Abend erfahren die Eltern mehr über die Historie und die Definition des Kindheitsbegriffs, die politischen Schwierigkeiten und Diskussionen bei der Umsetzung der UN-Kinderrechtskonvention auch in Europa. Sie besprechen eigene Ideen und Fragen zum Thema (Kinderrechte versus Elternrechte), erhalten Raum und Gelegenheit sich auszutauschen und beschreiben ihre Eindrücke, aber auch Bedenken im Umgang mit der Forderung nach mehr Mitsprache und Mitbestimmung in der Familie und tauschen sich über vermeintliche Grenzen der Kinderrechte aus. Durch die Elterninfos des Kinderrechte-Modellprojekts und einen Elternkurs „Starke Eltern – Starke Kinder" des Kinderschutzbundes in Kooperation mit Makista wurde die Elternarbeit der Schule unterstützt.

„Ich finde das Thema Kinderrechte gut, weil man sich damit auch in der Familie auseinandersetzen muss. Die Kinder versuchen das nämlich auch zu Hause umzusetzen. Ich fand es toll, dass mein Kind in der dritten Klasse ein Referat halten musste, welches Kinderrecht ihr wichtig ist. Sie hat sich vor allem damit auseinandergesetzt, was das bedeutet, wenn das Recht vorhanden ist oder nicht!"
Susanne Hauer, Elternbeirätin

Getreu dem Leitsatz „vor Partizipation steht die Information", sucht die Schule immer wieder nach attraktiven Mitteln, um andere Personenkreise für das Thema zu interessieren und zu informieren. Denn nur wer informiert ist, kann sich auch einsetzen! Die Dauerausstellung im Foyer mit den Unterrichtsergebnissen aus den Projekten im Jahrgang 3 ist da nur eine einzelne Maßnahme.

Infostände am Schulfest oder am Präsentationstag der Projektwoche, Pressemitteilungen in den lokalen Zeitungen oder die Teilnahme am Kinderfest des Kinderschutzbundes in der Nachbargemeinde sind weitere Ideen, die bislang umgesetzt wurden.

Auf der schuleigenen Homepage und in der Schulbroschüre, die allen Eltern gleich zu Beginn der Schulzeit ausgehändigt wird, wurden die Kinderrechte ebenfalls in der Kurzfassung aufgenommen.

7. Projekte mit guter Außenwirkung

7.1 Zaunfiguren

Schon von weitem sind die Zaunfiguren sichtbar. Zehn Kindersilhouetten wurden aus Holz ausgesägt und angemalt, um sie mit Merksätzen zu den Kinderrechten am Zaun zu fixieren. Dieses Projekt wurde von einem Lehrer innerhalb einer halbjährigen Werk-AG umgesetzt und 12 Kinder nahmen daran teil.

7.2 Kinderrechtefest

Einmal im Jahr feiert die gesamte Schule eine volle Stunde auf dem Schulhof gemeinsam das Recht auf Freizeit und Spiel. Alle Lehrer, Betreuer und interessierte Eltern sind eingeladen, mit den Kindern zu spielen. Verschiedenste Spiele werden angeboten. Viele Klassen haben im Vorfeld gemeinsam überlegt, was sie anbieten möchten: Massage, Vorlesen, Seilspringen, Tischtennisrundlauf, Zumba etc.

7.3 Spendenaktionen

Durch die Namensgebung hat die Grundschule die Verantwortung übernommen, sich im Sinne von Albert Schweitzer zu engagieren. In mehreren Klassen wurde daher Geld gesammelt und zu verschiedenen Gelegenheiten auf die Unterstützung der Afrika-Projekte hingewiesen. Jährlich finden zu Weihnachten Sammelaktionen für benachteiligte Familien statt und die Kinder werden sensibilisiert für ihren Wohlstand hier in Deutschland. Unsere Kinder packen Geschenke ein, die von der Stiftung Kinderzukunft im Rahmen der Aktion „Weihnachtspäckchen für Kinder in Not" in ärmere Gegenden Europas transportiert werden.

In den vergangenen Jahren gab es weitere große Spendensammlungen für die Erdbebenopfer in Pakistan und die Opfer der Atomkatastrophe in Japan.

Schulentwicklung hin zur kindergerechten Grundschule

Kinderrechte-Zaunfiguren

Derzeit ist eine Spende an eine soziale Einrichtung in den Hochwassergebieten in Ostdeutschland geplant. Oft sind es die Einnahmen vom Präsentationstag der Projektwoche oder dem Schulfest. Manchmal werden aber auch gezielt Sammelaktionen gestartet und speziell dafür Sachen gebastelt, wie beispielsweise „Freundschaftsbänder für Japan" oder „1000 Steine für Pakistan".

7.4 Umweltschutzaktionen

Jährlich nehmen einzelne Klassen der ASS an der Umweltschutzaktion „Sauberhafter Schulweg" teil. Die Kinder lernen mehr zur Müllvermeidung und die Umweltverschmutzung im nahen Lebensumfeld hautnah kennen.

2011 veranstaltete die Schule eine Klima-Akademie zusammen mit der Umweltschutzorganisation „Plant for the planet" und dem Spielzeughersteller Amigo. Die Kinder erfuhren mehr zum Thema Klimaschutz, Erderwärmung und CO_2-Produktion. Sie pflanzten gemeinsam Bäume und präsentierten am Ende des Tages den eigenen Eltern die Ergebnisse des Tages.

8. Kinderrechte als Entwicklungsschwerpunkt in der Schulinspektion

Seit Ende 2011 stehen die Kinderrechte als Qualitätsmerkmal guter Schule im Hessischen Referenzrahmen für Schulqualität. Die ASS hat diese Neuerung genutzt, um bei der zweiten Schulinspektion durch das Hessische Institut für Qualitätsentwicklung die Kinderrechte als ihren Profilschwerpunkt zu benennen und (zusätzlich zu dem üblichen Inspektionsverfahren) evaluieren zu lassen. Eltern, Kinder und Lehrkräfte wurden in einer Onlinebefragung gebeten, Fragen zur Umsetzung und zur Akzeptanz der Kinderrechte an der Schule zu beantworten. Auch in Zukunft soll die Evaluation des Entwicklungsschwerpunkts Kinderrechte jährlich in einer unserer Schulkonferenzen thematisiert werden.

Schulentwicklung hin zur kindergerechten Grundschule 117

Partizipation im Unterricht

Wir über uns

Die Albert-Schweitzer-Schule in Langen ist eine mittelgroße Grundschule mit Ganztagsschulangebot, die von 340 Schülerinnen und Schülern besucht wird. Es gibt eine Vorklasse, zehn Regelklassen und vier Ganztagsklassen. In sechs Klassen findet inklusive Beschulung statt. Ca. 25 Lehrerinnen und Lehrer (inklusive der Förderlehrkräfte) arbeiten an der Schule und gestalten aktiv das Schulprogramm mit. 155 Kinder nutzen täglich im Durchschnitt die Betreuung direkt auf dem Schulgelände und werden mit gesundem Mittagessen versorgt.

Kontakt Modellschulnetzwerk für Kinderrechte:
Barbara Busch (SL) und Carola Süss (LK)
verwaltung@albert-schweitzer-langen.de
www.albert-schweitzer-schule-langen.de

Film über den Klassenrat an der Albert-Schweitzer-Schule: Bestellung über www.gud.bildung.hessen.de

Christa Kaletsch, Marion Altenburg van Dieken

Klassenrat – Basis für Kinderrechte und Demokratie an der Schule

1. Klassenrat und Kinderrechte[1]

Der Klassenrat ist ein sehr konkreter Schritt zur Umsetzung der 1989 in der UN verabschiedeten und 1992 von der Bundesregierung ratifizierten Kinderrechtskonvention (KRK). „Im Klassenrat erfahren Kinder von Anfang an, dass die Kinderrechte nicht ein Geschenk von gutwilligen Erwachsenen sind, sondern ihnen zustehen." (Student/Portmann 2007, S. 79) Kinder haben ein Recht darauf, gehört zu werden und sich ernst genommen zu fühlen. Sie haben ein Recht darauf, dabei unterstützt zu werden, ihre Bedürfnisse und Interessen zu entdecken, ihre Wünsche und die anderer Kinder wahrzunehmen und sich an der Gestaltung ihrer (Alltags-)Räume zu beteiligen. Der Klassenrat als ein basisdemokratischer Ansatz ist besonders geeignet, Kindern die Chancen der durch die Menschenrechte garantierten Ideen von Gleichberechtigung, Gleichheit und Menschenwürde zu vermitteln, insbesondere deshalb, weil er *alle* anspricht, und die Teilhaberechte aller Jungen und Mädchen einer Klasse garantiert und fördert.

Die den Klassenrat als Coach begleitenden Klassenlehrer/innen sollten sich der menschenrechtlichen Dimension (und damit der Rahmung: der Klassenrat ist Teil der Menschenrechtsbildung) bewusst sein und den Bezug zu den Kinderrechten aktiv und nachhaltig herstellen. Kinder haben ein Recht darauf, zu wissen, dass sie Rechte haben. Noch immer sind vielen Kindern, Jugendlichen und auch den sie begleitenden Erwachsenen die Kinderrechte zu wenig bekannt.

---

1 Der erste Teil von Christa Kaletsch aus: XENOS und Amt für Lehrerbildung 2013 „Informationsbroschüre zum Klassenrat". Hier veröffentlicht mit Genehmigung des Programms XENOS-Hessen „Integration und Vielfalt" (www.xenos-hessen.de).

In der nunmehr dritten Dekade beklagt die National Coalition für die Umsetzung der UN-Kinderrechtskonvention in Deutschland[2]: „Die meisten Kinder und Jugendlichen sind über ihre Rechte auf Beteiligung nicht ausreichend informiert" und fordert daher: „aktive Information über Kinderrechte in allen Einrichtungen, in denen Kinder sich aufhalten" (National Coalition 2010, S. 11).

Stellen Lehrkräfte bei der Einführung und auch bei der Begleitung des Klassenrats immer wieder einen Bezug zu den in der UN-Kinderrechtskonvention formulierten Kinderrechten her, lernen Kinder deren Relevanz für ihren Alltag konkret und ganz praktisch kennen. Demokratie und Menschenrechte sind dann nicht weiter etwas Abstraktes, sondern etwas konkret Erfahrbares. Etwas, für dessen Erhalt, Schutz und Weiterentwicklung aufgrund eigener lebendiger Erfahrung der Einsatz lohnt. Dadurch kann ein Bewusstsein für die Bedeutung der Entwicklung und des sich ständig zu versichernden Erhalts einer demokratischen Gesellschaft entstehen.

Den Klassenrat in den Kontext von Kinder- und Menschenrechten zu stellen bietet darüber hinaus die Chance, dass Kinder und Jugendliche Menschenrechte als einen Bezugsrahmen kennenlernen, um gewalttätige, diskriminierende und die Würde des Menschen verletzende Handlungen einordnen und bewerten zu können und entsprechend die Menschen(rechte) achtende Handlungsoptionen zu entwickeln. Die den Klassenrat begleitenden Lehrkräfte unterstützen die Jungen und Mädchen darin, sich ein Bewusstsein für die Relevanz der Menschenrechte im (schulischen) Alltag anzueignen. Dabei ist es wichtig, im Blick zu behalten, dass die Menschenrechte vor allem das Verhältnis zwischen Bürgerinnen und Bürgern einerseits und Staat(en) andererseits regeln. Selbstverständlich entfalten sie ihre Wirkung auch im Verhältnis der Menschen untereinander und sind immer berührt, wenn diskriminierendes, die Würde verletzendes Handeln eintritt.

Bei der Entwicklung eines aktiven Menschenrechtsbewusstseins sollten Lernbegleiter darauf achten, dass die Menschenrechte bewusst – und vor allem im Wunsch, die Partizipation und Entwicklung der Kinder und Jugendlichen zu stärken – als Folie des gemeinsamen Handelns eingeführt werden. „Be-

---
2   Seit 2013 umbenannt in National Coalition Deutschland – Netzwerk zur Umsetzung der UN-Kinderrechtskonvention.

Klassenratssitzung einer vierten Klasse

wusst" meint in diesem Zusammenhang insbesondere, die Kinder und Jugendlichen mit dem Verweis auf die Kinderrechte nicht „zu erschlagen". Konflikte zwischen Kindern gehören zum Alltag. Sie sind manchmal anstrengend und nervig, oft vor allem aber der Anfang eines kreativen, die Verhältnisse positiv verändernden Prozesses. Streit, Auseinandersetzungen und Konflikte zwischen Schülerinnen und Schülern sind in der Regel keine Verletzungen der Menschenrechte. Raum dafür zu haben, Konflikte konstruktiv lösen zu können, ist allerdings nötig, um ein demokratisches Miteinander in der Schulgemeinde entwickeln zu können. Einen entsprechenden, die Bedürfnisse der Schüler/innen achtenden, Rahmen zu schaffen ist daher eine konkrete Umsetzung der Kinderrechte. Fehlt dieser Raum, werden Kinderrechte verletzt.

Lehrkräfte – als Repräsentanten staatlichen Handelns – fungieren bei der Vermittlung der Kinderrechte als eine Art Rollenvorbild. Gelingt es, Demokratie und Menschenrechte glaubhaft als Chance und selbstverständlichen Bezugspunkt des Zusammenlebens in einer pluralen Gesellschaft zu vermitteln, werden Kinder und Jugendliche diese als selbstverständlichen Orientierungspunkt annehmen und dafür aktiv und selbstverantwortlich eintreten können. Daher ist es nötig, dass Lehrkräfte Gelegenheiten zur Partizipation anbieten und dies in der Haltung und im aktiven Verständnis der Kinder- und Menschenrechte tun. Dabei ist es hilfreich, wenn sich die Lernbegleiter im Verständnis der UN-KRK „zu Hause fühlen" und dadurch entsprechend selbstverständlich Bezugspunkte herstellen können.

Die 1989 verabschiedete UN-Kinderrechtskonvention vereint erstmals die politischen bürgerlichen Freiheitsrechte und die wirtschaftlichen, sozialen und kulturellen Rechte. Sie erkennt Kinder als Rechtssubjekte an und geht eindeutig über die Idee des (Kinder-)Schutzes hinaus. Getreu dem von Janusz Korczak formulierten Grundsatz: „das Kind wird nicht erst Mensch werden, es ist schon einer" (nach Maywald, 2010, S. 10) stellt die UN-KRK alles in den Fokus des Kindeswohls: „Bei allen Maßnahmen, die Kinder betreffen, gleichviel ob sie von öffentlichen oder privaten Einrichtungen der sozialen Fürsorge, Gerichten, Verwaltungsbehörden oder Gesetzgebungsorganen getroffen werden, ist das Wohl des Kindes ein Gesichtspunkt, der vorrangig zu berücksichtigen ist" (Artikel 3) und fordert entsprechend in Artikel 12 (Berücksichtigung des Kindeswillens):

„(1) Die Vertragsstaaten sichern dem Kind, das fähig ist, sich eine Meinung zu bilden, das Recht zu, diese Meinung in allen das Kind berührenden Angelegenheiten frei zu äußern, und berücksichtigen die Meinung des Kindes angemessen und entsprechend seinem Alter und seiner Reife.
(2) Zu diesem Zweck wird dem Kind insbesondere Gelegenheit gegeben, in allen das Kind berührenden Gerichts- und Verwaltungsverfahren entweder unmittelbar oder durch einen Vertreter (…) gehört zu werden." (National Coalition 2010, S. 22 und 25)

Insgesamt lassen sich vor allem drei verschiedene Rechtsbereiche wahrnehmen, die alle unter dem Vorbehalt des Kindeswohls zu betrachten sind und selbstverständlich alle miteinander zusammenhängen (Unteilbarkeit der Menschenrechte): das Recht auf Schutz, das Recht auf Beteiligung und Mitbestimmung sowie das Recht auf Förderung und Entwicklung.

Der Klassenrat entfaltet Bedeutung in allen drei Rechtsbereichen. Hierzu im Folgenden noch einige erläuternde Ausführungen.

1.1 Recht auf Schutz

Dazu gehört das Recht auf individuelle Selbstbestimmung, das Recht auf körperliche und seelische Unversehrtheit, das Recht auf Privatsphäre, Glaubens- und Gewissensfreiheit und Menschenwürde.

Der Klassenrat kann und sollte ein Ort sein, an dem Kinder und Jugendliche erleben können, dass sie und ihre Persönlichkeitsrechte ernst genommen werden, dass es wichtig ist, zu wissen, wie sie das Arbeitsklima, das Miteinander in der Klasse und in der Schulgemeinde wahrnehmen. Der Klassenrat macht deutlich, dass Kinder und Jugendliche Bedürfnisse, Wünsche und Sorgen haben, die sie artikulieren können und die von anderen aufgenommen, wahrgenommen und ernst genommen werden. Insofern ist der Klassenrat auch ein Ort, an dem die Schutzrechte der UN-KRK aktiv „beworben" und deutlich werden, etwa indem hier Raum dafür ist, dass Schülerinnen und Schüler von ihrem Kummer mit anderen, z. B. älteren Schüler/innen auf dem Schulhof, von Schwierigkeiten mit Lehrkräften und gegebenenfalls Missstimmungen in der Klasse berichten und dafür gemeinsam Lösungen finden können.

Gleichzeitig bieten die Schutzrechte der UN-KRK einen wesentlichen Bezugsrahmen dafür, was und wie Themen im Klassenrat bearbeitet werden können. Die Wahrung der Schutzrechte genießt dabei höchste Priorität. Konflikte zwischen einzelnen Schülerinnen und Schülern brauchen einen geschützten Rahmen und gehören nicht in den Klassenrat. Ebenso wenig ist die Beschäftigung mit einzelnen Personen, „die immer nerven", ein geeignetes Thema für den Klassenrat. Die den Klassenrat begleitenden Lehrkräfte sollen darauf achten, dass Verletzungen von Schutzrechten wahrgenommen, als solche erkannt, benannt und entsprechend bearbeitet werden.

1.2 Recht auf Beteiligung und Mitbestimmung

Dazu zählt die Berücksichtigung des Kindeswillens (Artikel 12), die Meinungs- und Informationsfreiheit (Artikel 13) sowie die Vereinigungs- und Versammlungsfreiheit (Artikel 15).

Die Bundesrepublik Deutschland hat zur Umsetzung der UN-KRK insbesondere in Bezug auf die Verwirklichung der Rechte auf Beteiligung und Mitbestimmung sehr konkrete Umsetzungsschritte entwickelt, in deren Bewusstsein der Klassenrat eingebettet und entsprechend begleitet werden sollte. Im Anschluss an die Ratifizierung der UN-Kinderrechtskonvention im Bundestag 1992 wurden die Beteiligungsrechte von Kindern und Jugendlichen im Kinder- und Jugendhilfegesetz (KJHG) entsprechend der UN-KRK gestärkt: Ausdrücklich heißt es in § 8: „Kinder und Jugendliche sind entsprechend ihrem Entwicklungsstand an allen sie betreffenden Entscheidungen der öffentlichen Jugendhilfe zu beteiligen" (Hessisches Sozialministerium 2006, S. 61). Durch die Hessische Gemeindeordnung und die Hessische Landkreisordnung vom 8. Juni 1998 sind Kinder und Jugendliche bei „Planungen und Vorhaben, die die Interessen von Kinder und Jugendlichen betreffen, in angemessener Weise (zu) beteiligen" (Hessisches Sozialministerium 2006, S. 62). Dies ist eine Soll- und keine Kann-Bestimmung(!), deren Anwendung sich z. B. immer ergibt, wenn Kinder- und Jugendeinrichtungen, Spielflächen, aber auch Fuß- und Radwege um- oder neugestaltet werden. Dies gilt insbesondere beim Neu- oder Umbau der Schule oder der die Schule umgebenden Außenflächen. Außerdem müssen die Gemeinden Beteiligungsformen (z. B. die Einrichtung eines Kinder- und Jugendparlaments oder gezielte Anhörungen in sogenannten Jugendforen) finden, mit denen sie sicherstellen, dass sie den in der Gemeinde lebenden Kindern und Jugendlichen „eine angemessene und frühzeitige Beteiligung an der Willensbildung in der Gemeinde einräumen, wenn ihre Interessen berührt sind" (Hessisches Sozialministerium 2006, S. 62).

Diese Beteiligungschancen, die u. a. Verantwortungsübernahme für das Gemeinwohl fördern, sind vielen Kindern und ihren Erziehungsberechtigten nicht bekannt. Aus diesem Grund bietet es sich an, im Klassenrat ganz selbstverständlich das bei den Kindern vielfach stark bestehende Interesse, sich an der Gestaltung ihrer Umgebung zu beteiligen, wahrzunehmen, zu fördern und die Kinder und Jugendlichen im Bewusstsein der UN-KRK in der Wahrnehmung ihrer Rechte zu unterstützen. Dies beginnt damit, dass Vorschläge zur Gestaltung des Schulhofs oder der Pause sowie Ideen, die zur Lösung von „Wir"-Problemen, wie z. B. „Gerangel" an den Fahrradständern oder die Gestaltung des Klassenraums, fester und geförderter Bestandteil der Tagesordnung von Klassenratssitzungen sein können und die die Klasse begleitenden Lehrkräfte bei der Einführung des Klassenrats entsprechend darauf achten, dass die Kinder und Jugendlichen ein Bewusstsein für diese Themen und ihre Beteiligungsrechte entwickeln können. Darüber hinaus kann Information über die vor Ort von der Gemeinde entwickelten Beteiligungsformen den Kindern helfen, sich ihre Beteiligungsräume zu erschließen. In vielen Fällen bietet sich dabei auch eine Kooperation mit den vor Ort die Kinder- und Jugendbeteiligung begleitenden außerschulischen Bildungsträgern und damit eine Öffnung und Vernetzung in den Stadtteil an.

1.3 Exkurs: Klassenrat und SV-Arbeit

Der Klassenrat als basisdemokratische Partizipationsform ergänzt die repräsentative Form der Schülervertretung in der Klasse und im Schülerrat bzw. Schülerparlament. Beide Formen sind wichtig, ergänzen und beflügeln einander. Damit beide Formen von der gesamten Schülerschaft aktiv erlebt und belebt werden können, sind Lehrkräfte gefragt, die die Schüler/innen darin unterstützen, Kompetenzen zu erwerben um ihre Rechte wahrnehmen zu können. Insofern stellt die Förderung der Demokratiekompetenz im Klassenrat eine konkrete Umsetzung der dritten Säule der Kinderrechte (Recht auf Förderung und Entwicklung) dar.

1.4 Recht auf Förderung und Entwicklung

„Der Klassenrat ist ein basisdemokratischer Ansatz, Partizipation in der Schule zu realisieren. Das Ziel ist dabei, *alle* Schülerinnen und Schüler in Planungs- und Entscheidungsfindungsprozesse einzubinden" (Student/Portmann 2007, S. 77). Das „alle" ist dabei u. a. auf der Folie der pluralen Gesellschaft und in einem aktiven Verständnis inklusiver Herangehensweisen zu denken. Für die Lehrkräfte in der den Klassenrat als Coach begleitenden Rolle bedeutet dies u. a. (Lern-)Gelegenheiten zu schaffen, damit jeder und jede sich gesehen und gefragt fühlt, und den Prozess der von den Schülerinnen und Schülern selbst gestalteten Klassenratssitzungen entsprechend zu reflektieren und zu begleiten. Dabei kann es hilfreich sein, im Blick zu behalten, wer welche Themen in den Klassenrat einbringt. Gibt es Schüler/innen, deren Anliegen im Klassenrat nie behandelt werden, die nie etwas einbringen? Haben die den Klassenrat gestaltenden Schüler/innen alle im Blick?

Schüler/innen, die gerne Verantwortung übernehmen und sich selbstbewusst in die Gestaltung von Entscheidungsfindungsprozessen einbringen, haben ein Recht darauf, eine inklusive, die Bedürfnisse aller wahrnehmende Haltung zu entwickeln. Dabei brauchen alle (Menschen) in der Regel Unterstützung. Coaches von Schülerbeteiligungsprozessen (Klassenrat und SV-Arbeit) sollten Kindern und Jugendlichen helfen, Ausschlussmechanismen kritisch wahrzunehmen und nach entsprechenden konstruktiven Handlungsoptionen zu suchen. Kompetenzen zum Perspektivwechsel (wie z. B. Dilemma-Dialoge) können dabei sehr hilfreich sein.

2. Klassenrat – Ein Erfolgsmodell in Hessen

Mit seinem Klassenratsprogramm setzt das Land Hessen die besondere Verantwortung von Schule um, Kindern und Jugendlichen Gelegenheiten zu bieten, demokratische Handlungskompetenzen zu entwickeln. Denn: „Niemand wird als Demokrat geboren. Wenn uns daran gelegen ist, eine funktionierende Demokratie zu erhalten, müssen wir dafür sorgen, dass Demokraten ‚nachwachsen', und die dafür notwendigen Kompetenzen müssen genauso erlernt werden wie die Kulturtechniken des Lesens, Schreibens und Rechnens." (Vgl. Bartels 2010, S. 36 f.)

Das Projekt des Hessischen Kultusministeriums „Gewaltprävention und Demokratielernen" (GuD) hat es sich seit dem Schuljahr 2008/2009 in besonderem Maße zur Aufgabe gemacht, Lehrkräfte in Hessen bei der Einführung und Implementierung des Klassenrats durch Fortbildung und Beratung zu unterstützen.[3] Alle Teilnehmerinnen und Teilnehmer der Fortbildungen erhalten ausgearbeitete Materialien zum Klassenrat mit Rollenkarten für die Schülerinnen und Schüler, einem Plakat für die Klasse, mehreren Kopiervorlagen und ein Plakat „Die Kinderrechte – kurz gefasst" unseres Kooperationspartners Makista.[4] Die Schule erhält zusätzlich Filme, die in drei verschiedenen Schulformen gedreht wurden und den Klassenrat in authentischen, lebendigen Bil-

---

[3] Eigens ausgebildete Trainerinnen entwickelten ein Fortbildungskonzept von 3x3 Stunden, das ab einer Teilnehmerzahl von 8 Kolleginnen und Kollegen schulintern durchgeführt wird. Die Fortbildungseinheiten begleiten und beraten die Lehrkräfte im Abstand von ca. 2-3 Monaten.

[4] Mehr im Anhang „Die Kinderrechte – kurz gefasst".

dern darstellen. Am Ende jeden Schuljahres haben Schulen, in denen der Klassenrat durchgeführt wird, die Gelegenheit, im Rahmen eines Bilanztages weitere Unterstützung zu bekommen, sich mit anderen Schulen auszutauschen und zu vernetzen. Finanziell unterstützt wurden die Schulen bis 2010 von der Heraeus Bildungsstiftung und in den Jahren 2011 und 2012 aus Mitteln des Xenos Programms Hessen.

2.1 Den Kindern das Wort geben

Die Klasse ist die kleinste soziale Einheit, in der Partizipation, Verantwortung und Beteiligung im sozialen Miteinander von Anfang an gelernt und Selbstwirksamkeit erfahren werden kann. Der Klassenrat ist ein basisdemokratischer Ansatz, der davon ausgeht, dass Kinder und Jugendliche in allen Bereichen, die das Miteinander in der Klasse und der Schule bestimmen, beteiligt sind und Verantwortung übernehmen. Das bezieht sich auf Vorhaben und Projekte, Regeln und Konflikte im Zusammenleben und -arbeiten ebenso wie auf unterrichtliche Inhalte.

Die Ursprünge des Klassenrats liegen in der Freinet-Pädagogik und der Individualpsychologie Alfred Adlers. Célestin Freinet (1896-1966) entwickelte ein Konzept, in dem nicht mehr ausschließlich Erwachsene bestimmten, was Kinder in der Schule zu interessieren habe, sondern gab seinen Schülerinnen und Schülern in wöchentlichen Unterrichtsversammlungen Gelegenheit zu Selbstorganisation und Eigenverantwortung.

In den 1920er Jahren hat insbesondere der Pädagoge und Psychologe Rudolf Dreikurs (1897-1972), basierend auf dem Menschenbild des Psychotherapeuten Alfred Adler (1870-1937), den Klassenrat an Wiener Schulen etabliert. Adler und Dreikurs gingen davon aus, dass der Klassenrat ein hervorragendes Verfahren sei, ein demokratisches Miteinander zu erreichen und dass es Kindern und Jugendlichen nur möglich sei, Verantwortung zu übernehmen, wenn ihr Selbstwertgefühl gestärkt wird und sie sich in der Gruppe Gleichaltriger geschätzt und angenommen fühlen.

2.2 Gelingensbedingungen und Struktur

Der Klassenrat braucht eine feste Struktur. Er findet einmal wöchentlich im Sitzkreis statt und wird von den Schülerinnen und Schülern eigenverantwortlich geleitet und durchgeführt. Die Themen werden im Laufe einer Woche gesammelt und können sich auf die Gestaltung und Organisation des Lernens und des Zusammenlebens in der Klasse oder der Schule beziehen, gemeinsame Aktivitäten und Vorhaben ansprechen, ebenso wie aktuelle Probleme und Konflikte. Auch die Lehrkraft kann als gleichberechtigte TeilnehmerIn der Klassengemeinschaft Themen einbringen. Im Klassenrat gibt es feste Ämter. Die Leitung, die Verantwortung für die Zeitstruktur, das Protokoll, die Rednerliste und der Regelwächter (Einhaltung der von den Schülerinnen und Schülern selbst entwickelten Regeln) werden von einzelnen Schülerinnen und Schülern übernommen und im Laufe eines Schuljahres in einem rotierenden, vorher einvernehmlich abgestimmten Verfahren weitergegeben.

In erster Linie soll der Klassenrat Schülerinnen und Schülern für ihre Anliegen und Wünsche, Probleme, Lösungen, sowie für Lob und den Austausch positiver Erfahrungen einen Raum geben. Er ist kein Ort zur Klärung von Konflikten zwischen zwei Kontrahenten und auch kein Ort, an dem Strafen ausgesprochen werden. Schülerinnen und Schüler finden gemeinsam Lösungen, die allen gerecht werden, für alle Beteiligten fair und tragbar sind und in einem demokratischen Aushandlungsprozess entschieden werden. Beschlüsse werden in einem Protokoll festgehalten, zu Beginn der nächsten Klassenratsstunde vorgelesen und überprüft. Bereits ab dem 1. Schuljahr können Kinder diese Aufgaben übernehmen, wenn sie langsam an demokratische Regeln und ein partizipatives Miteinander herangeführt werden. Für die Lehrkraft bedeutet dies in den Zeiten des Klassenrats eine veränderte bzw. erweiterte Rolle, sie muss Verantwortung für Entscheidungen abgeben und sich auf Dialog und Aushandlungsprozesse einlassen, auch wenn für sie die „richtige" Lösung auf der Hand zu liegen scheint; sie bleibt jedoch verantwortlich für die Gestaltung des Lern- und Erfahrungsraums und in besonderem Maße für das Recht auf Schutz des Einzelnen. So ist es Aufgabe der Lehrkraft, darauf zu achten, dass bei Konflikten im Klassenrat kein Tribunal entsteht. In der Phase der Einführung des Klassenrats unterstützt sie die Kinder und Jugendlichen dabei, ihre Ämter auszufüllen, übernimmt bei jüngeren Schülerinnen und Schülern zunächst noch die Leitung und gibt dann Schritt für Schritt Verantwortung ab, so dass diese von den Kindern und Jugendlichen übernommen werden kann. In der Anfangsphase ist es wichtig, methodische und kommunikative Kompetenzen zu schulen, die die selbstständige Durchführung des Klassenrates ermöglichen. Grundsätzlich hat die Lehrkraft eine Unterstützungs- und Vorbildfunktion.

2.3 Wirkung des Klassenrats: Evaluation und Erfolge

Die Qualifizierungsmaßnahme von GuD zum Klassenrat wurde zweifach evaluiert und ist die unserer Kenntnis nach bundesweit erste externe Evaluation zur Nachhaltigkeit des Klassenrats als Basis für den Aufbau weitergehender demokratischer Strukturen innerhalb der Schule. Das Fortbildungskonzept bezieht sich auf die im Hessischen Referenzrahmen beschriebenen Qualitätsbereiche „Schulkultur", „Ziele und Strategien der Qualitätsentwicklung" und „Ergebnisse und Wirkungen".

In einer ersten Befragungsrunde wurde die Einschätzung der Fortbildungsteilnehmerinnen und -teilnehmer zur Relevanz und zum Nutzen der Fortbildung ermittelt. Die Ergebnisse zeigen, dass die Fortbildungsreihe als sehr hilfreich für die eigene Qualifizierung eingeschätzt wird.[5]

Eine zweite Befragung im Dezember 2012 betrachtet die Umsetzung der vermittelten Inhalte im Unterricht der beteiligten Lehrkräfte sowie die Implementierung des Klassenrats in den Schulen und nimmt die Nachhaltigkeit der Fortbildungsreihe damit besonders in den Fokus. Befragt wurden 109 Lehrkräfte mit 2290 Schülerinnen und Schülern und dabei wurden folgende Fragestellungen untersucht:
1. Transfer in den Unterricht: Inwieweit konnten die Fortbildungsinhalte bereits in den Unterricht der beteiligten Lehrkräfte übernommen werden?

---

5   Der Evaluationsbericht ist auf der Homepage von GuD einzusehen und steht zum Download bereit: www.gud.bildung.hessen.de

2. Einrichtung des Klassenrates in der Schule: Wie schätzen die Schülerinnen und Schüler die Einrichtung des Klassenrates ein? Wie sehen das die Lehrkräfte dieser Schülerinnen und Schüler?
3. Implementierung in der Schule: Inwieweit wurde der Klassenrat in den Schulen der beteiligten Lehrkräfte bereits implementiert?

Ausgewählte Ergebnisse der Befragung

Implementierung in den Schulen
- Dem Konzept Klassenrat werden von fast allen Lehrkräften aller Schulformen positive Wirkungen auf die Schülerinnen und Schüler zugeschrieben, insbesondere auf das Gesprächsverhalten und auf deren Bereitschaft, Verantwortung zu übernehmen.
- 85 % der Lehrkräfte schätzen die Unterstützung durch die Schulleitung positiv ein.
- An weit über der Hälfte der befragten Schulen wurde die Einführung des Klassenrats in das Schulprogramm aufgenommen.

Durchführung und Bewertung des Klassenrats aus Sicht der Lehrpersonen und der Lernenden
- Der Klassenrat als demokratisches Instrument wird von allen Beteiligten mit sehr hoher Übereinstimmung als positiv wahrgenommen und hat eine hohe Bedeutung.
- Die inhaltlichen Möglichkeiten für partizipatorisch abgestimmte Vorhaben sowie zum Bearbeiten von Problemen und Konflikten wird sehr hoch eingeschätzt.
- Hohe Zustimmungs- und Übereinstimmungswerte zeigt das Einüben und Leben demokratischer Strukturen im Klassenrat.

Die Ergebnisse zeigen die Nachhaltigkeit der Fortbildungsmaßnahme und bestätigen die Struktur der Fortbildungsreihe, die neben den inhaltlichen Bausteinen einen hohen Beratungsanteil hat und damit die demokratieförderliche partizipative Haltung von Lehrkräften schult.

Zum Kontext und zur Praxis des Klassenrats hat das Landesschulamt Hessen die Publikation „Fragebögen zum Klassenrat" herausgegeben. Dort sind zudem die Ergebnisse der beschriebenen Befragung sowie Fragebögen zur Evaluation der Klassenrats-Praxis an der eigenen Schule abgedruckt. Die Fragebögen können von Lehrkräften eingesetzt werden, um eine zuverlässige Bestandsaufnahme zu machen, die das mit dem Klassenrat Erreichte bestätigt, aber auch aufzeigt, wo noch Handlungsbedarf besteht.[6]

Die Erfahrungen, Evaluationsergebnisse und Materialien zum Klassenrat in Hessen sind eine wichtige Quelle für die Verwirklichung der Kinderrechte im Bereich Partizipation und den begleitenden Reflexionsprozess. Denn an der Schule ist der Klassenrat nicht nur das Fundament für die Demokratie, sondern auch für die Kinderrechte insgesamt.

Literatur

Bartels, Hans-Peter 2010: Weil sich Demokratie nicht vererbt. Argumente für zusätzliche Anstrengungen beim Demokratielernen. In: Lange, Dirk/Himmelmann, Gerhard (Hrsg.): Demokratiedidaktik, Impulse für die Politische Bildung, S. 31-42.
Hessisches Sozialministerium 2006: Partizipation in Hessen, Wiesbaden.
Hessisches Kultusministerium, Landesschulamt und Lehrkräfteakademie (Hrsg.) 2013: Fragebögen zum Klassenrat, Wiesbaden.
HKM-Projekt „Gewaltprävention und Demokratielernen"/Serviceagentur „Ganztägig lernen" (Hrsg.) 2012: Das Mitmach-Set zum Klassenrat, Materialien für den Einstieg mit einer Klasse, Ausgabe für Hessen (Bestellung unter: www.derklassenrat.de).
Maywald, Jörg 2010: UN-Kinderrechtskonvention: Bilanz und Ausblick. In: Aus Politik und Zeitgeschichte 38, Beilage Kinderrechte.
National Coalition für die Umsetzung der UN-Kinderrechtskonvention in Deutschland 2010: Impulse für die dritte Dekade 2009-2019, Berlin.
Student, Sonja/Portmann, Rosemarie 2007: Der Klassenrat – Beteiligung und Mitverantwortung von Anfang an, in: Eikel, Angelika/de Haan, Gerhard (Hrsg.): Demokratische Partizipation in der Schule. Schwalbach/Ts.

---

6 Die Publikation kann beim Landesschulamt Hessen kostenlos bestellt werden und steht außerdem zum Download bereit: http://qualitaetsentwicklung.lsa.hessen.de

Jutta Gerbinski, Hannes Marb

Kinderrechte im Schul-Curriculum
Am Beispiel des Sportunterrichts

Die Gutenbergschule in Darmstadt-Eberstadt entwickelt sich seit 2010 zur Kinderrechte-Schule im hessischen Modellschulnetzwerk. Unter dem Dach der Kinderrechte wurden verschiedene Ansätze zur Partizipation und Gewaltprävention wie Soziales Lernen, Klassenräte, SV, Schülerparlament und Streitschlichter ganzheitlich zusammengefasst. Mit diesen die demokratische Schulkultur betreffenden Themen war bis dahin nur eine relativ kleine Gruppe des Kollegiums beschäftigt.

1. Vernetztes Lernen: Konsequent weitergedacht und alle haben mitgemacht

Ein Weg, mehr Kollegen in die Schulentwicklung zu Kinderrechten einzubeziehen, war die Einbindung der Kinderrechte in das Schulcurriculum und damit in alle Unterrichtsfächer. Die Aufnahme der Kinderrechte in den Hessischen Referenzrahmen Ende 2011 hat dieses Vorhaben bestärkt. In einer Fachleiterkonferenz wurden mittels „Mindmaps" in den einzelnen Klassenstufen Unterrichtsinhalte der verschiedenen Fächer benannt, bei denen ein direkter Bezug zu den Kinderrechten besteht – z. B. das Kennenlernen der Gebärdensprache als inklusives Prinzip (Ethik, Deutsch) und die Übersetzung der Kinderrechte in Gebärdensprache oder das szenische Handeln im Fremdsprachenunterricht.

Beispiel-Einheit im Englischunterricht

Die Kinder entwickeln Alltagsszenen, die die Kinderrechte beschreiben, als darstellendes Spiel. Nach dem partizipativen Prinzip können sie Gruppen bilden zu den Rechten, die ihnen besonders wichtig sind. Gemeinsam im Team denken sie sich eine Szene aus, die ein Kinderrecht kurz darstellt und „begreifbar" macht. Sie texten dazu in englischer Sprache und führen die Szenen anschließend mündlich und spielerisch vor. In der Einheit lernen alle Kinder die Kinderrechte kennen. Die Bedeutung der Kinderrechte wird exemplarisch an alltäglichen Situationen aus der Lebenswelt der Kinder und Jugendlichen deutlich gemacht. Darüber hinaus werden mehrere Kinderrechte sowie deren Grundprinzipien praktisch erlebbar, z. B. Partizipation und Eigenverantwortung, Spiel und Bewegung.

Auszug aus „Schulinternes Curriculum Gutenbergschule Darmstadt", Fach Englisch, Umsetzung des Modellschulthemas Kinderrechte in den einzelnen Jahrgängen:

Jg	Unterrichtseinheit Curriculum	Kinderrecht Nr.	Methode	Zusammenarbeit mit dem Fach	Wie erfolgt die Zusammenarbeit?
5	1. New school, new friends	4	• Steckbriefe gestalten: sich und andere vorstellen. • Redekette: sagen, was man tun/nicht tun kann (A: Can you *play hockey, Tim*? – Tim: Yes, I can. Can you sing a song, Tina? – Tina: No, I can't ...)	Deutsch Ethik	Einheit: Wer bin ich? Wer bist du? Zweisprachige Steckbriefe gestalten (1.-3. Schulwoche)
	2. A weekend at home	3	• Mindmaps: Über das Zuhause sprechen.		
	3. Sports and hobbies	5	• Partnergespräch: Mit einem Partner über Hobbys sprechen.		
6	1. What money can buy	3	• Umfrage: Where does your pocket money go?		
7	1. Island girl (bullying)	1	• Gedicht: (Billy doesn't like school really)	Deutsch	Naturlyrik: *Es weint in meinem Herzen* von Paul Verlaine

Um ein einheitliches und übersichtliches System zu gewinnen, entwickelte das Projektteam ein Raster, in das die einzelnen Fachbereiche ihre Bezüge zu den Kinderrechten eintragen konnten. Ziel dabei war es auch, dass unterschiedliche Inhalte nicht nur getrennt voneinander im Unterricht vermittelt, sondern auch fächerübergreifende Bezüge aufgezeigt werden. Das gibt den Kindern und Jugendlichen innerhalb eines Schuljahres die Chance, die Kinderrechte aus unterschiedlichen Perspektiven und in unterschiedlichen Fächern kennenzulernen und wahrzunehmen. An diesem Kinderrechte-Curriculum orientieren sich alle Fachlehrer im Rahmen ihrer Lehrtätigkeit. Für die Lehrkräfte schafft es Transparenz darüber, wo die Kinderrechte ausdrücklich thematisiert werden und wo ein beiläufiger Verweis auf ein bestimmtes Kinderrecht genügt.

2. Wissen, Fun and Run: Trendsport und Kinderrechte

Besonders deutlich und erfolgreich werden die Kinderrechte an der Gutenbergschule seit 2011 in Verbindung mit der Trendsportart „Parkour" vermittelt. Dabei wird deutlich, dass die SchülerInnen bei der Erarbeitung und Vermittlung der Kinderrechte selbst eine aktive Rolle haben und als Peers ihre Altersgenossen informieren und motivieren können.

Jeweils eine Realschulklasse aus Jahrgang 7 ist für ein Schuljahr unter dem Motto „Rent a Parkour – hol dir die Kinderrechte in deine Sportstunde" für diese Aktion zuständig. Kindergärten, Grund-, Förder- und weiterführende Schulen können die Mischung aus Bewegung und Kinderrechte-Wissen für ihre Sportstunde buchen. Entweder kommen die anderen Schulen dabei an die Gutenbergschule oder das Parkour-Team besucht die anderen Einrichtungen vor Ort.

2.1 Methodisch-didaktisch und auch praktisch

Der Aufbau und die Bewältigung des Parkours in Kleingruppen stehen immer im direkten Zusammenhang mit einem von zehn wichtigen Kinderrechten. Je nach Altersgruppe werden die zehn Stationen auf die Kinderrechte abgestimmt. Für lesefähige Kinder liegen an jeder Station entsprechende Arbeitsblätter aus. Zusammen mit den an der Station eingeteilten Schülerinnen und Schülern werden die Gäste über das Kinderrecht informiert, tauschen sich in ihrer Gruppe darüber aus und erarbeiten zusammen die Aufgabenstellung des Arbeitsblattes. Für Kindergartenkinder und Schulanfänger wird der Inhalt der Arbeitsblätter mündlich besprochen. Anschließend bewältigen alle die Station – auf dem eigenen sportlichen Niveau, manchmal als Gruppe gemeinsam, ein anderes Mal mit Hilfestellung der Gutenberg-SchülerInnen.

Durch die Wahl der Bewegungsaufgabe kann an jeder Station der Schwierigkeitsgrad weiter gesteigert werden. Hierdurch wird eine sehr starke Differenzierung gewährleistet. Alle haben die Möglichkeit auf ihrem Niveau die Station zu bewältigen. Das heisst zum Beispiel, dass man bei der Überwindung eines Kastens verschiedene Strategien anwenden kann (über den Kasten hüpfen, darüber klettern oder mit einem Armstütz seitlich am Kasten vorbei springen). Am Ende des Parkours erhält jedes Kind eine Karte mit der Kurzfassung der Kinderrechte und seinem Namen.

Ausgangspunkt des Kinderrechte-Parkours war der Wunsch der Schülerinnen und Schüler der Klasse R 7b, im Jahr 2011 am UNICEF-Wettbewerb „JuniorBotschafter für Kinderrechte" teilzunehmen. Die Erarbeitung der Kinderrechte im Unterricht war dabei die Grundlage für ihr Wissen und ihr Engagement. Geplant wurde das Projekt im Klassenrat. Da der Kinderrechte-Parkour nicht nur in der eigene Sporthalle angeboten wird, sondern auch an anderen Schulen, ist eine Modifikation und Anpassung der Stationen aufgrund des Materialangebots und des Alters der Kinder notwendig. Die Siebtklässler finden hierfür eigenständig, innovativ und flexibel Lösungen. Man muss es ihnen nur zutrauen! Durch die Weitergabe ihrer Kenntnisse und Erfahrungen an andere Kinder und Jugendliche verschiedener Altersgruppen vertiefen und ergänzen sie ihr eigenes Wissen: Sie lernen durch Lehren.

2.2 Lehrplan Sport – kreativ vor Ort

Der Lehrplan Sport in Hessen hat sich in den letzen Jahren wesentlich verändert. Neben dem Erlernen von Techniken sind kompetenzorientierte Bausteine hinzugekommen, die einen individuellen Zugang zu Bewegungsbereichen ermöglichen. Die Erarbeitung von Lösungen erfolgt aus Schülersicht und bietet optional Chancen einer größeren individuellen Unterstützung. Die Unterrichtseinheit „Parkour" kann durch den Lehrplan für das Fach Sport mit den Themenbereichen „Beim Turnen und in der Akrobatik gemeinsam und ver-

Kinderrechte im Schul-Curriculum

Kinderrechte spielerisch erfahren im Sport-Parkour

antwortungsbewusst handeln" oder „Bewegen an und mit Geräten" begründet werden. Der Themenbereich „An Geräten turnen" ist für die Sekundarstufe I der weiterführenden allgemeinbildenden Schulen des Landes Hessen verbindlich für die Klassenstufen 5 bis 10 vorgeschrieben.

2.3 Kapieren, evaluieren, weiter probieren

Seit Beginn der Aktion hatten zwei Realschulklassen der Gutenbergschule die Aufgabe, den Kinderrechte-Parkour an Grund- und Förderschulen sowie Kindergärten im Einzugsgebiet der Gutenbergschule anzubieten. Nach dem ersten Jahr kamen aufgrund des Erfolges nun auch Schulen dazu, die nicht aus Darmstadt oder der näheren Umgebung waren.

Befragungen der beiden Klassen haben ergeben, dass es allen riesige Freude bereitete, unterschiedlichen Gruppen Kinderrechte und Sport zu vermitteln. Von der persönlichen eigenen Entwicklung und fortschreitenden Sozialkompetenz der jungen Veranstalter konnten vor allem die Lehrkräfte berichten.

Das Projektteam Kinderrechte an der Gutenbergschule hat sich darauf verständigt, dass jedes Jahr eine Realschulklasse aus dem 7. Jahrgang diese Aktion betreut. Weiterhin wird jedes Schuljahr eine andere Sportlehrkraft das Projekt betreuen. Durch neue Schüler und eine neue Lehrkraft ist eine stetige Veränderung auf Grundlage des bis jetzt Erarbeiteten möglich, da neue Ideen und Erfahrungswerte in den Stationsaufbau und die Umsetzung einfließen. Bewährtes wird weitergegeben und lebendig gehalten.

Marianne Müller-Antoine, Sebastian Sedlmayr

JuniorBotschafter für Kinderrechte

Die UNICEF-JuniorBotschafter-Aktion für Kinderrechte ist eine der größten und nachhaltigsten zivilgesellschaftlichen Initiativen von Kindern und Jugendlichen für die Rechte der Kinder. Ins Leben gerufen wurde der Wettbewerb im Jahr 2002 von UNICEF Deutschland mit dem Ziel, eine Bewegung von Kindern und Jugendlichen zu initiieren. Diese sollten angeregt werden, sich mit ihren eigenen Rechten auseinanderzusetzen, sich selbst und andere Kinder und Jugendliche dafür stark zu machen und sich zugleich für Kinder in Not bei uns und in anderen Ländern der Welt zu engagieren.

Für UNICEF Deutschland sind alle Kinder und Jugendlichen, die sich für Kinderrechte einsetzen – einmalig oder dauerhaft – JuniorBotschafter/innen, kurz: JuBos. Als Peers wirken die aktiven JuBos nicht nur direkt und unmittelbar als Akteure sozialen Wandels in ihren eigenen Projekten und Kontexten, sondern sind zugleich immer auch Vorbilder oder Coaches für Gleichaltrige. Indem sie anderen etwas beibringen oder sie zum Mitmachen anregen, vertiefen sie ihr eigenes Wissen und Können, sie lernen durch Lehren. Im Sinne ihres Rechts auf Partizipation entscheiden die Kinder und Jugendlichen selbst, mit welchen Kinderrechte-Themen sie sich beschäftigen, wie ihre Aktionen aussehen oder welche Kinder sie unterstützen möchten. Das können benachteiligte Kinder und Jugendliche in der lokalen Umgebung oder Vereinen, Kinder in Deutschland oder in anderen Ländern sein.

Mit der Aktion möchte UNICEF sowohl die Rechte der Kinder in der Zielgruppe selbst stärken als auch in Schulen, Kommunen, in den Familien und einer breiten Öffentlichkeit bekannt machen und verwirklichen helfen. Die ehrenamtlichen UNICEF-Mitarbeiter/innen in den über 100 bundesweiten Gruppen, KiKA, der Kindersender von ARD und ZDF, die Zeitschrift GEOlino sowie der Verein Makista sind seit Beginn als Partner dabei.

Beim JuniorBotschafter handelt es sich von Anfang an um eine Mischung aus Beteiligungs- und Verantwortungslernen und damit um ein altersgerechtes

Hineinwachsen in eine menschenrechtsorientierte soziale Demokratie. Selbst ausgedachte Aktionen können junge Menschen so stark motivieren, dass sie aus eigener Überzeugung immer wieder aktiv werden. Aus jungen Kinderrechtsaktivisten und -aktivistinnen werden jugendliche und erwachsene Akteure, die sich für Kinderrechte einsetzen.

1. Wettbewerb, Preisverleihung und Partner

Der JuniorBotschafter-Wettbewerb wird immer zum Weltkindertag am 20. September gestartet und endet am 31. März des Folgejahres. Der Aufruf zur Teilnahme wird unterstützt durch ausgewählte Medien und Prominente. Die Unterstützung durch Medienpartner und Ehrenamtliche ist sehr hilfreich. Pro Jahr gehen rund 150 Einsendungen ein. Ungefähr die Hälfte der Kinder und Jugendlichen nehmen über ihre Klassenverbände teil, andere beteiligen sich als Einzelpersonen, als Freundesgruppen oder im Rahmen von Jugendgruppen oder -verbänden. Etwa 10 Prozent bewerben sich wiederholt. Indirekt werden mit der Aktion circa 25.000-30.000 Kinder und Jugendliche pro Jahr erreicht, von 2003 bis 2013 insgesamt ca. 300.000. Sie haben in den vergangenen zehn Jahren rund 644.000 Euro an Spenden für unterschiedliche Institutionen und Projekte gesammelt.

Seit 2008 gibt es den Sonderpreis „Kinderrechte in der Schule". Schulen, die sich nachhaltig für Kinderrechte einsetzen, werden für ihr Engagement ausgezeichnet, z. B. weil sie einen Kinderrechte-Tag oder eine Kinderrechte-Woche in ihren Lehrplan aufgenommen haben oder eine Gruppe aus Schüler/innen und/oder Lehrer/innen kontinuierlich die Kinderrechte im Schulalltag umsetzt. Seit 2011 wird der Online-Publikumspreis „younicef-Preis" verliehen. An der Abstimmung haben bisher 10.000 Kinder und Erwachsene teilgenommen.

Eine 16-köpfige Jury trifft die Entscheidung über die Gewinner/innen des Haupt-Wettbewerbs und der Sonderpreise. Die Jury setzt sich zusammen aus acht Jugendlichen (z. B. ehemalige Gewinner, Mitglieder des UNICEF-Junior-Teams) und acht Erwachsenen (Kinderrechtsexperten und -expertinnen, Medienvertretern und Partnern). Nach der Jurysitzung werden alle Teilnehmenden informiert und zur Preisverleihung in die Frankfurter Paulskirche eingeladen. Die Gewinne variieren von Jahr zu Jahr. Die Wettbewerbs-Gewinner der letzten drei Jahre werden in das JuniorTeam eingeladen und können dort UNICEF bei der Kinder- und Jugendarbeit beraten.

2. Wer sind die JuniorBotschafter?

Alle Kinder und Jugendlichen unter 18 Jahren, die sich für die Kinderrechte einsetzen, können JuniorBotschafter sein:
- allein, als Gruppe, in der Klasse, in der Schule, in der UNICEF-Arbeitsgruppe;
- im Rahmen von Läufen/Schwimmen, Chor-Aktionen;
- oder für eine andere Kinderorganisation in Deutschland oder weltweit.

Die Kinder und Jugendlichen können sich im Internet auf www.juniorbotschafter.de bzw. über www.younicef.de oder per Post anmelden. Als Startpaket für ihre Aktionen erhalten sie dann Faltblätter, Poster und Buttons sowie Informationsmaterial. Mit der Anmeldung im Internet können sie auch den Younicef-Newsletter per Mail abonnieren, so dass sie regelmäßig Infos rund um die Kinderrechte und interessante Aktivitäten erhalten. Mit der anschließenden Einsendung einer (möglichst informativen und kreativen) Dokumentation der JuniorBotschafter-Aktion nimmt man offiziell am Wettbewerb teil. Die Auswahlkriterien für die Jury können auf der o. g. Webseite eingesehen werden.

3. Was machen JuniorBotschafter?

Es bewerben sich Einzelkinder, Gruppen und Vereine, einzelne Klassen oder sogar ganze Schulen und Kindergärten. Die Aktionen sind ebenso vielfältig wie die Art der Dokumentation: Eingesandt wurden bisher Radiosendungen, Theaterstücke, Hörspiele, selbst erstellte Brett- und Computerspiele, Zeitungen, Vorträge, selbst geschriebene Bücher oder Liedtexte, Dokumentationen über Benefiz-Sportaktionen und Konzerte, Kurzfilme, Comics, Kochbücher, Kalender, Fahnen, selbst gebastelte Gegenstände wie Traumfänger, Holzmännchen, Armbänder, Spielzeug aus Müll, Papiervögel, Glücksbringer und vieles mehr. Die Themen, mit denen sich die Kinder beschäftigen, sind sehr vielschichtig: Bildung, Wasser, Beteiligung, Armut, Kinderarbeit, Kinderhandel, Kinderprostitution, Kindersoldaten, Gewalt, AIDS, Mädchen, Malaria, Nothilfe, Straßenkinder, Kinderrechte allgemein. Die JuniorBotschafter leisten Informationsarbeit und/oder kombinieren sie mit Spendenaktionen (für UNICEF oder für andere Kinderrechtsorganisationen). Sie bemühen sich, auch die Öffentlichkeit (Mitschüler, Eltern, Presse) einzubeziehen, damit möglichst viele Menschen mehr über die Situation und die Rechte der Kinder weltweit erfahren. Interessante JuniorBotschafter-Aktionen können Sie im Internet ansehen unter www.younicef.de/gewinner.html und www.younicef.de/news.html.

4. Eine beispielhafte Aktion

Linn Marie Schütze und Kira Lena Zerwer besuchen das Friedrich-Ebert-Gymnasium in Hamburg-Heimfeld. Die beiden Freundinnen wollten möglichst vielen Menschen die Augen für das Recht auf Bildung öffnen und initiierten Projekttage für jüngere Schüler der fünften und sechsten Klassen. Im Mittelpunkt ihrer Aktion stand die Lebenssituation der Kinder in Afrika, die beim Recht auf Bildung besonders benachteiligt sind. „Wir wollten Kinder für Kinderrechte stark machen unter dem Motto ‚Spendet Bildung. Öffnet die Augen. Helft mit'", schreiben die beiden. Auch die Erwachsenen zu erreichen, stellte sich anfangs etwas schwierig dar. Die beiden Schülerinnen spürten Vorurteile und Misstrauen bei den Lehrkräften und wurden oft gefragt, ob sie überhaupt wüssten, was sie da tun. Ihr Engagement und ihr Wissen steckten jedoch auch die letzten Zweifler an der Schule an. Nach vielen Gesprächen mit dem Schulleiter erhielten sie die nötigen Unterrichtsbefreiungen und Genehmigungen für die Projekttage mit sieben der fünften und sechsten Klassen – und das, obwohl eigentlich Prüfungen anstanden. Linn Marie und Kira Lena wollten ihre Mitschüler nicht mit einem Vortrag und Frontalunterricht langweilen, sondern kreativ, musikalisch und sportlich an die Kinderrechte herangehen. Sie gestalteten Schulstunden, schrieben Songs, bereiteten Arbeitsblätter vor und entwickelten sogar einen Film. Aus dem Lied von Tim Bendzko „Nur

JuniorBotschafter für Kinderrechte 141

Die JuniorBotschafterinnen 2012 Linn Marie und Kira Lena in der Paulskirche

noch kurz die Welt retten" wurde „Ich habe schließlich auch Rechte". Um den Kindern die Kultur Afrikas näherzubringen, studierten die Schülerinnen und Schüler afrikanische Tänze ein oder lernten afrikanische Musikinstrumente kennen. Höhepunkt der Aktion war ein Tag der offenen Tür, an dem die erarbeiteten Werke wie zum Beispiel selbstgeknüpfte Bänder mit den Kinderrechten ausgestellt und gegen Spende verkauft wurden.

Der JuniorBotschafter-Jury hat besonders gut gefallen, dass Linn Marie und Kira Lena eigeninitiativ andere mit ihrer Begeisterung für die Kinderrechte angesteckt haben. Sie hatten ihre Aktion kindgerecht und kreativ umgesetzt und sich viele Gedanken darüber gemacht, wie sie die Brücke zwischen Kindern in Deutschland und Kindern in Afrika schlagen. Die anfänglichen Widerstände bei den Lehrern überwanden sie durch ihr überzeugendes Engagement und ihre Beharrlichkeit und machten damit die Projekttage zu einem großen Erfolg an der Schule. Die beiden Mädchen gewannen den ersten Platz des UNICEF JuniorBotschafter Wettbewerbs 2012.

Die Preisträger 2013

Platz 1: Die SchokoFair AG der Montessori-Hauptschule in Düsseldorf/Nordrhein-Westfalen setzt sich gegen Kinderarbeit auf Kakaoplantagen ein. Mit verschiedenen Aktionen machen die Schülerinnen und Schüler auf die Ausbeutung von Kindern bei der Kakaoernte aufmerksam, die nach Angaben von SchokoFair mit nur zwei Cent Aufpreis pro Schokolade verhindert werden könnte.

Platz 2: Ohne sauberes Trinkwasser verkürzt sich das Leben von Kindern weltweit. Das haben die Schülerinnen und Schüler der Lietzensee-Schule in Berlin anhand von Lebensfäden aus Wolle dargestellt. Sie haben Menschen über Wasserprobleme und Kinderrechtsverletzungen weltweit informiert.

Platz 3: Antonia Mümken (14) und Mara Hülsdünker (14) aus Dorsten/Nordrhein-Westfalen haben Knopfarmbänder verkauft, mit denen sie den Zusammenhalt zwischen allen Kindern weltweit symbolisierten. Auf angehängten Denkzetteln waren Geschichten von Kindern weltweit zu lesen. Die eingenommenen Spenden kamen Projekten gegen Kinderarbeit in Indien zugute.

Platz 4: Die Jungredakteure der Kinder- und Jugendzeitschrift „Körnerstraße 77" des „Kölner Appell gegen Rassismus e.V."/Nordrhein-Westfalen schreiben über ihren Alltag in Deutschland, ihre Belange und Nöte. In jedem Heft wird, neben einem Schwerpunktthema, auch ein Kinderrecht thematisiert.

Platz 5: Die Kinder der „Kunst und Kultur Garage" in Ingolstadt/Bayern haben sich mit der Lebenssituation von Kindern weltweit beschäftigt und festgestellt, dass sie bisher in ihrem Leben viel „Schwein" hatten. Deshalb malten sie Bilder mit Schweinegesichtern und sammelten mit gebastelten Sparschweinen Geld für Kinder, denen es nicht so gut geht wie ihnen selbst.

Sonderpreis „Kinderrechte in der Schule": Die Waldhausschule (private Schule für Erziehungshilfe) ist seit vielen Jahren aktiv für UNICEF und die Kinderrechte. Die Jugendlichen haben u.a. im Projekt „Mitsprache konkret" die „Waldhaus-Kinderrechte" entwickelt. Die Waldhausschule hat außerdem eine eigene UNICEF-AG, die sich mit vielen kreativen Aktionen immer wieder für die Kinderrechte einsetzt.

Sonderpreis „Wir laufen für UNICEF": Die Schülerinnen und Schüler der Löwenzahn Grundschule in Großpösna/Sachsen recherchierten im Schulunterricht über das Leben von Gleichaltrigen weltweit. Bei einem anschließenden

> Spendenlauf erliefen die Mädchen und Jungen 1.395 Euro und spendeten das Geld an UNICEF-Projekte in Afrika.
>
> Sonderpreis „Ganz Chor für UNICEF" und gleichzeitig Sieger des Online-Votings (younicef-Preis): Die Sängerinnen und Sänger des Kinderchors „Die Ohrwürmer" aus Hirschberg an der Bergstraße/Baden-Württemberg haben das Musical „Echte Kinderrechte" geschrieben, umgesetzt und aufgeführt.

5. JuniorTeam

Viele ehemalige Teilnehmerinnen und Teilnehmer der JuniorBotschafter-Wettbewerbe setzen sich auch weiterhin nachhaltig für die Kinder dieser Welt ein. Viele arbeiten in den lokalen UNICEF-Gruppen mit, bilden Jugendgruppen und geben ihr Wissen und ihre Ideen in ihren Schulen und in der Öffentlichkeit weiter. Eine Gruppe von bis zu 30 JuniorBotschaftern bildet das bundesweite JuniorTeam. Sie sind zwischen zehn und 18 Jahren alt und haben sich über einen längeren Zeitraum für die Rechte von Kindern in Deutschland oder in anderen Ländern engagiert – zum Beispiel durch ihre Teilnahme am JuniorBotschafter-Wettbewerb. UNICEF Deutschland spricht die Gewinner an, ob sie Interesse an einer kontinuierlichen Mitarbeit haben. Das JuniorTeam unterstützt die Kinderrechte- und Medienarbeit von UNICEF Deutschland. Es trifft sich zwei Mal im Jahr, um sich auszutauschen, neue Aktionen zu planen und um z. B. bei der Gestaltung der Jugendseite www.younicef.de mitzumachen. Dafür schreiben die JuniorBotschafter u. a. inhaltliche Beiträge, machen Umfragen zum Thema Kinderrechte und vernetzen sich auch online in ihren sozialen Netzwerken. Das Frühjahrs-Treffen ist mit der Teilnahme an der Jury-Sitzung für die Auswahl der Wettbewerbsgewinner verknüpft. Nähere Infos finden Sie im Internet unter http://www.younicef.de/juniorteam.html.

6. Kinder und Jugendliche wollen selbst gestalten

Weil sie sich für die Situation ihrer Altersgenossen in anderen Ländern interessieren und sehr empfänglich sind für Ungerechtigkeit, nutzen Kinder und Jugendliche in ganz Deutschland seit Jahren das niederschwellige Angebot und den gestalterischen Freiraum, den ihnen das JuniorBotschafter-Programm bietet. Es gibt den Schülerinnen und Schülern die Chance, sich für benachteiligte Kinder in Deutschland und weltweit zu engagieren. Sie erschließen sich damit ein großes Lernfeld, in dem sie sich weitgehend selbstbestimmt bewegen können. Beim Organisieren großer Veranstaltungen, bei der Anwendung demokratischer Spielregeln, bei der Übernahme von Leitungsaufgaben und auch bei der pädagogischen Arbeit mit Kindern und Jugendlichen können die JuniorBotschafter viele Kenntnisse und Fähigkeiten erwerben, die sie normalerweise viel später entwickeln würden.

Eine große Rolle für die Entfaltung ihrer Kompetenzen spielen dabei die Rahmenbedingungen. Das wird auch in der Studie der Technischen Universität Dortmund mit dem Deutschen Jugendinstitut „Informelle Lernprozesse im Jugendalter in Settings des freiwilligen Engagements 2003-2007" betont (vgl. Düx 2012). So ist die Freiwilligkeit eine wichtige Voraussetzung für eine hohe Lernmotivation und das Interesse der Kinder und Jugendlichen. Die Gleichaltrigengruppe spielt eine bedeutende Rolle und die Freude an der Tätigkeit fördert diese in besonderem Maße. Kinder und Jugendlichen benötigen Freiräume und Gestaltungsspielräume zum Ausprobieren, zum Mitbestimmen und Selbst-Organisieren. Demokratische Beteiligungsformen werden durch gemeinsame Entscheidungsprozesse eingeübt. Das so genannte Erfahrungslernen (learning by doing) bietet die Gelegenheit, Handeln und Lernen, anders als (meistens) in der Schule, eng zu verknüpfen.

„(...) ist freiwilliges Engagement für Heranwachsende häufig die erste Gelegenheit, sich in konkreten Situationen handelnd zu erfahren und zu bewähren. Gelernt wird in der Tätigkeit, durch die Tätigkeit und für die Tätigkeit." (Düx 2012, S. 32)

7. Ausblick

In den nächsten Jahren soll die JuniorBotschafter-Akion verstärkt in alle Bundesländer getragen und damit in ganz Deutschland verankert werden. Der JuniorBotschafter-Gipfel 2013 anlässlich des 10-jährigen Jubiläums der Aktion hat dabei bereits einen Maßstab gesetzt: Kinder- und Jugenddelegationen aus allen 16 Bundesländern haben ihre Projekte und Aktivitäten in einer Ausstellung und in Workshops dargestellt. Ihre Arbeit wurde im Namen der Kultusministerkonferenz durch den Hessischen Staatssekretär Lorz offiziell gewürdigt und alle Kultusminister haben ihren Delegationen ausdrücklich gratuliert. Ein gutes Zeichen für die länderübergreifende Verankerung dieser wichtigen zivilgesellschaftlichen Initiative von Kindern und Jugendlichen für die Kinderrechte in den nächsten zehn Jahren.

**Interview mit der JuniorBotschafterin Jana Hill
(Fragen: Marianne Müller-Antoine)**

Wie bist du auf die Idee gekommen, dich für Kinder in Not zu engagieren?
Seit ich mich erinnern kann, habe ich mich für fremde Länder und Kulturen begeistert. Als ich älter wurde, musste ich irgendwann feststellen, dass es nicht allen Kindern auf unserer Welt so gut geht wie mir. Diese Erkenntnis hat mich schließlich dazu ermutigt, mich für den Schutz und die Verwirklichung von Kinderrechten einzusetzen.

Wie alt warst du damals und wie alt bist du heute?
Als ich angefangen habe, mich für UNICEF zu engagieren, war ich gerade zwölf geworden; heute bin ich achtzehn Jahre alt.

Was hast du zuerst gemacht? Wie hast du angefangen?
Mein erstes Projekt habe ich an meinem zwölften Geburtstag begonnen: Ich hatte schon vorher vom UNICEF JuniorBotschafter Wettbewerb gehört und beschlossen, daran teilzunehmen. Da kam es mir gerade recht, dass ich ansonsten keine gute Idee hatte, wie ich meinen Geburtstag feiern sollte. So habe ich kurzerhand ein paar Freundinnen eingeladen und wir haben unser erstes eigenes Projekt gestartet. Dafür haben wir kleine bunte Papiervögel gebastelt und zugunsten der UNICEF Kampagne „Schulen für Afrika" verkauft. 2008 wurden wir mit dem fünften Platz beim UNICEF JuniorBotschafter Wettbewerb belohnt.

Erinnerst du dich an dein erstes oder wichtigstes politisches/soziales Erlebnis? Wie war das?

In den Jahren 2009 und 2012 hatte ich die tolle Möglichkeit, mit einer Arbeitsgemeinschaft meiner Schule nach Brasilien zu fliegen, um dort soziale Projekte vor Ort aktiv zu unterstützen. Diese beiden Reisen waren unglaublich inspirierend für mich und ich habe wertvolle Erfahrungen gesammelt, die mich auch heute noch in meinem Engagement bestärken!

Wie hat sich deine Einstellung im Laufe der Zeit geändert?

Als Kind ist man doch ein bisschen naiver: Man sieht hungernde Kinder im Fernsehen, die nicht zur Schule gehen können, und möchte helfen. Ich dachte damals, wenn ich mit meinen Aktionen nur genug Geld einnehme, könnte ich all diesen Kindern helfen. Heute sehe ich das Ganze viel realistischer: Natürlich können wir mit unserem Engagement viel bewirken, aber Spenden sammeln allein reicht nicht aus, um Armut und Leid aus der Welt zu schaffen. Die Ursachen und Sachzusammenhänge sind in Wahrheit viel komplexer, als man es als Kind wahrnimmt, und es fallen viele Probleme an, die man sich gar nicht vorstellen kann. Rückblickend muss ich aber sagen, dass gerade diese kindliche Sicht auf die Dinge bei mir dafür gesorgt hat, dass ich mich nie habe entmutigen lassen.

Was hast du als JuniorBotschafterin gelernt?

Eine ganze Menge. Vor allem aber habe ich gelernt, offen auf Menschen zuzugehen und mich für aktiv für die Dinge einzusetzen, die mir am Herzen liegen. Man braucht sehr viel Ausdauer und Durchhaltevermögen, um eine erfolgreiche Aktion auf die Beine zu stellen. Aber es lohnt sich auf jeden Fall, wenn man sieht, was man alles erreichen kann!

Literatur

Düx, Wiebken 2012: Lernen im Ehrenamt, Welche Kompetenzen Jugendliche durch freiwilliges Engagement erwerben – und wie sich die vielfältigen Bildungspotenziale optimal entfalten. In: DJI Impulse 4/2012, S. 30-32.

Rüdiger Steiner

Kinderrechte und Kunsterleben

Kunst und Kreativität sind für die ganzheitliche Entwicklung der kindlichen Persönlichkeit wesentlich und wurden deshalb in die UN-Kinderrechtskonvention aufgenommen (Art. 31). Sie ermöglichen ein ganzheitliches und sinnliches Entdecken, Ausprobieren, Erfahren, Lernen und Mitgestalten, wodurch Kinder eine bewusste Wahrnehmung und eigenverantwortliches Handeln lernen. Sie erleben dabei einen Freiraum ohne vorgegebenes Ziel, ohne Bewertung, erleben einen Schaffensprozess von der eigenen Idee zur eigenen Form zur eigenen Gestalt – und dafür bietet Kunst eine vielseitige Palette. Wenn Farben sich zu einem Bild zusammenfügen, wenn ein Stück Ton in den eigenen Händen zu einer Figur wird, wenn Holzteile zu einer Brücke verbunden werden, wenn Natur- oder Alltagsmaterialien zu einer Bild-Collage zusammenwachsen, wenn der eigene Körper die Rolle eines Löwen oder eines Schmetterlings spielt o. Ä., dann wird eine besondere Wirkung und Stärkung der eigenen Fähigkeiten erlebt. Kinderrechte über künstlerische Methoden für Kinder selbst erlebbar, begreifbar und gestaltbar zu machen, bedeutet ein Heranführen an die eigene Würde und an die eigenen Ausdrucksmöglichkeiten dafür. Was kann ein Kind von diesem unverständlichen Begriff „Recht" verstehen? Was kann entstehen, wenn Kinder ein Bewusstsein davon haben? Wie kann es seine Würde „lernen"? Lernen, dass es selbst wichtig ist, wie es ist und mit dem, was es kann?

1. Kindern Unterstützung geben beim Erleben von Kreativität

Spielerische und kreative Herausforderungen können Kinder zu eigenen und ungewohnten Lösungswegen führen. So machen sie grundlegende Erfahrungen mit sich selbst und für sich selbst, die sie bei der Gestaltung der Gegenwart sowie einer noch entstehenden Zukunft ermutigen und stärken. Dabei brauchen sie die größtmögliche Unterstützung von uns Erwachsenen; das ist das Motto bei meinen Projekten zu Kinderrechten und Kunst. Kinder werden an einen kreativen Prozess herangeführt, mit dem sie ihre Bedürfnisse verstehen und in der Gemeinschaft formulieren lernen. Dabei ist das Erleben von Kreativität und Kunst auf verschiedenen Ebenen gemeint: das Arbeiten mit bildlichem, plastischem Material genauso wie das Einbringen in eine Situation im Miteinander in der Schule, zu Hause, mit FreundInnen oder eine Planung der räumlichen Gestaltung des eigenen Zimmers, der Klassenräume oder Schulwege. Alle unsere Aufgaben in der Welt brauchen eine Auseinandersetzung mit ihrer Gestaltung, sei es als Kunstobjekt, Mode, Möbel, als Schulordnung oder als Verfassung eines Staates. Durch die Verbindung von Kunst mit Kinderrechten lernen Kinder diese Bandbreite von künstlerischer bis demokratischer Gestaltung.

Diese notwendige Unterstützung in der kindlichen Entwicklung beschreiben Gerald Hüther und Uli Hauser in ihrem Buch „Jedes Kind ist hochbegabt":

„Bekämen Kinder häufiger die Gelegenheit, sinnliche Erfahrungen zu machen, um zu spüren, was sie selbst bewegen, bauen und gestalten können, würde kein Kind seine Freude und seine Lust am eigenen Gestalten und Mitgestalten seiner Lebenswelt verlieren (…). Dazu aber müssen Kinder und Jugendliche die Erfahrung machen, dass sie im echten Leben wirklich gebraucht werden. Dass es auf sie ankommt. Auf ihre Kreativität bei der Suche nach neuen Lösungen, auf ihren persönlichen Einsatz bei der Umsetzung guter Ideen, auf ihre Mitwirkung im Alltag." (Hauser/Hüther 2012, S. 141 f.)

Dieses Ernst-genommen-Werden bei der Mitgestaltung ist ein Kinderrecht, mit dem die Verantwortung für die Zukunft der jeweils nächsten Generation gelernt und bewahrt wird. Zukunft bedeutet immer etwas Neues, und Zukunft gestalten heißt, sich darauf einzulassen. Das ist ein natürlicher Prozess für alles Lebendige, also auch für die persönliche und gesellschaftliche Entwicklung von uns Menschen. Die Kindheit bietet in unserem modernen Verständnis einen geschützten Erfahrungsraum, um diese Prozesse der Veränderung im eigenen Wachsen und im eigenen Entdecken der Welt mit dem eigenen Tempo und dem eigenen Erleben wahrnehmen zu können. In dieser Wahrnehmung hat das Künstlerische, Spielerische und Kreative einen besonderen Stellenwert. Ob mit Material und Farbe, ob mit Klängen und Bewegung, ob mit Sprache und Darstellung – im Ausprobieren dieser Mittel begreifen Kinder im wörtlichen Sinne; und das dabei Erlebte geben sie zurück in einer eigenen Sprache. Sie beginnen eine Kommunikation mit sich selbst, mit der Umgebung, mit einem Gegenüber oder mit einer Gruppe. Dieser kommunikative und soziale Aspekt der Kunst wurde von dem Künstler Joseph Beuys als erweiterter Kunstbegriff formuliert:

„Ich gehe davon aus, dass prinzipiell jeder Mensch ein Künstler dann ist, wenn man den Kunstbegriff, mit dem man arbeitet, so stark erweitert, dass er praktisch den Selbstbestimmungsprozess und den Denkprozess einschließt, den ja jeder Mensch hat. (...) Eine Gesellschaftsordnung wie eine Plastik zu formen, das ist meine und die Aufgabe der Kunst." (Beuys, zitiert nach: Krenkers 1996, S. 8)

Kreativität ist grundsätzlich eine Bejahung des Lebens und seiner Herausforderungen. Sie ist die Grundlage dafür, mit Veränderungen umzugehen, wenn sie nicht selbst Auslöser dafür ist. Und das müssen Kinder lernen, um ihr Leben später verantwortlich in die Hand zu nehmen und sich selbstbewusst anderen anvertrauen zu können.

2. Die künstlerische Projektarbeit am Beispiel der „Himmelsleitern für Kinderrechte"

Im Jahr 2004 habe ich in Kooperation mit dem Verein Makista das Projekt „Himmelsleitern für Kinderrechte" während einer Ferienaktion auf dem Merianplatz in Frankfurt ins Leben gerufen. Ziel der Aktion war es, Kindern mit einem ganzheitlichen kreativen Ansatz ihre Rechte bewusst zu machen und sie zu einer Umsetzung in ihrem Alltag zu ermutigen. Unsere Idee dabei war und ist, dass jedes Kind dazu beitragen kann, dass die Kinderrechte vom Himmel der Visionen auf die Erde gebracht werden. Die biblische Geschichte von Jakobs Traumvision, in der Engel auf einer Himmelsleiter auf- und niedersteigen, kann dabei thematisiert werden. Die Auseinandersetzung mit einer Gerechtig-

So verschieden wie die Kinder sind auch die Sprossen der Himmelsleiter

keit, die als höhere Instanz das menschliche Zusammenleben bestimmt, kann damit kindgerecht in einem ethischen Zusammenhang vermittelt werden.

Für die Himmelsleitern gestaltet jedes Kind eine Holzsprosse für eine Strickleiter mit einem Kinderrecht, das ihm besonders am Herzen liegt. Sinnvoll sind dabei Zweiergruppen, um die eigenen Ideen auszutauschen, Anregungen zu bekommen und sich gegenseitig bei der Arbeit zu helfen. Alle Sprossen werden zu einer Himmelsleiter zusammengeknotet und wenn möglich an öffentlichen Orten angebracht, wo sie von vielen Menschen wahrgenommen werden können. Das kann die Eingangshalle der Schule sein, das örtliche Rathaus, ein Studienseminar, eine Bibliothek oder sonstige öffentliche Orte. Wenn die Leitern aufgehängt werden, erklären die Kinder, welche Rechte sie dargestellt und warum sie gerade diese ausgesucht haben. Dazu laden die jeweiligen Projektpartner oft die Schulleitung, den oder die BürgermeisterIn oder sonstige Amtsinhaber ein, damit sie direkt die Meinungen und Wünsche der Kinder erfahren. Mittlerweile haben einige Hundert Kinder aus Schulen, Kindergärten und Vereinen den Himmelsleitern ihre Wünsche zu den Kinderrechten anvertraut.

In meinen Projekten mit Kindern zu Kinderrechten lesen wir zuerst gemeinsam eine Kurzfassung der Kinderrechte und die Kinder erklären mit eigenen Worten und Beispielen, wie sie diese verstehen. Das ist immer wieder sehr anregend und eröffnet den Kindern eine Möglichkeit, eigene Erfahrungen zu Kinderrechten und zu von ihnen als ungerecht erlebten Situationen zu formulieren. Je nach Projektdauer zeichnen die Kinder dann einzeln ein Kinderrecht, das sie beim Lesen und Besprechen am meisten angesprochen hat, oder einen eigenen Wunsch. Bei halbtägigen Projekten ist meistens keine Zeit für dieses Zeichnen und es geht gleich an die Gestaltung einer Sprosse.

Zuerst erkläre ich die Werkzeuge, da nicht alle Kinder damit vertraut sind: Laubsägen, Feinsägen, Hämmer, Raspeln, Feilen, Bohrer, Heißklebepistole, kleine Schraubzwingen, Zangen, Scheren. Besonders die Heißklebepistole, die ein fast unverzichtbares Werkzeug bei dieser Arbeit ist, muss in der Handhabung vorgeführt werden. Ich lasse die Kinder die Werkzeuge nach Möglichkeit selbstständig verwenden, damit sie forschend entdecken können, was sie damit machen können. Wenn sie selbst um Hilfe bitten oder man ihnen die Handhabung erleichtern kann, gebe ich ihnen technische Tipps. Dabei vermeide ich möglichst, etwas für sie fertig zu machen, weil es ganz wichtig ist, dass sie das, was sie mit dem eigenen Können schaffen, auch erleben, annehmen und verstehen lernen.

Ich bringe immer viele Kisten voller Materialien mit, die im Raum verteilt stehen. Aus diesen Kisten können die Kinder sich aussuchen, was sie für ihre Idee brauchen oder was sie zu einer Idee anregt. Die Vielfalt des Materials ist wichtig, da dadurch für alle unterschiedlichen Fähigkeiten und Vorlieben etwas dabei ist. Als Material kann verwendet werden: Modelliermaterial, Knetmasse, Holzreste, Schaumstoff, Spülschwämme, Kleinteile, Dekomaterial, Pappe, Pappmaterial (z. B. Eierkartons, Klopapierrollen usw.), Draht, Pfeifenreiniger, Zwiebel- und Apfelsinennetze, Bindfaden, Wolle, Schnur, Korken, Schlauchreste, Stoffreste, Strohhalme, Styropor in Kleinteilen, Blech usw. Es ist immer wieder wunderbar zu erleben, wie bei diesem Durchstöbern der Kisten

Neugier und Begeisterung entsteht, Ideen geweckt werden und sie in den Augen und Köpfen schon Gestalt annehmen. Durch die Freiheit bei dieser Auswahl erleben die Kinder eine grundlegende Motivation für das Eigene und Neue.

Das Material an sich ist ein wesentlicher Bestandteil der kreativen Erfahrung und des Begreifens von Inhalten. Ist das Material weich, kann es als Ausdruck für Geborgenheit benutzt werden, ist es biegsam, kann es Bewegung symbolisieren, ist es bunt und ungewöhnlich, kann es für die Darstellung von Spiel, Kreativität, Mitgestaltung gut verarbeitet werden. Ist es fest, kann man architektonische Elemente damit bauen. Diese Assoziationen sind individuell vollkommen frei.

Zu dem, was die Kinder auf ihren Sprossen gestalten, gibt es keine Anleitungen oder Vorgaben. Alles, was ihnen zu Kinderrechten einfällt und was man dazu gestalten kann, kann gemacht werden. Ich lege allerdings Wert darauf, dass die Kinder Figuren herstellen, um einen Bezug zum eigenen Körper oder zum kindlichen Miteinander besser erleben zu können. Als Formanregung gebe ich manchmal die drei allgemeinen Möglichkeiten:
- Figuren aus Sperrholz, Hartfaserplatten, Pappe, Draht, Schwämmen, Blechen, Stoff
- Fantasiewelten aus Draht, Stoff, bunten Holzteilen, Dekomaterial, Wolle, Watte
- Symbole aus Holz, Pappe, Blech usw.

Falls es festgelegte Schwerpunktthemen gibt, zum Beispiel bei Projekttagen oder im Unterricht, können zusätzliche Materialien gesammelt werden – zu Bewegung und Spiel passen bewegliche Elemente wie Federn oder Gummibänder, zu Bildung passen Buchstaben, zu Fürsorge und Familie passen kleine Kuscheltiere. Beispielsweise haben wir mit einer 8. Klasse eine Himmelsleiter zu Berufswünschen gebaut und dafür nur Metallreste verwendet, um handwerkliche Techniken zu vermitteln. In einem Projekt zur Gewaltprävention wurden verschiedene Elemente für die Bewältigung von gemeinsamen Aufgaben gestaltet. Diese Elemente wurden am Ende auch als Leiterobjekt zusammenmontiert.

So verschieden die Kinder sind, so unterschiedlich sind auch die gestalteten Szenen ihrer Sprossen: Da gibt es Fußballer, die für das Recht auf Spiel und

Sport Tore schießen, Tafeln mit Zahlen oder Buchstaben weisen das Recht auf Bildung hin, Bäume und Tiere stehen für das Recht auf eine gesunde Umwelt, mit Rutschen, Schaukeln und Wiesen wird das Recht auf Erholung und Freizeit gefordert, Kinder im Rollstuhl und nichtbehinderte Kinder spielen und lernen gemeinsam, mit Schildern werden gewaltandrohende große Hände abgewehrt.

Die selbstständige Arbeit und die Lust beim Gestalten der Sprossen ist für mich immer wieder faszinierend und macht dieses Projekt zu einem anregenden Beispiel, wie einfach Kinder über künstlerische Ausdrucksformen selbstständig ihre Wünsche und Rechte formulieren und sie in eine gemeinsame Arbeit einbringen können. Dieser Prozess, den die Kinder erleben, zielt nicht auf eine rationale Vermittlung der Kinderrechte, sondern auf ein plastisches und greifbares Erkennen der eigenen Bedürfnisse, mit denen sie nicht alleine sind und zu deren Erfüllung sie ein Mitgestaltungsrecht haben.

Die Himmelsleitern sind natürlich nur ein Projekt unter vielen, mit denen Kindern ihre Rechte nahegebracht werden. Die methodische Idee kann vielseitig übertragen werden und besonders im Theater bieten sich gute Möglichkeiten, der eigenen Haltung in spielerischen Situationen nachzuspüren und diese zu verändern.

3. Beispiele von öffentlichen Kunstprojekten zu Kinder- und Menschenrechten

Zwei Beispiele zu Kunst und Kinder- und Menschenrechten möchte ich vorstellen und damit zu weiteren Präsentationsformen anregen. Das eine Beispiel ist die „Straße der Kinderrechte" in Nürnberg, das zweite ist das Tanzprojekt „Human Writes" von William Forsythe. Beide Projekte berühren in ihrer Art und erreichen eine große Öffentlichkeit, was notwendig ist, damit die Kinder- und Menschenrechte ernst genommen und auch umgesetzt werden können.

3.1 „Straße der Menschenrechte"

2005 initiierten die Künstlerin Ursula Rössner und der Künstler Jürgen Eckart dieses Projekt der Kinderkommission der Stadt Nürnberg. Unterstützt wurden sie vom Menschenrechtsbüro der Stadt Nürnberg sowie dem Jugendamt, dem

Gartenbauamt und dem Tiefbauamt der Stadt Nürnberg, die Schirmherrschaft übernahm der Künstler Dani Karavan.

Kinder aus einem Kinderhort und Kinder und Jugendliche eines Kinder- und Jugendhauses entwickelten Modelle, wie die Kinderrechte in einer „Straße für Kinderrechte" im Stadtpark Nürnberg umgesetzt werden könnten. Diese stellten sie im Rathaus vor und konnten die Politiker von der Umsetzung überzeugen. Sechs Kinderrechte wurden mit Gleichheitsfiguren, einem Amphitheater, einer Spielstraße, einer Gesundheitsschildkröte, einer Familie der Geborgenheit und einem Informationsbaum gestaltet und 2007 eröffnet. Die „Straße der Kinderrechte" kann von Kindertagesstätten, Schulen, Jugendverbänden und Kinder- und Jugendeinrichtungen in Verbindung mit einem Ausflug spielerisch genutzt werden. Die Rechte der Kinder sowie der Bezug zu den Menschenrechten können dadurch leichter erklärt und thematisiert werden.[1]

Solche öffentliche Orte können auch für die Schulflure oder für den Schulhof, für Spielstraßen oder Spielplätze entwickelt werden. Auch wenn dadurch nicht die große Öffentlichkeit erreicht wird, sind es Möglichkeiten, die Auseinandersetzung mit Kinderrechten im Alltag der Kinder zu installieren.

3.2 Performance „Human Writes" von William Forsythe

Wie man Menschenrechte und ihre Umsetzung bildlich und körperlich darstellen kann, zeigt die Performance „Human Writes"[2] sehr beeindruckend. Der Tänzer und Choreograf William Forsythe entwickelte diese Performance-Installation zusammen mit dem Juraprofessor Kendall Thomas. Sie thematisieren, wie die Menschenrechte tagtäglich neu geschrieben und verteidigt werden müssen. Die Tänzerinnen und Tänzer schreiben unter schwierigsten Vorgaben, mit teilweise zusammengebundenen Händen und Füßen, mit Stiften zwischen den Zehen, im Mund, sie winden sich, sie zeichnen mit Farbe auf dem Rücken oder mit den Haaren, die sie in Kohlestaub tauchen. Sie schaffen es unter den größten selbstauferlegten Anstrengungen, das große Projekt der Menschenrechte weiterzuschreiben. Dabei sind die Zuschauer ausdrücklich eingeladen

---

1 http://www.nuernberg.de/internet/menschenrechte/strasse_der_menschrechte.html
2 Vgl. www.theforsythecompany.com

und aufgefordert, die TänzerInnen zu unterstützen und ihnen mit Anweisungen zu sagen, wie sie mit ihren Zeichen am besten weiterkommen.

Die Anstrengung, die eine Umsetzung der Menschenrechte immer wieder erfordert, und die Notwendigkeit der gegenseitigen Unterstützung kommen hier mit der Verbindung von Bild und Bewegung zusammen. Eine sehr berührende und anregende Arbeit, zu der sich vielleicht eigene Möglichkeiten mit Kindern oder Jugendlichen entwickeln lassen.

Performance „Human Writes" von William Forsythe

Literatur

Hauser, Uli/Hüther, Gerald 2012: Jedes Kind ist hochbegabt. Die angeborenen Talente unserer Kinder und was wir aus ihnen machen. München.
Krenkers, Brigitte 1993: Projekte Erweiterte Kunst – von Beuys aus Wangen.

Rosemarie Portmann

Eltern und Schule – gemeinsam für Kinderrechte

Schule und Eltern haben einen gemeinsamen Bildungs- und Erziehungsauftrag. So steht es in den Schulgesetzen aller Bundesländer. Um diesen Auftrag erfüllen zu können, ist Schule folglich zur Kooperation mit den Eltern verpflichtet. In besonderem Maße gilt dies, wenn Schulen ihren Schülerinnen und Schülern die Kinderrechte vermitteln wollen bzw. die Kinderrechte zur Grundlage ihrer pädagogischen Arbeit machen wollen. Denn die UN-Kinderrechtskonvention, in der die Kinderrechte niedergelegt sind, betont ausdrücklich die Verantwortung der Eltern für die Realisierung der Kinderrechte. Für die Erziehung und Entwicklung des Kindes sind hiernach in erster Linie die Eltern verantwortlich. Diese Verantwortung umfasst das Recht und die Aufgabe der Eltern und/oder anderer Erziehungsberechtigter, „das Kind bei der Ausübung seiner anerkannten Rechte in einer seiner Entwicklung entsprechenden Weise angemessen zu leiten und zu führen" (Art. 5, 18). „Zur Gewährleistung der in dieser Übereinkunft festgelegten Rechte unterstützen die Vertragsstaaten die Eltern (…) in angemessener Weise bei der Erfüllung ihrer Aufgabe, das Kind zu erziehen und sorgen für den Ausbau von Institutionen (…) für die Betreuung der Kinder." (Art. 18, 2) Die Vertragsstaaten verpflichten sich, „dem Kind unter Berücksichtigung der Rechte und Pflichten seiner Eltern (…) den Schutz und die Fürsorge zu gewährleisten, die zu seinem Wohlergehen notwendig sind: zu diesem Zweck treffen sie alle geeigneten Gesetzgebungs- und Verwaltungsmaßnahmen" (Art. 3, 2). Eine wesentliche Maßnahme ist die Verfügbarkeit von Schulen für alle Kinder. Die Arbeit der Schulen muss darauf gerichtet sein, „Bildung zu vermitteln und (…) dem Kind Achtung vor den Menschenrechten und Grundfreiheiten und den in der Charta der Vereinigten Nationen verankerten Grundsätzen zu vermitteln (…)" (Art. 29, 1b). Die Vertragsstaaten sind verpflichtet, die Grundsätze der Kinderrechtskonvention „durch geeignete und wirksame Maßnahmen bei Erwachsenen und auch bei Kindern allgemein bekannt zu machen" (Art. 42).

1. Elternhaus und Schule – eine sensible Beziehung

Beim Thema „Kinderrechte" sind Schulen – und einzelne Lehrkräfte – in besonderem Maße für die enge Zusammenarbeit mit den Eltern verantwortlich. Das ist aus vielerlei Gründen leichter gesagt als getan. Denn „die" Eltern gibt es nicht – Eltern sind keine homogene Gruppe. Ihre Kenntnisse, ihr Interesse, ihre Bedürfnisse, wenn es um die Kinderrechte geht, werden unterschiedlich sein. Deshalb ist es wichtig, Ressourcen und Kompetenzen der Eltern kennenzulernen, um sie angemessen ansprechen und einbeziehen zu können.

Die Zusammenarbeit zwischen Lehrkräften und Eltern gelingt leicht, wenn zwischen ihnen ein vertrauensvolles Verhältnis besteht, wenn beide selbstbewusst und respektvoll auf Augenhöhe miteinander umgehen. Häufig aber ist das Verhältnis zwischen ihnen von Unsicherheiten und Missverständnissen geprägt – und zwar auf beiden Seiten. Die Kindheitserfahrungen der Eltern mit Schule spielen dabei eine Rolle ebenso wie die bisherigen Erfahrungen mit der Schule ihrer Kinder und ihre Erwartungen im Hinblick auf deren Schulerfolg. Für Eltern ist es nicht leicht, mit dem Schuleintritt ihrer Kinder einen Teil ihrer Erziehungsverantwortung an die Schule abgeben zu müssen. Dies Verlustempfinden kann verstärkt werden durch das vorauseilende Missverständnis, dass sie nun mit der Realisierung der Kinderrechte auch noch Rechte an die Kinder abgeben sollen und als Eltern gar nichts mehr zu sagen haben. Dass Kinderrechte nicht bedeuten, dass Kinder unter dem Motto „Kinder an die Macht" alles selbst entscheiden, sondern dass die Orientierung an den Kinderrechten zugleich ihre Elternverantwortung stärkt, müssen Eltern erst lernen. Gerade bei der Thematisierung der Kinderrechte müssen Eltern spüren, dass Lehrkräfte ihr Mitdenken und Mitwirken schätzen.

Lehrkräfte empfinden Eltern häufig als – misstrauische – Kontrolleure ihrer pädagogischen Kompetenz und ihrer pädagogischen Arbeit. Das Interesse und Engagement von Eltern kann als unerwünschte Einmischung aufgefasst werden und viele Lehrkräfte fühlen sich für „Elternarbeit" nicht ausgebildet. Beim

Thema „Kinderrechte" sind Lehrkräfte doppelt gefordert. Sie müssen die Kinderrechte nicht nur ihren Schülerinnen und Schülern vermitteln und vor allem erfahrbar machen, sondern auch gleichzeitig deren Eltern überzeugen. Besonders schwierig wird es, wenn Lehrkräfte sich selbst bisher wenig mit den Kinderrechten auseinandergesetzt haben. Sie müssen sich dann selbst erst Kenntnisse erarbeiten, die eigene Unsicherheit bewältigen und gleichzeitig die Unsicherheit der Eltern ernst nehmen und auffangen. Dabei dürfen sie kontroverse Diskussionen mit Eltern nicht scheuen: „Was dürfen Kinder? Was brauchen Kinder?" Dabei muss berücksichtigt werden, dass Eltern in erster Linie ihr eigenes Kind sehen, Lehrkräfte aber die Vielfalt der Kinder im Auge behalten müssen, die individuellen Bedürfnisse und Rechte jedes einzelnen Kindes unabhängig von Herkunft und Familiensituation.

2. Eltern für die Kinderrechte gewinnen

Das „Kindeswohl" ist das gemeinsame Ziel von Eltern und Schule. Die Zusammenarbeit zwischen Eltern und Schule stärkt die Kinder. So wird die Kontinuität in der Erziehung gewährleistet, besonders auf der Ebene der Wertorientierung, in der Einstellung zum Mitmenschen und zur Umwelt.

Für die Realisierung der Kinderrechte in der Schule ist es von großer Bedeutung, dass die Handlungsziele von Eltern und Schule aufeinander abgestimmt werden und Eltern die Möglichkeit haben, sich am pädagogischen Prozess zu beteiligen, indem sie informiert und interessiert und bei bestimmten Unterrichtsvorhaben zur Mitarbeit eingeladen werden. Übrigens: auch Eltern haben Rechte in der Schule, zur Mitsprache und Mitverantwortung. Wenn Eltern ihre eigenen Rechte wahrnehmen, sind sie positive Vorbilder für ihre Kinder bei der Realisierung ihrer Kinderrechte.

3. Ziele für die Elternarbeit

Bei der Arbeit mit den Eltern sollte die Schule sich folgende Ziele setzen. Sie
- informiert die Eltern über die Kinderrechte,
- verschafft den Eltern einen positiven Zugang zu den Kinderrechten,

- motiviert Eltern, ihre Kinder bei der Ausübung ihrer Rechte zu unterstützen,
- lädt die Eltern ein, sich aktiv an Kinderrechtsprojekten der Kinder zu beteiligen,
- unterstützt Eltern, ihre Mitwirkungsrechte in der Schule auszuüben,
- stärkt Eltern dabei, ihre Erziehungsaufgaben verantwortungsvoll wahrzunehmen.

Allerdings muss Schule zu hohe Erwartungen bei den Eltern dämpfen, sie muss klar erarbeiten, was eine Schule bzw. eine Lehrkraft leisten kann – und was nicht. Keine Lehrerin und kein Lehrer darf sich überfordern. Es geht um Aushandlungs- und Abwägungsprozesse, wenn beispielsweise das Recht des einen mit dem Recht anderer kollidiert bzw. institutionelle Strukturen und Vorgaben den Kinderrechten entgegenstehen. Die UN-Kinderrechte sind Zielsetzungen. Die Inhalte der UN- Konvention sind nicht endgültig, im Lauf der Jahre gab es Ergänzungen. Der Prozess der Realisierung der Kinderrechte in den Vertragsstaaten, auch in Deutschland, ist noch lange nicht abgeschlossen. Ziel in der Schule kann deshalb nur sein, die Kinderrechte schrittweise gemeinsam zu verwirklichen: Was können wir tun, damit wir der Realisierung näherkommen?

4. Bewährte Praxisanregungen

Mit einer bloßen Information über Projekte mit den Kindern in der Schule ist es nicht getan. Didaktik und Methodik für Erwachsene unterscheiden sich nicht wesentlich von der Kinderrechts-Pädagogik mit Kindern. Kognitive Ansätze sind unverzichtbar, da die Kenntnis der UN-Kinderrechtskonvention die Grundlage dafür bildet, dass Eltern selbst aktiv für die Kinderrechte werden können. Darüber hinaus ist aber auch metakognitive Reflexion erforderlich. Auch mit Eltern sind Methoden nach den emotions- und erfahrungsorientierten didaktischen Ansätzen sinnvoll.

Gute Elternarbeit hat viele Facetten. In jeder Schule wird sie anders sein. Denn immer muss von der Ausgangslage und den Rahmenbedingungen der einzelnen Schule ausgegangen werden. In den „Modellschulen für Kinderrechte Hessen" wurden viele Gelegenheiten für Eltern geschaffen, mehr über die Kinderrechte zu erfahren und aktiv an ihrer Verwirklichung mitzuarbeiten.

4.1 Elternabend

Der Elternabend ist die gängigste Form der Elternarbeit und sowohl Lehrkräften als auch Eltern vertraut. Elternabende sind aber oft auch eher ermüdend und zu wenig partnerschaftlich gestaltet. Eltern sollten sich zur Beteiligung eingeladen fühlen und erfahren können, dass es sich lohnt zu kommen bzw. dass sie etwas versäumen würden, wenn sie fernblieben. Das kann gelingen, wenn Lehrkräfte nicht einseitig die Eltern informieren, sondern die Eltern sowohl mit der Lehrkraft als auch untereinander in Kontakt und ins Gespräch kommen und selbst aktiv werden können.

Ein Elternabend gleich zu Beginn der Arbeit mit den Kinderrechten ist gut geeignet, um Eltern für die Thematik zu interessieren und über das, was die Schule plant, zu sprechen. Dabei sollten nicht nur Informationen gegeben, sondern Fragen und Meinungen gesammelt werden. Alle Eltern sollten die Möglichkeit erhalten, ihren Kenntnisstand und ihre Vorbehalte bezüglich der Kinderrechte ohne Furcht vor Bloßstellung zu äußern. Das Für und Wider des Themas sollte besprochen, Fragen, Einwände, Unsicherheiten, Erfahrungen und Erlebnisse diskutiert werden.

Mit einem offenen Erfahrungsaustausch können Eltern und Lehrkräfte voneinander lernen, sich gegenseitig anregen und ihre vorhandenen Kompetenzen in Bezug auf Themen der Kinderrechte nicht nur anwenden, sondern auch weiterentwickeln. Die Methodik kann der Arbeit mit den Kindern entsprechen.[1]

Elternabende zum Thema „Kinderrechte" können von Zeit zu Zeit wiederholt werden, um über den Verlauf der Arbeit zu berichten. Hat die Schule die Kinderrechte in ihr Schulprofil aufgenommen, wird für jeden neuen Jahrgang ein Elternabend erforderlich, um auch die neuen Eltern einzubeziehen.

---

[1] Methodische Anregungen finden sich z. B. auch in der Elterninfo Kinderrechte. Hier können die Eltern u. a. in einem Arbeitsblatt ankreuzen, welche Kinderrechte sie schon kennen und welche sie besonders wichtig finden.

4.2 Elternbriefe

Elternbriefe können die Informationen unterstützen. Damit sie ihren Zweck erfüllen, ist eine ansprechende innere und äußere Form und Gestaltung notwendig. Es dürfen nicht zu viele Informationen sein, und sie sollten kurz und prägnant und in einfacher Sprache formuliert sein. Die Infos sollten so gestaltet werden, dass sie von (möglichst) allen Eltern gut verstanden werden, gegebenenfalls sollten sie in die Herkunftssprachen der Eltern übersetzt werden. Mögliche Inhalte sind: Aktivitäten in Klasse und Schule, Termine für Eltern, Reflexionsangebote für Eltern, Elternfragebögen. Ein Elternbrief sollte immer begleitend zu Gesprächsangeboten, z. B. in Zusammenhang mit einer Einladung, verteilt werden.

„Liebe Eltern, liebe Erziehungsberechtigte,
sicher haben Sie schon von den Kinderrechten gehört. Kinderrechte sind die Menschenrechte für Kinder (…) Damit Sie als Eltern den Lernprozess Ihrer Kinder gut begleiten und unterstützen können, möchten wir Sie anregen, sich mit den Kinderrechten zu beschäftigen und mit Ihren Kindern darüber zu sprechen."
(Auszug aus Elterninfo Kinderrechte, Makista)

4.3 Elternlerntag

Ein Elternlerntag, der von Lehrkräften gemeinsam mit den Kindern gestaltet wird, zeigt den Eltern, was bisher geleistet wurde und gibt ihnen Anregungen und Anstöße, sich aktiv einzubringen. Die Kinder verdeutlichen den Eltern ihr Verständnis der Kinderrechte und ihre Wünsche und Bedürfnisse. Ein Impuls kann z. B. eine Theateraufführung der Kinder, ein kurzer Film über schulische Projekte oder eine Mitmach-Aktion für Eltern sein.

4.4 Elternmitarbeit an Projekten

Eltern können sich aktiv an Projektarbeiten der Kinder beteiligen. Dabei ist immer darauf zu achten, dass die Kinder nicht dominiert werden. Das Projekt ist ein Projekt der Kinder, bei dem die Eltern als kompetente Unterstützer in Absprache mit den Kindern mitarbeiten. Eltern können z. B. wichtige Aufgaben im Umgang mit Verwaltungen und politisch Verantwortlichen übernehmen oder ihre Sprachkenntnisse bei Kinderkontakten ins Ausland einbringen (z. B. Übersetzen in und aus dem Spanischen beim „Ocotal-Projekt" der Grundschule Wiesbaden-Breckenheim) und die Kinder unterstützen, ihr Projekt beim JuniorBotschafter-Wettbewerb für Kinderrechte einzureichen.

4.5 Themen-Elternabend

Die Schule kann Veranstaltungen zu Themen der Kinderrechte anbieten. Dabei können einzelne Kinderrechte, die an der Schule aktuell bearbeitet werden, wie Maßnahmen zur Gesundheitsförderung, zur Gewaltprävention, zur Mitbestimmung der Kinder, zur Inklusion usw., aber auch allgemeine Bildungs- und Erziehungsfragen behandelt werden. Es bietet sich an, außerschulische Fachleute und Angebote einzubeziehen.

In der Albert-Schweitzer-Schule in Langen wurden z. B. in Zusammenarbeit mit Makista und dem Deutschen Kinderschutzbund Themenabende „Kinderrechte und Erziehung" angeboten. Behandelt wurden Themen wie
- Kinderrechte kennenlernen
- Erfahrungen über den Erziehungsalltag austauschen
- Werte wie Achtung und Respekt miteinander diskutieren
- Fragen zur Konfliktlösung und Grenzsetzung stellen
- Gemeinsam Verantwortung übernehmen
- Freude am Zusammenleben mit Kindern stärken.

4.6 Elternmitarbeit in Schulgremien

Eltern können in jedem Gremium der Schule, in Klassen- und Schulelternbeiräten und in der Schulkonferenz darauf hinarbeiten, dass die Kinderrechte in die Arbeit der Schule integriert werden. Sie können ihre Mitarbeit in Klassen- und Schulelternbeiräten dazu nutzen, über die Kinderrechte und den Prozess ihrer Umsetzung in der Schule regelmäßig zu berichten und weitere Eltern zur Mitarbeit motivieren. Eltern können maßgeblich dazu beitragen, dass die Kinderrechte im Schulprofil verankert werden – das Schulprofil wird durch die Schulkonferenz mit der Stimme der Eltern verantwortet. Begleitend zu ihrem spezifisch pädagogischen Profil kann jede Schule ihr Leitbild an den Prinzipien der UN-Kinderrechtskonvention (Gleichheit, Schutz, Förderung und Partizipation) ausrichten und die Schule zu einem „Haus der Kinderrechte" entwickeln.

Starke Eltern – Starke Kinder®

Die bundesweit verbreiteten und erprobten Elternkurse des Deutschen Kinderschutzbundes können die Elternarbeit an Kinderrechteschulen gut ergänzen. Das Modell der Anleitenden Erziehung regt Eltern an, Kinder altersgemäß bei Entscheidungen und Konfliktlösungen zu beteiligen, mitgestalten zu lassen und Verantwortung zu übernehmen. Eltern wünschen sich für ihre Kinder ein selbstbestimmtes und erfolgreiches Leben. Selbstvertrauen, Selbstverantwortung und Selbstwert sind die Voraussetzung dafür und ein wichtiges Erziehungsziel der Eltern. Gemeinsame Werte werden verstärkt und die Rechte jedes Familienmitglieds geachtet.

Mit dem Elternkurs können Mütter und Väter dabei unterstützt werden, ihren Familienalltag gelassener und souveräner zu meistern.

Ziele dabei sind u. a.:
- das Selbstbewusstsein von Müttern, Vätern und Kindern zu fördern,
- den Familienalltag zu entlasten,
- das Miteinander aller Familienmitglieder zu stärken sowie
- Kompetenzen zu entwickeln und Wege aufzuzeigen, Konflikte gewaltfrei zu bewältigen und zu lösen.

Dabei greifen die Kurse allgemeine Erziehungsthemen auf, regen zum Austausch untereinander an und machen Spaß.

In 10–12 Kurseinheiten wechseln sich praktische Übungen, theoretische Grundlagen und der gemeinsame Austausch und die Reflexion ab. Durch Aufgaben zwischen den Kurseinheiten werden die anderen Familienmitglieder einbezogen und so kann die ganze Familie profitieren, ohne dass alle teilnehmen. Als Einstieg in den Kurs eignen sich einzelne themengebundene Elternabende. Sie nehmen den Eltern die Angst davor, sich für einen längeren Kurs zu verpflichten und machen Lust auf den gemeinsamen Lerngewinn.

www.kinderschutzbund.de
Durchführung durch zertifizierte Kursleitungen
Termine und Honorare nach Absprache

Text: Ingrid Zeller, Kursleiterin der Elternkurse und Vorstandsmitglied Makista und des Deutschen Kinderschutzbundes Hessen

Lea Berend

Schulen schaffen Öffentlichkeit
Engagement für Kinderrechte sichtbar machen

Jede Schule bringt Erfahrung in der Öffentlichkeitsarbeit mit. Denn neben der Pressearbeit, die auf eine externe Kommunikation mit meist ortsansässigen Medien abzielt, pflegt jede Schule die interne Kommunikation innerhalb des Kollegiums, mit den Schülern, den Eltern und außerschulischen Partnern. Wie intensiv und erfolgreich diese ist, variiert von Schule zu Schule.

Öffentlichkeitsarbeit bedeutet die bewusste und aktive Gestaltung von Kommunikation und schließt den kontinuierlichen Dialog mit allen relevanten Adressaten-Gruppen mit ein (vgl. Schlossarek 2008, S. 1). Nachfolgend soll gezeigt werden, warum es sich lohnt, neben der schulinternen Kommunikation auch eine breite Öffentlichkeit in schulische Aktivitäten mit einzubeziehen und welche positiven Effekte dies für die schulische Arbeit haben kann.

1. Das Schulprofil schärfen

Voraussetzung für ein stabiles Bild in der Öffentlichkeit, das durch kontinuierliche Öffentlichkeitsarbeit entsteht, ist zunächst, sich das Profil und die Schwerpunkte der eigenen Schule bewusst zu machen. Was sind unsere Stärken? Wo sind wir besonders erfolgreich? Was ist uns wichtig und woran möchten wir arbeiten (vgl. Klett-Themendienst Schule Wissen Bildung 2009, S. 13)? Durch diese Überlegungen kann das schulische Leitbild entwickelt oder geschärft werden, da es abgestimmt und formuliert werden muss, so dass es auch für „Externe" verständlich ist. Dies ist ein wichtiger Schritt, der nicht nur für die Kommunikation nach außen notwendig ist.

2. Wirkung von außen nach innen – Wirkung von innen nach außen

Erfolgreiche Öffentlichkeits- und Pressearbeit bewirkt nicht nur, dass Schulen ihr Profil schärfen und ihr Image positiv beeinflussen können, sondern sie erreicht auch das Kollegium, Eltern, Schülerinnen und Schüler sowie außerschulische Kooperationspartner oder die Kommune. Sie kann folglich genutzt werden, um mit unterschiedlichen Akteuren in Dialog zu treten. Positive Rückmeldungen durch die Öffentlichkeit können das Zugehörigkeitsgefühl bei SchülerInnen und Lehrkräften zur eigenen Schule vertiefen. Wertschätzung durch die Öffentlichkeit, z. B. durch positive Berichte in der Zeitung, machen stolz auf gemeinsam Erreichtes und fördern die Identifikation mit der eigenen Schule.

„Eine Schule muss sich bewusst machen, was sie im Bereich Kinderrechte schon geleistet hat und anschließend Synergieeffekte nutzen. Aktive Lehrkräfte sollten dafür Mitstreiter im Kollegium finden. Dabei helfen erfolgreiche Beispiele, die z. B. von außen wertgeschätzt oder ausgezeichnet wurden."

Hannes Marb, Rektor der Gutenbergschule Darmstadt

Auch durch die Beteiligung an Schülerwettbewerben (z. B. JuniorBotschafter für Kinderrechte, Demokratisch handeln etc.) erhalten Schulen eine Resonanz von außen, an die sie später mit der eigenen Presse- und Öffentlichkeitsarbeit anknüpfen können. Zudem stärken solche Erfolge die Motivation bei der gesamten Schulgemeinschaft, für ein Thema oder Projekt einzutreten und weiter aktiv zu bleiben. So berichtet Brigitte Mazurek, Lehrerin einer Kinderrechte-Schule in Hattersheim, wie sich die Teilnahme am UNICEF-JuniorBotschafter 2011 auf die Schulgemeinschaft ausgewirkt hat:

„Wir haben gewonnen! Der Gewinn des zweiten Hauptpreises beim JuniorBotschafter-Wettbewerb 2011 hat einen riesigen Motivationsschub gegeben. Durch das Online-Voting des JuniorBotschafter-Publikumspreises hat die ganze Schule von dem Kinderrechte-Projekt erfahren und ganz engagiert weitere Öffentlichkeit dafür geschaffen."

Positive Resonanz von außen zeigt SchülerInnen und Lehrkräften, dass ihre Arbeit wahrgenommen wird und sie erfahren Anerkennung für ihre Mühe.

Nicht nur die öffentliche Wahrnehmung durch die Presse trägt zu einer solchen Wertschätzung bei, sondern bspw. auch das Präsentieren vor Eltern, anderen Klassen oder Schulen sowie Vertretern der Kommune. Diese Wertschätzung von außen kann ebenso positiv auf das Innere wirken.

Bei einer aktiven Auseinandersetzung, in der die Projekte und Leitlinien der Schulen im Vordergrund stehen, können Mitstreiter von außen für die eigene Sache gewonnen werden. Unverzichtbar ist dabei der Kontakt zu Pressevertretern, Politikern und Kooperationspartnern.

So kann eine aktive Öffentlichkeits- und Pressearbeit dabei helfen, externe Unterstützung in Form von Kooperationen oder finanzieller Förderung anzuregen, sei es bei ortsansässigen Firmen, Stiftungen oder kommunalen Partnern. Ein weiteres Motiv kann ein gewünschter Austausch mit Gleichgesinnten sein. Nur wer das Motto beherzigt: „Tue Gutes und sprich darüber", hat die Chance, Freunde und Bündnispartner zu finden, die er oder sie noch nicht kennt und kann dadurch die Wirksamkeit der eigenen Arbeit erhöhen.

3. Kinder werden selbst aktiv

Werden Kinder und Jugendliche selbst in der Presse- und Öffentlichkeitsarbeit für Kinderrechte an ihrer Schule aktiv, erfahren sie etwas über ihre Rechte im doppelten Sinne: Zum einen lernen sie etwas über die Kinderrechte und zum anderen nehmen sie so die Kinderrechte selbst in Anspruch (Art. 13: Meinungs- und Informationsfreiheiten, Art. 17: Zugang zu den Medien; vgl. Fesenfeld 2001, S. 231).

So kann Öffentlichkeitsarbeit Bestandteil des Unterrichts werden, z. B. durch das Verfassen eigener Berichte für die Schulhomepage oder die Schülerzeitschrift – oder aber auch in einer eigenen Presse-AG. Diese verfasst Pressemitteilungen und -einladungen, betreut den Presseverteiler und unterstützt die Koordinierung der Pressearbeit an der Schule. Werden Kinder selbst aktiv in der Öffentlichkeit, können sie aktive Medienkompetenz erwerben (ebd., S. 231). Dies beinhaltet die intensive Auseinandersetzung mit einem Thema, Quellen und Sachverhalte kritisch zu hinterfragen, selbstständiges Lernen sowie die Förderung von Lese- und Schreibkompetenzen. Je nach Alter und

Schülerinnen der Goetheschule Wiesbaden informieren Besucher des Stadtteilfests

Erfahrung der SchülerInnen sollten sie dabei von Erwachsenen unterstützt werden. Auch Eltern können in diese Arbeit eingebunden werden. Kinder und Jugendliche können Stellungnahmen zu den Kinderrechten oder aktuellen Kinderrechte-Themen von Repräsentanten des öffentlichen Lebens einholen, sie können ihre Kommunal-, Landes- oder Bundespolitiker befragen – sie an die Schule einladen oder sich in Kommunalparlamente selbst einbringen.[1]

4. Umgang mit den Medien

Bevor man an die Medien herantritt, gibt es einiges zu klären (s. Kasten Tipps zur Pressearbeit). Es ist wichtig, einen passenden Anlass zu wählen: Sollen Kinderrechte-Aktionen thematisiert werden, eignet sich z. B. der Weltkinder-

---

1 Anlass bietet dafür z. B. der UNICEF Aktionstag am 20.11. Mehr Informationen dazu unter: http://www.unicef.de/mitmachen/aktionen/aktionstag-kinderrechte

tag am 20. September, der Tag der weltweiten Verabschiedung der UN-Kinderrechtskonvention am 20. November oder ähnliche Daten als Aufhänger (vgl. Fesenfeld 1999, S. 4). Natürlich können auch aktuelle schulische Ereignisse wie der Abschluss einer Projektwoche, die Gründung eines Schülerparlaments etc. als Anlass genutzt werden. Zudem sollte geklärt werden, für wen die Information von Interesse ist. Ist die Information vor allem für die Bürger in näherer Umgebung der Schule interessant? Oder möchte man vielleicht ein Fachpublikum ansprechen? In vielen Zeitungen gibt es auch Kinderseiten, die besonders für Kinder gemacht werden. Neben Printmedien wie Tageszeitungen und Zeitschriften sollte man auch daran denken, den Rundfunk zu informieren. Oftmals sind lokale Radio- und Fernsehsender bereit, einen Beitrag zu bringen, wenn sich Anlässe für Interviews oder Filme ergeben. Üblicherweise werden die Medien durch eine Pressemitteilung (s. Kasten S. 172) informiert.

Tipps zur Pressearbeit für Schulen
- Überlegen Sie, für wen die Information interessant ist und wie man diese Zielgruppe am besten erreicht.
- Wenn man eine Information hat, die für die breite Öffentlichkeit interessant ist, kann man mit einer Pressemeldung an die örtlichen Redaktionen von Zeitung, Radio oder auch Fernsehen herantreten.
- Sinnvoll ist es, vorher dort anzurufen und sich nach einem Ansprechpartner zu erkundigen. Mit einem direkten Ansprechpartner und dem persönlichen Kontakt geht vieles einfacher.
- Grundsätzlich gilt: Je interessanter die Information für Journalisten und Leser, desto wahrscheinlicher der Abdruck. Daher vorher überlegen, welche Zielgruppe man ansprechen möchte und wie diese am besten erreicht wird.

Tipps für eine Pressemitteilung:
- Überschriften sind wichtig. Sie sind das erste, das der Empfänger liest und sollten die Quintessenz enthalten.
- Kurz fassen: nicht mehr als eine Seite.
- Bitte nicht vergessen: Ortsangabe und Datum.
- Grundsätzlich gilt: die wichtigsten Informationen zuerst (die W-Fragen beantworten: Wer, was, wo, wann, wie, warum).
- Geben Sie eine Telefonnummer/E-Mailadresse an und verweisen Sie damit auf eine Kontaktperson, die Rückfragen beantworten kann.
- Geben Sie Hinweise auf Hintergrundinformationen (z. B. auf einer Webseite).

Presseeinladungen
- Für eine Presseeinladung gilt das Gleiche wie für die Pressemitteilung (besonders wichtig ist, dass genauer Veranstaltungsort, Programm und Uhrzeit genannt werden).
- Bestimmen Sie an Ihrer Schule eine Person, die für Presseanfragen und Fragen von Journalisten am Tag der Aktion zuständig ist. Diese sollte unbedingt erreichbar sein.
- Haken Sie ein bis zwei Tage vor dem Start der Aktion nochmals telefonisch bei der Redaktion nach.
- Laden Sie Journalisten der Lokalredaktion (Zeitung und/oder Rundfunk/Fernsehen) rechtzeitig vorher ein. Versenden Sie etwa eine Woche vor dem Termin eine Einladung. Halten Sie Ihre schriftliche Einladung kurz, prägnant und übersichtlich (wer, wie, was, wo, wann, warum).
- Erstellen Sie für die eingeladene Presse eine Infomappe mit den wichtigsten Informationen zur Aktion und zu Ihrer Schule. Am Aktionstag können Sie den Journalisten diese an die Hand geben.
- Für Journalisten, die nicht an der Aktion teilgenommen haben, können Sie einen fertigen Artikel anfertigen. Am besten mit Foto! Diesen können Sie auch gut für Ihre Schul-Homepage und zur Information von Projektpartnern nutzen.

(Vgl. UNICEF)

Lässt sich die Information mit einer Veranstaltung verbinden, so kann die Presse auch direkt im Vorfeld zu der Veranstaltung eingeladen werden (s. Kasten oben). Um die richtigen Journalisten für das Anliegen zu gewinnen, kann man in den Redaktionen anrufen und sich weiterverbinden lassen. Oftmals hilft der persönliche Kontakt zu Journalisten dabei, das eigene Anliegen in die Öffentlichkeit zu bringen.

Viele, und gerade auch Kinder und Jugendliche nutzen das Internet als selbstverständliches Informations- und Kommunikationsmedium. Das Internet unterscheidet sich zudem von den anderen genannten Medien darin, dass jeder, der Zugang zum Internet hat, eigene Informationen in Form von Texten, Bildern, Videos etc. verbreiten kann. Die Schulhomepage – oder auch soziale Netzwerke wie Facebook – können somit genutzt werden, um einem großen Personenkreis Informationen, die die Schulgemeinschaft betreffen, zur Verfügung zu stellen oder weiterführende Informationen zu geben.

Literatur

BMFSFJ (Bundesministerium für Familien, Senioren, Frauen und Jugend) (Hrsg.) 2007: Übereinkommen über die Rechte des Kindes. Berlin.

Fesenfeld, Bergit 2001: Kinderrechte sind (k)einThema. Praxishandbuch für die Öffentlichkeitsarbeit, Münster.

Fesenfeld, Bergit 1999: Ran an die Medien. Kinder schaffen Öffentlichkeit. Bundesministerium für Familie, Senioren, Frauen und Jugend (Hrsg.), Berlin.

Klett-Themendienst Schule Wissen Bildung Nr. 44 2009: Öffentlichkeitsarbeit an Schulen lohnt sich. Stuttgart.

Schlossarek, Donate 2008: Mit Öffentlichkeitsarbeit das Schulprofil aktiv gestalten und stärken. In: PraxisWissen SchulLeitung. Köln.

UNICEF: Tipps zur Pressearbeit URL: http://www.unicef.de/blob/22802/28d6b0231bb7f1dea2b538307cb58e24/tipps-pressearbeit-fuer-schulen-2012-data.pdf (20.01.2014).

Bettina Schuster-Kunovits

Kinder, Kinder – Ihr macht Schule! Demokraten fallen nicht vom Himmel!
Ein Projekt des Kinderbüros Oberursel

Das Oberurseler Kinderbüro spielt bei der Verbreitung und Umsetzung der Kinderrechtskonvention in der Kommune eine wichtige Rolle als Interessenvertretung für Kinder, Jugendliche und ihre Familien. Oberursel ist die zweitgrößte Kommune im Hochtaunuskreis und grenzt nordwestlich an Frankfurt am Main. Insbesondere junge Familien mit Kindern schätzen die Stadt als Bildungsstandort im Kreisgebiet. Für Kinder und Jugendliche im Alter von 0-18 Jahren gibt es insgesamt 33 Kinderbetreuungseinrichtungen sowie 28 allgemeinbildende und berufsbildende Schulen. Unterschiedlich konzipierte Jugendtreffs, zahlreiche Sport- und Freizeitstätten und eine kontinuierliche Kinder- und Jugendkulturarbeit sind Angebote für Kinder, Jugendliche und ihre Familien, die in unterschiedlichen Kooperationen mit freien Trägern realisiert werden. Als Ziel der kommunalen Politik wurde von den Verantwortlichen der Stadt definiert, eine familien-, kinder- und jugendfreundliche Stadt zu sein und diese lebendig zu gestalten. Daraus wurde ein vielfältiges Angebot zur Interessenermittlung und Beteiligung von Kindern, Jugendlichen und ihren Familien gestaltet. Für die Entwicklung und Verbreitung von Partizipationsangeboten haben auch neuere gesetzliche Regelungen[1] wesentliche Anstöße gegeben.

1　bspw. KJHG, § 8 „Kinder sind entsprechend ihrem Entwicklungsstand an allen sie betreffenden Entscheidungen der öffentlichen Jugendhilfe zu beteiligen."; Hessische Gemeindeordnung (HGO) § 4c und Hessische Landkreisordnung (HKO) § 8a fordern die Einräumung von Beteiligungsrecht, Anhörungsrecht, Vorschlags- und Rederecht.

Auf kommunaler Ebene, Landesebene bis hin zur Bundesebene wurden in den vergangenen 20 Jahren Ansätze einer spezifischen Kinder- und Jugendpolitik entwickelt, die z. B. auf verstärkte Beteiligung von Kindern und Jugendlichen an Planungs- und Entscheidungsprozessen abzielen. Kinderpolitik wird hierbei zunehmend als Gesellschaftspolitik und als Querschnittsaufgabe verstanden und entwickelt. Trotz Einsparmaßnahmen im öffentlichen Haushalt wurden in den vergangenen Jahren für die Arbeit des Kinderbüros und der Kinderbeauftragten zusätzliche Mittel bereitgestellt. Dadurch wurde vor allem die konzeptionelle Verankerung von Beteiligungsangeboten in der Stadt gestärkt.

1. Ein kleiner Rückblick

Einhergehend mit der bundesweiten Debatte um die UN-Kinderrechtskonvention Anfang der 1990er Jahre gab es auf kommunaler Ebene einen allgemeinen Trend zur Beauftragung von Kinderinteressenvertretungen – die strukturell sehr unterschiedlich angebunden waren bzw. sind. In diesem Kontext wurde 1999 auch das städtische Kinderbüro als Büro der örtlichen Kinderbeauftragten eingerichtet. Seit dieser Zeit dient es als Kontakt- und Anlaufstelle für Kinder, Kindergruppen, Schulklassen und für interessierte Erwachsene. Gesetzliche Regelungen gaben weiterhin Anstoß für die allgemeine Entwicklung und Ausweitung der Beteiligungskultur und ebneten damit auch den Weg für die Entfaltung des Angebotes in Oberursel. Die räumliche Anbindung des Kinderbüros erfolgte gezielt an eine renommierte Bildungseinrichtung für Kinder und Erwachsene: die Stadtbücherei und damals ebenfalls neue Kinderbücherei der Stadt. Das in Hessen bis heute einmalige Modell von räumlicher Gemeinschaft von Kinderbüro und Kinderbücherei unter einem Dach hat sich nicht nur bestens bewährt, sondern auch eine besondere Entwicklung ermöglicht und befördert. Grundsätzlich stehen dem Kinderbüroteam[2] neben dem Gesprächs- und Beratungsraum alle logistischen, technischen und räumlichen Ressourcen der Bücherei zur Mitbenutzung zur Verfügung. Die an Besucher-

---

2 Das Kinderbüro wird geleitet von einer Sozialpädagogin in Vollzeitstelle, die auch die Funktion der Kinderbeauftragten erfüllt. Ihr zugeordnet ist eine Sozialpädagogin in Teilzeitstelle.

Innen orientierte Atmosphäre in Kinderbüro und Kinderbücherei bietet unkomplizierte Möglichkeiten der Kontaktaufnahme sowohl für Kinder als auch für Erwachsene. Synergieeffekte sind in jeder Hinsicht vorhanden und bilden bis heute eine sehr gute örtliche und konzeptionelle Verbindung, die sich in zahlreichen Kooperationsprojekten beider Einrichtungen widerspiegelt.

2. Das Kinderbüro der Stadt Oberursel heute: Kommunale Assistenz für Kinderinteressen

Von einer Funktionsstelle auf Teilzeitbasis hat sich das Kinderbüro zu einer Institution mit einer Kinderbeauftragten in Vollzeitstelle gewandelt: Sie ist die Vertretung von Kinderinteressen gegenüber Politik, Verwaltung und Öffentlichkeit. Damit wurde eine institutionelle Voraussetzung geschaffen, dass das Kinderbüro zu einer wichtigen und öffentlich wahrgenommenen Einrichtung wurde, mit einem komplexen und differenzierten Aufgabenprofil und eigenem Auftrag. Die Etablierung einer Beteiligungskultur in Oberursel, Projekt- und Bildungsangebote für Kinder in einem schlüssigen pädagogischen Kontext, Konzeptentwicklung zu verschiedenen Inhalten und eine aktive Netzwerkbildung der Akteure im sozialen Bereich gehören aktuell zu den Schwerpunkten der täglichen Arbeit. Die intensive Kontaktpflege zu sozialen und sozialpädagogisch tätigen Einrichtungen und Schulen hat im Laufe der Jahre ein verlässliches und starkes Netzwerk hervorgebracht. Veranstaltungen wie die jährliche Organisation und Durchführung des Weltkindertages oder Projektideen, die durch das Kinderbüro initiiert werden und nur durch erfolgreiche Kooperation mit Partnereinrichtungen gelingen können, werden in der Regel von den Institutionen positiv aufgenommen und aktiv unterstützt bzw. mitgetragen.

Die Gemeinwesenorientierung der Arbeit, die solidarische Grundhaltung für Kinder und Familien und das Verständnis dieser Aktivitäten als kommunale Assistenz, als organisiertes Miteinander für die Verbesserung von Lebensqualität im Umfeld von Kindern, werden von den Netzwerkpartnern als Bereicherung der eigenen institutionellen Arbeit erlebt. Das Kinderbüro gestaltet seine Arbeit mit größtmöglicher Transparenz, so dass Einrichtungen, Schulen, Vereine und andere Kinder- und Jugendeinrichtungen Kenntnis über Arbeitsinhalte, Angebote und Projekte erhalten. Als Gründungsmitglied und aktiver Partner engagiert es sich bis heute in der Landesarbeitsgemeinschaft Kinder- und Jugendpartizipation (LAG) und ist u. a. Partner des jährlich stattfindenden Hessischen Demokratietages. Die LAG als landesweit agierendes Netzwerk aus Fachkräften der offenen Kinder- und Jugendarbeit dient dem fachlichen Austausch und der kollegialen Beratung und ist gleichzeitig ein Netzwerkknoten mit Verbindung zu anderen regionalen, überregionalen und auch internationalen Projekten.

---

6 Thesen zu NetzWerken für Demokratie und Kinderrechte

1. **Das Fundament**
   Ein gutes Netzwerk braucht eine gemeinsame Philosophie und gemeinsame Werte.
   Das bedeutet für das Demokratielernen und gelebte Demokratie: Menschenrechte/Kinderrechte als Wertebasis und das Verständnis von Demokratie als Staats-, Gesellschafts- und Lebensform. Kinder und Jugendliche werden von Anfang an altersgerecht beteiligt und erhalten Gelegenheiten, Verantwortung für sich und die Gemeinschaft zu übernehmen.

2. **Vertrauen und Wohlwollen**
   Respektvolles Miteinander im Netzwerk ist immer auch ein Modell für eine wertschätzende Demokratie. Sie braucht einen Vertrauensvorschuss aller Beteiligten und Möglichkeiten zu Konfliktklärung und Versöhnung angesichts einer größeren Vision.

3. **Ziele, Zielgruppen, Meilensteine, nächste Schritte**
   Die Beteiligten des Netzwerkes verständigen sich über ihre Ziele, darüber, an wen sie sich mit ihrer Arbeit richten und mit wem sie zusammenarbeiten wollen, über den Gesamtzeitraum und die nächsten Schritte.

4. **Ressourcen, klare Struktur, Verbindlichkeit**
   Ein gutes Netzwerk arbeitet als Team, das die verschiedenen Kompetenzen der Beteiligten kennt und optimal nutzt. So entsteht eine Passung aus Zielen, Aufgaben, Fähigkeiten und den zur Verfügung stehenden Mitteln.

5. **Transparenz**
   Vertrauen braucht Transparenz über die Inhalte und die Struktur. Der Stand der Vorhaben ist für alle Beteiligten überschaubar und wird schriftlich und für alle Beteiligten zugänglich festgehalten.

6. Offenheit für den Prozess, Lern- und Fehlerkultur, (Selbst-)Evaluation
Eine lernende Demokratie braucht grundsätzliche Prozess-Offenheit. Auch ein gutes Netzwerk ist nicht perfekt, lernt aber aus Fehlern. Das setzt eine regelmäßige Selbstevaluation voraus, die Bereitschaft, Neues zu lernen und zu überprüfen, was sich bewährt hat und ausgebaut werden sollte.

* Die Thesen wurden erstellt von Sonja Student und Bettina Schuster-Kunovits im Rahmen des 6. Hessischen Demokratietages 2013 „Netzwerk Demokratie – wir spinnen weiter". Informationen unter www.hessischer-demokratietag.de

Die Arbeitsfelder, in denen sich das Kinderbüroteam bewegt, ergeben sich aus den Lebenswelten der Kinder und sind folglich breit gefächert. Es ist eine Arbeit mit Kindern für Kinder. Dies erfordert eine umfassende Methodenkompetenz an unterschiedlichen Handlungsorten: zwischen Schreibtisch, Schulen, Kindertagesstätten und erlebnispädagogischen Angeboten mit Gruppen. Die Arbeit ist inhaltlich-konzeptionell, pädagogisch und beratend wie auch praktisch orientiert. Die PädagogInnen des Kinderbüros treten dabei in unterschiedlichen Funktionen auf: Planung, Reflexion, Kooperation mit Partnern, Beratung verschiedener Zielgruppen, pädagogische Aktionen mit Kindern, Öffentlichkeitsarbeit und Kontaktstelle.

Das Kinderbüro fungiert als Kontaktstelle für Kinder, Eltern, Großeltern und andere Familienmitglieder, sozialpädagogische Fachkräfte und weitere Akteure, die temporär oder ständig mit Kindern leben und/oder arbeiten. Wir richten uns in unserer Arbeit an den Interessen von Kindern aus und an den Systemen, die das einzelne Kind umgeben, stützen und fördern. So findet seit vielen Jahren auch eine aktive Kontaktpflege zu Grundschulen, Förderschulen, weiterführenden Schulen und den Institutionen sozialer und sozialpädagogischer Arbeit in Oberursel und Umgebung statt.

Ebenso unterstützen und beraten wir Kinder darin, sich Gehör zu verschaffen. In den Gesprächen mit den Kindern geht es oft um Konflikte mit Eltern und Geschwistern oder um Probleme in der Schule und im interkulturellen Zusammenleben. Auch Themen wie Optimierung und Gestaltung von Spiel-, Erlebnis- und Begegnungsräumen werden im Kinderbüro zunächst ermittelt und dann gebündelt an die Verwaltung weitergeleitet.

Außerdem gibt es kulturelle und bildungspolitische Angebote für Kinder: z. B. die jährlichen Veranstaltungen zum Weltkindertag, Stadt- und Straßenfeste, themenbezogene Veranstaltungen bzw. Sonderveranstaltungen wie die „KinderKulturNacht" oder Kinder- und Jugendfilmtage mit dem Themenschwerpunkt Kinderrechte.

Die Etablierung der UN-Kinderrechtskonvention im Alltag von Kindern ist zentrales Anliegen des Kinderbüros. Das Vertrauen in Politik und das Verstehen politischer Entscheidungsprozesse ist für Kinder nur begrenzt möglich und nachvollziehbar. In ihrem Lebensalltag erfahren sie oft noch zu wenig über ihre Rechte. Kinderpolitische Angebote und Aktionen zur Förderung eines demokratischen Bewusstseins sind somit wichtige Säulen unseres täglichen Wirkens.

Nach § 12 der UN-Kinderrechtskonvention sind Kinder ihrer Entwicklung angemessen und verbindlich an allen sie betreffenden Angelegenheiten zu beteiligen. So werden im Kinderbüro kontinuierlich Angebote mit Aufforderungscharakter zur Mitsprache bzw. Teilhabe entwickelt, organisiert und durchgeführt.

3. Das Projekt „Kinder, Kinder – Ihr macht Schule! Demokraten fallen nicht vom Himmel!"

Dieses Kinderrechteprojekt entstand aufgrund der guten Kooperation mit dem „Modellschulnetzwerk für Kinderrechte" im Rhein-Main-Gebiet und konnte die positiven Arbeitsergebnisse nutzen, die von den zehn teilnehmenden Schulen erreicht worden sind (Praxisbeispiele, Kinderrechte-Materialien etc.). Ein begünstigender Faktor war, dass mit der Grundschule Stierstadt eine Oberurseler Schule am Modellschulnetzwerk beteiligt war, mit der das Kinderbüro in den vergangenen Jahren im Rahmen eines Comenius Regio Projektes intensiv zusammengearbeitet hatte. So fand der Projektstart mit zwei vierten und einer dritte Grundschulklasse (ca. 70–80 Kinder) im Frühjahr 2013 statt und wurde vor den Sommerferien abgeschlossen. Aufgrund der engen und vertrauten Arbeitsbeziehungen zwischen den teilnehmenden Lehrkräften und den Projektverantwortlichen erfolgte eine intensive Reflexion dieser Erprobungsphase.

In modifizierter Form wurde das Projekt dann in der zweiten Jahreshälfte 2013 an der Hans-Thoma-Schule, einer Förderschule in Oberursel, mit Schülerinnen und Schülern der Mittelstufe (11–14 Jahre) durchgeführt.

Ziel des Projekts ist, dass alle Kinder, Lehrkräfte und Eltern an den Grundschulen der Stadt die Kinderrechte kennenlernen und sie in ihrem Lebens- und Schulalltag verwirklichen. Damit ist es ein wesentlicher Baustein zur Befähigung an demokratischer Teilhabe und motiviert Schülerinnen und Schüler im Grundschulalter zur Mitgestaltung ihres Lebensumfeldes. Es gibt ihnen Möglichkeiten der Partizipation und Verantwortungsübernahme bei sie betreffenden Entscheidungen. Die ganzheitliche Bearbeitung unterschiedlicher Themenbereiche ermöglicht es den Kindern, demokratische Strukturen zu erlernen und persönliche Handlungsstrategien für ein selbstbestimmtes Leben zu entwickeln. Hier kann Partizipation am „Ernstfall" erprobt und praktiziert werden.

Das Projekt besteht aus mehreren Phasen. Zunächst werden die Lehrkräfte informiert und für das Projekt gewonnen. Dann findet mit den beteiligten Schulklassen der erste Aktionstag im Kinderbüro und der Stadtbücherei statt. Beim darauf aufbauenden zweiten Aktionstag mit den beteiligten Klassen in ihrer Schule werden die Topthemen für das schulinterne Schülerforum ermittelt sowie die Delegierten aus den beteiligten Klassen gewählt. Diese überlegen gemeinsam, welche Experten zu den unterschiedlichen Themenbereichen zum Schülerforum eingeladen werden sollen. In der Regel werden die Schulleitung, der Hausmeister und Lehrkräfte spezieller Fachbereiche zu den Themen und Anliegen der Kinder für den Bereich Schule eingeladen. Zum Themenkomplex „Lebensumfeld der Kinder", wie Spiel-, Erlebnis- und Begegnungsräume im Stadtteil, werden Experten aus den Bereichen Verwaltung, Gartenamt, Stadtentwicklung usw. eingeladen.

Im Schülerforum werden die Themen von den Klassenstufen an ihrer Schule diskutiert. Die Ergebnisse werden als Anliegen an den Bürgermeister oder den Ersten Stadtrat formuliert. Die Delegierten übergeben die Anliegen der Kinder persönlich an die Verantwortlichen in der Kommune. Das Kinderbüro kümmert sich auch um eine zeitnahe Antwort zu den Anliegen der Kinder.

3.1 Der erste Aktionstag im Kinderbüro

Im Vorfeld der Aktionstage mit den Schülerinnen und Schülern wird den teilnehmenden Lehrkräften das Projekt vorgestellt. Neben organisatorischen Absprachen und der Ausgabe von Informations- und Unterrichtsmaterialien erhalten die Lehrerinnen und Lehrer eine kleine Einführung in die Thematik.

Ablauf des ersten Aktionstags im Kinderbüro

8.30 Uhr	Begrüßung der Schulklassen im Kinderbüro durch die Projektverantwortlichen
8.45 Uhr	Einführung in das Thema
9.00 Uhr	Kinderrechte-Rallye in Kinderbüro, Kinder- und Jugendbücherei
10.00 Uhr	Pause
10.20 Uhr	Vorstellen der Rallyeergebnisse in der Runde
10.45 Uhr	Film zum Thema „Kinderrechte" von UNICEF
11.15 Uhr	Gedanken zum Film
11.45 Uhr	Wie sieht mein (Schul-)Alltag aus? Offene Fragestellungen: Gibt es Dinge, die euch besonders gut gefallen und euch Freude bereiten? Gibt es Dinge, die euch stören, oder gar ängstigen? Gibt es etwas, was du in deinem Lebensumfeld (Schule) am liebsten verändern würdest?
12.30 Uhr	Themensammlung für den zweiten Aktionstag
12.45 Uhr	Verabschiedung

3.2 Zweiter Aktionstag in der Schule

Für den zweiten Aktionstag in der Schule wird mindestens eine Doppelstunde eingeplant. Nach einer kleinen Rückbesinnung auf die Arbeitsergebnisse des ersten Aktionstages werden die von den Kindern gewählten wichtigsten Themen in Kleingruppen bearbeitet. Hierzu unternehmen die Kinder „Streifzüge" durch ihre Schule, ihr Außengelände oder auch in ihrem Lebensumfeld im Stadtteil und nehmen diese genau unter die Lupe. Ausgestattet mit Fotoapparaten, Protokollbögen und Stiften wird die Exkursion dokumentiert und an-

Kinder, Kinder – Ihr macht Schule! Demokraten fallen nicht vom Himmel!

Aktionstag Kinderrechte: Kinder diskutieren, was sie brauchen, damit es ihnen gut geht

schließend auf Plakaten gestaltet. So ergeben sich Plakate mit unterschiedlichen Themenschwerpunkten. Im Anschluss folgt die Vorstellung der Arbeitsergebnisse durch die Schülerinnen und Schüler in der Klasse. Zum Abschluss dieser Unterrichtseinheit wählen die Kinder die Themen für das Schülerforum und bereiten die Wahl der Delegierten aus den Klassen vor.

3.3 Vorbereitungstreffen der Delegierten im Kinderbüro

Die detaillierte Vorbereitung auf das Schülerforum findet mit den Delegierten der teilnehmenden Klassen in den Räumen des Kinderbüros statt. Sie werden dabei auf ihre Moderatorenaufgabe für das Schülerforum in ihrer Klassenstufe vorbereitet. Ebenfalls werden die ausgewählten Themen entsprechend den Bedarfen der Kinder gemeinsam aufbereitet.

3.4 Das Schülerforum

Das Forum findet in den Räumen der gastgebenden Grundschule statt und dauert 1,5 Stunden. Die Moderation dieser Veranstaltung übernehmen die gewählten Delegierten aus den jeweiligen Klassen. Alle Schülerinnen und Schüler der entsprechenden Klassenstufen erhalten die Möglichkeit, an dem Forum teilzunehmen. Die in den Klassen ausgewählten Topthemen werden von den Delegierten während der Veranstaltung vorgestellt und im Forum diskutiert. Zu dem Schülerforum werden entsprechend der Themenauswahl neben den Lehrkräften und der Schulleitung auch „Experten" zu den unterschiedlichen Fachthemen (z. B. aus Politik, Verwaltung, Garten- und Umweltamt) eingeladen. Alle Ergebnisse des Forums werden protokolliert. Die Wünsche an die Schule gehen direkt an die Schulleitung, die Wünsche an die Stadt werden von den Delegierten dem Bürgermeister oder dem Ersten Stadtrat zur Kenntnisnahme und Bearbeitung übergeben. Auf Wunsch der Kinder kann die örtliche Presse zu der Veranstaltung eingeladen werden.

3.5 Rückkopplung der Ergebnisse

Die Rückkopplung der Ergebnisse an die Schülerinnen und Schüler erfolgt zeitnah in schriftlicher und/oder mündlicher Form durch die Vertreter des Kinderbüros. Direkte Ergebnisse sehen die Kinder aber oft unmittelbar an Veränderungen des Schulgebäudes oder Schulhofs. Von Seiten der Verwaltung werden zeitnah Antworten auf noch offene Fragen gegeben, sofern diese nicht von den anwesenden Experten im Forum direkt beantwortet werden konnten.

3.6 Kinderrechte – Spezial

Im Rahmen der Feierlichkeiten zum Weltkindertag werden alle Schülerinnen und Schüler, die im Laufe des Schuljahres an dem Projekt teilgenommen haben, kostenfrei zur Aufführung eines Kindertheaters eingeladen. Das im Auftrag von terre des hommes produzierte Theaterstück „Kommst Du mit nach Durian?" widmet sich in kindgerechter und kreativer Weise, glaubhaft und ohne Scheu vor Emotionen dem Thema Kinderrechte. Begleitet mit Liedern und pantomimischen Einlagen ergänzt dieses Theaterstück so die von den Kindern gesammelten Erfahrungen aus dem Projekt (www.wum.theater.de).

3.7 Ausblick 2014

In enger Kooperation mit dem Team des Kinderbüros Oberursel und der Kinderkulturabteilung unserer Partnerstadt Épinay-sur-Seine (Frankreich) entsteht während des städtepartnerschaftlichen Jubiläumsjahres (50 Jahre) ein Film mit Kindern und für Kinder zu der UN-Kinderrechtskonvention. Mehrere Schulen und zahlreiche Einrichtungen der offenen Kinder- und Jugendarbeit sind an diesem interdisziplinären Projekt in beiden Ländern beteiligt.

4. Fazit

Kinderpolitische Angebote, Aktionen und Beteiligungsprojekte zur Gestaltung der Spiel-, Erlebnis- und Begegnungsräume sind im Kinderbüro seit vielen Jahren etabliert. Kinder sind Experten in ihrem konkreten Lebensumfeld. Aus diesem Grund bevorzugen wir die projektbezogene Beteiligung von Kindern, die auf ihre Lebenswelterfahrung zurückgreift. Beteiligung von Kindern impliziert immer auch die Beteiligung aller Betroffenen im Umfeld der Projekte, wie Lehrkräfte, Eltern etc. Die unmittelbare Auswertung der Erfahrungen nach dem ersten Projektjahr, die durch die aktive Mitwirkung der Lehrkräfte ermöglicht wurde, verdeutlichte die positiven Effekte auf die sozialen und fachlichen Kompetenzen der Schülerinnen und Schüler. Dieses bestärkt uns, auch zukünftig intensiv und gezielt in persönlichen Gesprächen in Lehrerkollegien für dieses Projekt zu werben.

Hervorheben möchte ich, dass auch für Vertreter von Politik und Verwaltung Gespräche mit Schülerinnen und Schülern zu Sachthemen, die die Lebenswelt der Kinder betreffen, eine Herausforderung, aber auch eine Perspektiverweiterung sein können. Dialoge mit den noch nicht wahlberechtigten Betroffenen von politischen Entscheidungen sind im politischen Alltag noch nicht überall verankert. Durch die Begegnung und den Dialog der Kinder mit den politisch Verantwortlichen der Stadt finden gemeinsame Lernprozesse statt, die beide Seiten für die jeweiligen/gegenseitigen Bedarfe sensibilisieren und Verstehensprozesse ermöglichen. Durch dieses „Lernen am Ernstfall" können sowohl die Schülerinnen und Schüler, als auch die politisch Verantwortlichen in der Kommune nachhaltige Erfahrungen sammeln und somit zu einem gelingenden Miteinander in einer kinder- und familienfreundlichen Kommune beitragen.

Schule und Kommune gemeinsam für Kinderrechte

Die Verbreitung und Umsetzung der Kinderrechte kann ohne die Kooperation von Schule, Jugendhilfe und der Politik vor Ort nicht gelingen. „Entgegenkommende Verhältnisse" für Kinderrechte setzen die Zusammenarbeit der (sozial-) pädagogischen und politischen Verantwortungsträger voraus sowie eine gute Abstimmung, wer für was zuständig ist und wie die einzelnen Programme und Maßnahmen ineinandergreifen. Dazu gibt es unterschiedliche Modelle, wie die Kinderrechtearbeit an und von Schulen, Kitas, Jugendeinrichtungen und der örtlichen Politik systematisch koordiniert werden. Wer anfängt, nachzuforschen, wer in seiner Umgebung aktiv für Kinderrechte ist, wird auf neue Bündnispartner stoßen. In vielen Kommunen gibt es Kinderbüros und Kinderbeauftragte, die die Kinderinteressen in der Stadt als Querschnittsaufgabe vertreten, wie am Beispiel Oberursel deutlich wird. Zwei weitere Beispiele aus dem Programm Kinderrechte-Schulen in Hessen zeigen Möglichkeiten der Synergien für die Rechte der Kinder:

Stadtteilkonferenz Wiesbaden-Biebrich

In Wiesbaden-Biebrich besteht seit 25 Jahren die Stadtteilkonferenz als Zusammenschluss von Vertretern verschiedener sozialer Einrichtungen und Vereinen der Kinder- und Jugendhilfe, Schulen, Kindertagesstätten und dem Ortsbeirat. Die Konferenz bietet die Möglichkeit, gemeinsame Veranstaltungen zu planen und projektbezogen sowie trägerübergreifend zusammenzuarbeiten – u. a. mit dem Ziel, sich für Demokratie und Toleranz einzusetzen und damit ein sichtbar „buntes Biebrich" zu präsentieren. Die Goetheschule (GS) ist als Kinderrechte-Schule und damit als Botschafterin der Kinderrechte in der Stadtteilkonferenz vertreten. Als Kinderrechteschule geht es der Goetheschule nicht nur darum, die Rechte der Kinder in einer demokratischen Schule zu leben, sondern auch um die Rechte aller Kinder der Welt. Im Jahr 2012 hat die Schule eine große gemeinsame Informations- und Spendenaktion Biebricher Kinder und Jugendlicher angestoßen: Rund um den internationalen Tag der UN-Kinderrechtskonvention, den 20. November, fanden in zahlreichen

Schulen und Einrichtungen verschiedene Projekte unter dem Motto „Ein Brunnen für ein Dorf in Äthiopien" statt. Z.B. ein Koffer voller Wasser, ein Brunnen voller Geld, Spendensammlung am Wiesbadener Brunnen und Aufklärung über die Situation der Kinder in Äthiopien. In einem offiziellen Festakt wurde die Spende an UNICEF überreicht.

Vertreter der Stadtteilkonferenz brachte die Goetheschule außerdem auf ihrer eigenen Fortbildungsveranstaltung unter dem Titel „Auf dem Weg zur demokratischen Schule – Schule und Stadtteil gemeinsam aktiv für Kinderrechte" zusammen. Neben Lehrkräften benachbarter Schulen brachte sich auch der Jugendbeauftragte aus dem Stadtteil in die Diskussion ein.

Stadt Hanau: „Kinderfreundliche Schulen" in „Kinderfreundlichen Kommunen"

Die pädagogische Arbeit der Hanauer Kinderrechte-Schulen (Gebeschusschule und Brüder-Grimm-Schule) wird mit den kommunalen Bemühungen zu mehr Kindergerechtigkeit eng verknüpft. Hanau ist eine von sechs Pilotstädten für das Projekt „Kinderfreundliche Kommune", eine Kooperation von UNICEF Deutschland und dem Deutschen Kinderhilfswerk. Am Ende des Prozesses der Umsetzung von Kinderrechten im städtischen Leben und der kommunalen Politik steht die Auszeichnung als „Kinderfreundliche Kommune". Die Hanauer Stabsstelle Prävention leitet das Vorhaben und bringt Themen wie kindergerechte Stadtplanung, Gewalt- und Suchtprävention, kommunale Beteiligung von Kindern und Jugendlichen und kinderfreundliche Schulen zusammen (z.B. das Programm „Hilfeinsel Leon", die „Präventions-Botschafter" oder das Umwelterziehungsprojekt). Um die Bedeutung von Schulen bei der Gestaltung einer kinderfreundlichen Kommune auch für die anderen beteiligten Pilotstädte noch deutlicher zu machen, trat die Brüder-Grimm-Schule mit ihrem Schulsong „Wir Kinder haben Rechte" bei der Auftaktveranstaltung des Programms auf. In diesem Zusammenhang wurde das Programm Kinderrechte-Schulen vorgestellt und unterstützend eine Materialmappe an alle beteiligten Kommunen verteilt.

Mehr zum Programm Kinderfreundliche Kommune auf www.kinderfreundliche-kommunen.de.

* Beispiele zusammengestellt von Jasmine Gebhard, Makista e.V.

Wolfgang Edelstein

Zum Nachklang: Kinderrechte und Demokratie – Werte und Kompetenzen für eine nachhaltige Schule[1]

(1) Eine demokratische Schule, eine Schule der Demokratie ist kein Luxus. Demokratie lernen ist keine Nebenaufgabe, die gleichsam außerhalb des Ernstfalls, als „sozialer Klimbim", auf einem Nebenschauplatz der Kuschelpädagogik für den schönen Schein anfällt. Demokratie in der Schule ist der Ernstfall, und sie muss ins Zentrum der Aufgabe gestellt werden, die Schule überhaupt zu erfüllen hat. Schüler sollen für das Leben lernen, und es ist die Aufgabe der Schule, sie dabei zu unterstützen. Dieser Aufgabe dienen Unterricht und Erziehung gleichermaßen. In diesen Kontext müssen wir die demokratische Schule stellen; dies ist der Zusammenhang, in dem Demokratie lernen und leben seinen Sinn entfaltet. Es geht dabei um die Funktion, die Schule im Leben der Schüler hat, die sie auf ihre Zukunft vorbereiten soll. Dieser Funktion müssen wir ein Stück weit nachspüren, um die zentrale Stellung des Demokratiegebots in der Schule zu begreifen.

Demokratie lernen erfüllt dabei drei Funktionen: (a) Demokratie lernen, um in Zukunft bewusst demokratisch handeln zu können; (b) Demokratie leben, d. h. an einer demokratischen Community teilhaben, um sich einen demokratischen Habitus anzueignen; (c) Demokratie als Lebensform mitgestalten, um eine transferfähige Erfahrung für die Gestaltung einer demokratischen Gesellschaftsform zu erwerben. Diese drei Formen des Lernens – bewusste Aneignung von Wissen, lebendige Erfahrung und partizipatorische Mitgestaltung – sollen sowohl den Sinn als auch die Funktionsweise und die

---

[1] Überarbeitete Fassung von: Edelstein, Wolfgang „Zur Demokratie erziehen – Werte und Kompetenzen für eine zukunftsfähige Schule", 2009

Gestaltungsspielräume demokratischer Regeln, demokratischer Tugenden und demokratischer Kooperationen erschließen. Eine herausragende Rolle spielen dabei soziale Kompetenzen als notwendige, wenn auch nicht hinreichende Bedingungen demokratischer Lebensformen auf der Ebene individueller Dispositionen, Bereitschaften, Fertigkeiten und Überzeugungen. Ohne soziale Kompetenzen keine Kooperation, keine Verantwortungsübernahme, keine Partizipation, ohne diese Qualifikationen der Individuen keine Demokratie.

Daher handelt dieser Beitrag vor allem von den individuellen Voraussetzungen und Bausteinen, aus denen demokratiepädagogisch aktive Schulen demokratische Gemeinschaften errichten. Diese sollen Schüler für das Leben erwerben, und es ist die Aufgabe der Schule, sie dabei zu fördern. Diesem Ziel sollen Unterricht und Erziehung in der Schule gleichermaßen dienen.

(2) Um Schüler auf ein Leben in zehn oder zwanzig Jahren (oder auch auf eine Zukunft im Abstand etwa einer Generation) vorbereiten zu können, ist Information darüber erforderlich, welche Anforderungen das „Leben" an sie stellen wird. Mit welchen Herausforderungen werden sie konfrontiert sein? Um darauf eine annähernd glaubwürdige Antwort geben zu können, benötigen wir wissenschaftlich gestützte Szenarien über die zukünftige Gestalt der Gesellschaft, die Struktur des Wirtschaftslebens, die Perspektiven der beruflichen Arbeit. Doch ebenso benötigen wir eine Perspektive auf die Werte und Normen, die das Leben der nächsten Generation anleiten sollen.

(3) Maßgebliche Szenarien über die Entwicklung der Gesellschaft in mittleren Zeiträumen haben z. B. die Delphi-Studien des BMBF in den späten neunziger Jahren des vorigen Jahrhunderts, demographische Voraussagen der Bevölkerungsentwicklung, Analysen der wirtschaftlichen Entwicklung der OECD sowie Analysen der Umweltentwicklung der Vereinten Nationen entworfen. Die Vereinten Nationen haben mit den Menschenrechtspakten und der Konvention über Kinderrechte völkerrechtlich verpflichtende Grundregeln für die normative Orientierung des gesellschaftlichen Zusammenlebens vorgelegt, die durch die Gremien der EU und des Europarats anerkannt und weiter differenziert wurden. Der Europarat mit seinem Programm für demokratische und

menschenrechtliche Bildung (Education for Democratic Citizenship/Human Rights Education, EDC/HRE) und die OECD mit ihren Kompetenz- und Inklusionszielen haben ihre bildungspolitischen Zielsetzungen in den Rahmen der Menschenrechte und Kinderrechte, der Demokratie und der Nachhaltigkeit als Grundnormen für die Entwicklung gestellt. Alle Vorstellungen, die wir über die Bildung von morgen entwickeln, müssen in den Kontext der Menschen- und Kinderrechte, der Förderung der Demokratie, der sozialen Inklusion und der Nachhaltigkeit gestellt werden. Dabei gehen wir in der Tradition eines aufgeklärten Republikanismus davon aus, dass Demokratie Menschen-/Kinderrechte und soziale Inklusion normativ zwingend einschließt.

(4) Das Leben zukünftiger, jedoch bereits auch der heutigen Schülergenerationen wird durch tiefgreifende Änderungen gegenüber den tradierten gesellschaftlichen und ökonomischen Strukturmustern bestimmt werden, an denen die Schule sich bisher orientieren konnte. Eine in hohem Maße globalisierte Wirtschaft wird den Produktionsstandort Deutschland unter starken Qualitäts- und Konkurrenzdruck setzen. Die Struktur der Arbeit wird sich aller Voraussicht nach quantitativ wie qualitativ tiefgreifend ändern. Eine vor allem technologisch bestimmte Güterproduktion, eine hoch entwickelte Kommunikations- und Informationstechnologie und ein expandierender Dienstleistungssektor, nicht zuletzt in Gesundheitswesen und im Pflegebereich, wird die Strukturen des wirtschaftlichen Lebens verändern. Gering qualifizierte Arbeit wird voraussichtlich stark abnehmen, Bildungs- und Qualifikationsvoraussetzungen für Erfolg am Arbeitsmarkt werden dagegen massiv zunehmen. Technologische Systeme werden das gesellschaftliche Leben bis in den letzten Winkel durchdringen, es aber auch individualisieren.

Diese Entwicklungen werden den Menschen ein hohes Maß an Flexibilität, zugleich aber auch viel innere Stabilität abverlangen. Die Wohlfahrt eines jeden wird mehr als bisher von individuellen Anstrengungen und weniger von kollektiven (öffentlichen) Sicherungen abhängen. Die Qualität des gesellschaftlichen Lebens wird viel stärker als heute von der Fähigkeit und Bereitschaft der Bürger abhängen, zivilgesellschaftliche Aufgaben zu übernehmen. Es liegt auf der Hand, dass Individuen, um solche Anforderungen zu meistern, ein hohes

Maß an Selbstwirksamkeit besitzen müssen, die Bereitschaft und die Fähigkeit haben müssen, Verantwortung zu übernehmen, und schließlich über entwickelte soziale Fähigkeiten verfügen müssen. Die zunehmende Individualisierung in allen gesellschaftlichen Funktionsbereichen korrespondiert mit einem nachhaltig gestiegenen Qualifikationsanspruch an die Individuen – ein Anspruch, dem sich die Schulen werden öffnen müssen.

Strategien zur Erhaltung und Förderung der sozialen Integration einschließlich der Fähigkeit zur Konfliktbearbeitung fordern besondere Aufmerksamkeit – nicht zuletzt angesichts einer drohenden Abkoppelung umfänglicher Gruppen von Modernisierungsverlierern von der gesellschaftlichen Entwicklung. Für die Sicherung sozialer Integration und des sozialen Zusammenhalts sind die Individuen in einem heute noch kaum geforderten Ausmaß auf soziale Kompetenzen angewiesen: auf die Fähigkeit, die Perspektive anderer zu übernehmen, Konflikte fair zu lösen, zu kooperieren, gemeinsam mit anderen Verantwortung zu übernehmen. Der Fähigkeit zum Konfliktmanagement kommt dabei eine besonders zukunftsträchtige Bedeutsamkeit deswegen zu, weil interpersonale Konflikte mit wachsender Ungleichheit zunehmen werden.

Die skizzierten Entwicklungen werden, wenn die Individuen sich die soeben genannten Bereitschaften, Fähigkeiten, Kompetenzen und Tugenden nicht aneignen, die Demokratie akut gefährden. Anzeichen solcher Gefährdung können wir bereits erkennen. Auf diese Anzeichen sollte das BLK-Programm „Demokratie lernen und leben" eine konstruktive Antwort geben. Diese beruft sich auf die Einsicht, dass es einer eingelebten Praxis demokratischer Lebensformen bedarf, um bei jungen Menschen den Habitus einer demokratischen Lebensführung zu kultivieren. Denn die Gelegenheit, die Praxis solchen Handelns zu erwerben, die soziale Integration begünstigende Verhältnisse muss die Schule zur Verfügung stellen – die einzige Institution, die alle Kinder aufnimmt und ihnen eine Praxis gemeinsamer Normen und Werthaltungen anbieten kann. Diese Praxis ist die lebendige Erfahrung der Anerkennung, die Menschenrechte und Kinderrechte jedem Menschen, jedem Kind zusprechen.

(5) Es liegt auf der Hand, dass die veränderten Qualifikationsprofile, die sich aus solchen Szenarien praktisch übereinstimmend ableiten lassen, die korres-

pondierenden Bildungs- und Erziehungseinrichtungen vor die Aufgabe stellen, ihre Schüler mit den für das Leben und das Überleben in der heraufziehenden Gesellschaft erforderlichen Qualifikationen auszustatten. Dabei besteht weitgehend Einigkeit darüber, dass die Qualifikationen, die zur erfolgreichen Bewältigung zukünftiger Formen der Arbeit, des gesellschaftlichen Lebens, des für das Individuum erforderlichen Weltverständnisses, der politischen Kommunikation und des kulturellen Austauschs notwendig sind, auf Erfahrungen und Lernprozesse angewiesen sind, welche die bisherigen Curricula und die gängigen Formen des Lernens in der Schule nur ungenügend transportieren. Es ist eine Aufgabe von Schulen, den Schülern im Blick auf zukunftsfeste Kompetenzen für ein Leben in der Demokratie solche Erfahrungen zu vermitteln und solche Lernprozesse zu ermöglichen. Zu diesem Zweck müssen die Schulen selbst sich zu Lebenswelten entwickeln, die eine partizipative, kooperative und von Fairness bestimmte, kinderrechtlich wirksame Praxis exemplarisch verwirklichen – oder doch nach Möglichkeit zu verwirklichen suchen!

(6) Die oben kurz skizzierten (und ähnliche) Zukunftsszenarien haben die OECD veranlasst, im Rahmen eines bemerkenswerten internationalen Kooperationsprogramms einen transnationalen Konsens über Schlüsselkompetenzen herzustellen, die zur erfolgreichen Bewältigung der Aufgaben befähigen, die ein Leben unter gegenwärtigen, vor allem aber unter den vorhersehbaren zukünftigen Bedingungen den Individuen auferlegt (vgl. Rychen & Salganik 2001, 2003). Kompetenzen werden als die Befähigung definiert, eine kontext- bzw. situationsgebundene Anforderung erfolgreich zu bewältigen und die dafür erforderlichen kognitiven, emotionalen und motivationalen Ressourcen, Fertigkeiten, Einstellungen und Werthaltungen zu mobilisieren. Kompetenzen kann man deshalb am besten als anwendungsbezogene Handlungsfähigkeiten begreifen, als Handlungsbereitschaft in einer Anforderungssituation (vgl. Weinert 2001).

Anders als bei den meisten herkömmlichen Lernaufgaben geht es dabei nicht vorrangig um das Abspeichern kognitiver Inhalte im Gedächtnis, sondern um den Aufbau eines Potenzials zur Beantwortung kontextuell situierter Aufgaben bzw. zur Lösung situierter Probleme unter Rekurs auf Erfahrung, zu der Handlungsfertigkeiten, Einstellungen und Haltungen, Bereitschaft und Motivation ebenso gehören wie Kenntnisse und Wissen. Kompetenzen sind also zunächst stets erfahrungs- und kontextgebunden. Wenn sie dagegen kontextübergreifend zur Bewältigung von Aufgaben eingesetzt werden können, die in unterschiedlichen Situationen eine Rolle spielen, handelt es sich um Schlüsselkompetenzen, die folglich für den (schulischen) Kompetenzerwerb besonders relevant sind. Es leuchtet unmittelbar ein, dass soziale Kompetenzen Schlüsselkompetenzen sind, die in unzähligen Situationen des sozialen und politischen Lebens zum Verständnis der Situation und zur Lösung von Problemen gefordert sind.

(7) Die OECD hat aufgrund von Expertisen und Forschungsprojekten in ihren Mitgliedsländern drei Kernkompetenzen definiert, die folglich in allen Bildungssystemen Geltung beanspruchen sollten: (a) selbstständig handeln können; (b) Werkzeuge (tools) konstruktiv und reflexiv nutzen können; (c) in heterogenen Gruppen erfolgreich miteinander umgehen bzw. gemeinsam handeln können.

Jede dieser grundlegenden Kompetenzen lässt sich in eine Anzahl Schlüsselkompetenzen zerlegen, die für Leben und Lernen in der Schule in hohem Maße relevant sind, so wie dies auch für die vier oben bereits genannten Leitwerte gilt: Orientierung des pädagogischen Handelns an Menschenrechten und Kinderrechten, an Demokratie und Mitbestimmung, an Normen der sozialen Integration und Kohäsion, an der Norm der Nachhaltigkeit. In der Substanz implizieren zwei von den drei Kernkompetenzen und mindestens drei von den vier Leitwerten die zentrale Bedeutung sozialer Kompetenzen für den Bildungsprozess. Und umgekehrt: Es sind Kompetenzen des sozialen Handelns und Fähigkeiten des sozialen Verstehens, die zur Konstitution einer demokratischen Lebensform, zu einer menschenrechtlich geprägten Praxis, zur Bewahrung und Bewährung der sozialen Integration führen.

Wenn man sie als zukunftsfeste Kompetenzen der Individuen und zugleich als Gestaltungsprinzipien der sozialen Welt mit Hilfe dieser Kompetenzen ernst nehmen will, müssen sie den Bildungs- und Erziehungsprozess als Ganzes strukturieren und die schulische Praxis nachhaltig durchdringen. Das können sie freilich nur, wenn sie konkretisiert, d. h. auf die konkrete Praxis in der Schule heruntergebrochen werden. Dann erst können wir ihre Funktion als Bausteine einer kinderrechtlich bestimmten und demokratischen Lebensform der Schule erkennen. Dies soll im Folgenden an einigen Beispielen gezeigt werden:

(8) Zunächst zu den Leitwerten: Menschenrechte und Kinderrechte in der Schule implizieren vor allem Respekt und Anerkennung jeder Person jederzeit und überall sowie das Recht auf individuelle Förderung. Und das heißt: Anerkennung individueller Lernbedingungen und Lernbedürfnisse. Die Anerkennung individueller Unterschiede in heterogenen Gruppen ist, wie von PISA wiederholt demonstriert, keineswegs Teil des Ethos des gegliederten Schulsystems, sie bedarf einer bislang systemfremden Kultivierung. Und weil ihre psychologischen Voraussetzungen und pädagogischen Implikationen auch nicht Teil der Lehrerbildung, der Vorbereitung auf die Ausübung der Profession und Teil des Professionswissens ist, bedarf es für eine kinder- und menschenrechtlich fundierte Durchdringung der ganzen Schule und des gesamten pädagogischen Handelns noch einer ganz erheblichen Anstrengung zur Änderung der schulischen Verhältnisse.

Der Leitwert der Demokratie fordert Teilhabe und Mitbestimmung aller Akteure in der Schule: Lehrer, Eltern, Schüler – sowie die Mitbestimmung von Akteuren der Zivilgesellschaft. Demokratie in der Schule impliziert Gelegenheiten zur Verantwortungsübernahme für alle von der Schule betroffenen Akteure, und das bedeutet, über das Repertoire von Handlungsmöglichkeiten nachzudenken, das die Schule ihren Mitgliedern, aber auch den Akteuren ihres Umfelds zur Verfügung stellen kann – im Unterricht wie im Leben der Institution.

Die Praxis solcher Mitwirkung setzt auf die praktische Anwendung sozialer Kompetenzen im Zusammenwirken aller Betroffenen und übt sie zugleich: Perspektivenwechsel und Perspektivenkoordinierung, soziales Verstehen, gesichertes Gehör für unterschiedliche Standpunkte, Fairness im Verhandeln von Interessen, gleiche Rechte, Teamwork, Kooperation. Der Leitwert der sozialen Integration fordert vor allem Sensibilität im Umgang mit unterprivilegierten Gruppen, nicht zuletzt mit Kindern fremdkultureller Herkunft.

Dabei geht es auch und sogar vordringlich um die Kompensation von Armut und kultureller Deprivation. Es geht um Anerkennung und Inklusion. Geduld, Toleranz und Solidarität erfordert die Praxis eines erzieherischen Umgangs, der die Schule als Gemeinschaft, als Community in den Dienst der sozialen Integration stellt und damit im Kleinen übt, was im Großen erforderlich ist, um den Bestand einer integrierten Gesellschaft zu sichern und diese als Demokratie zu gestalten. Soziale Kompetenzen sind der Stoff, aus dem verantwortungspädagogische Nachhaltigkeit gemacht ist: Jede Schule steht vor der Aufgabe, in Unterricht und Schulleben zur Sicherung des Prinzips der Nachhaltigkeit beizutragen. Achtung der materiellen wie der immateriellen Gemeinschaftsgüter im schulischen Alltag ist eine Aufgabe, die den im Unterricht gewonnenen Sachverstand über Naturprozesse ebenso herausfordert wie die Einsicht in Prinzipien eines fairen sozialen Zusammenlebens und die Anerkennung von Gerechtigkeitsnormen.

Insofern durchwirkt der Gesichtspunkt der Nachhaltigkeit jeden ernsthaften Versuch, Menschen- und Kinderrechte, Demokratie und soziale Integration zu verwirklichen. Um sie verwirklichen zu können, werden ebenjene Schlüsselkompetenzen in Anspruch genommen, welche die OECD in den Mittelpunkt ihrer bildungspolitischen Anstrengungen gestellt hat, allen voran die sozialen. Diesen Kompetenzen wenden wir jetzt unsere Aufmerksamkeit zu.

(9) Die Kernkompetenzen: In ihrer Konkretisierung als kontextübergreifende Schlüsselkompetenzen durchdringen die vom DeSeCo-Programm (kurz für „Defining and selecting key competencies") der OECD definierten Kernkompetenzen Leben und Lernen in der Schule.

(9.1) Erfolgreich selbstständig handeln können setzt Gelegenheitsstrukturen für selbstständiges Handeln in Schule und Unterricht voraus; dazu gehören: die Übertragung von Verantwortung, Gelegenheit zu eigenständiger Planung von Aufgaben und Projekten; die Erprobung von Führungsaufgaben, Initiativrechte und Anerkennung für selbstständig erbrachte Leistungen, auch die Duldung von (begründetem) Widerspruch und das Gehen eigener Wege. Die Förderung der Selbstwirksamkeit, d. h. eine optimistisch getönte Einschätzung der eigenen Leistungsfähigkeit, die unerlässlich ist für eine positive Motivation zu schulischer Leistung, hängt ab von der positiven Bewertung individueller Initiative und der Anerkennung für individuelle Anstrengungsbereitschaft und nicht nur für eine tatsächlich erbrachte Leistung. Aus übergeordneter Perspektive heißt selbstständig handeln können auch gegen Widerstände, gegen Mehrheiten, gegen Autoritäten handeln – aus Gewissensgründen, aus einer Orientierung an Prinzipien.

An dieser Stelle treffen die Bereitschaft, selbstwirksam autonom zu handeln, soziales Verstehen und moralisches Urteil zusammen, um verantwortliches Handeln zu motivieren. Eine Schule, die Verantwortung kultivieren will, wird die Gründe für das Handeln auf ihre Stichhaltigkeit prüfen und stichhaltige Gründe anerkennen, auch wenn dies nicht im Interesse der Institution oder einer Mehrheit zu liegen scheint. Nur so wird mit der moralischen Sensibilität die Überzeugung eigener Wirksamkeit gefördert, die einer Person signalisiert, dass sie dem Gewissen gemäß auch handeln kann, ohne sich zu verleugnen.

Selbstständig und selbstwirksam handeln können ist folglich eine der wichtigsten Voraussetzungen für die Teilhabe an der Zivilgesellschaft in Zukunft. Die unausweichliche Transformation und zumindest teilweise Individualisierung staatlicher Sicherungs- und Fürsorgeinstitutionen kann sozial erträglich nur gestaltet werden, wenn das zivilgesellschaftliche Engagement den Individuen zugleich ein selbstwirksam gestaltetes individuelles und ein gemeinschaftliches Leben ermöglicht. Eine demokratische Gesellschaftsform setzt Teilhabe und Mitwirkung der Bürger am gesellschaftlichen Leben, an der Lösung gesellschaftlicher Aufgaben im Kleinen (der eigenen Lebenswelt) wie im Großen (der politischen Gemeinschaft) voraus.

Doch bürgerschaftliches Engagement muss gelernt werden, und Selbstwirksamkeit und Verantwortung sind die Bausteine, aus denen individuelles Engagement gefügt wird. Die Schule muss dies kultivieren, und diese Vorbereitung auf ein aktives Leben kann nur durch die gemeinschaftliche Praxis der Schule selbst erfolgen, indem sie ein förderliches Umfeld für die Erfahrung selbstwirksamen Handelns schafft. Insofern setzt auch und gerade autonomes und eigenverantwortliches Handeln der Individuen die sozialen Kompetenzen voraus, die in der Praxis einer solidarisch organisierten Schulgemeinde erworben werden. Und genau dies ist eine Realisierung der Demokratie als Lebensform.

(9.2) Die zweite von der OECD definierte Kernkompetenz ist: Instrumente (tools) konstruktiv nutzen können. Der umfassende Begriff der „Instrumente", Instrumentarien, Werkzeuge, kommt der schulischen Tradition am meisten entgegen, umfasst diese Kernkompetenz doch die sprachliche Verständigung ebenso wie die mathematischen Operationen und die modernen Informationstechnologien. Die bisherigen PISA-Studien haben vor allem Kompetenzen in diesem Bereich getestet – Lesekompetenz einerseits, mathematische Kompetenzen andererseits. Beide werden als Kompetenzen zur verständigen Handhabung von tools zur effizienten Lösung konkreter Probleme begriffen. Wir sollten nicht übersehen, welche neuen Anforderungen diese Definitionen der Kompetenzen an die traditionellen Schulfächer stellen – Anforderungen, die in den Darstellungen der PISA-Aufgaben deutlich werden und die ziemlich neuartige Ansprüche an den Unterricht stellen, weg vom fachdisziplinären Aufbau, hin zur altersangemessen komplexen Informationsverarbeitungs- und Problemlösungskompetenz.

In Zukunft dürfte die dritte Facette der Basiskompetenz, nämlich die Kompetenz zur erfolgreichen Nutzung der Informationstechnologien, besondere Beachtung erfahren. Die Definition dieser Kompetenz hebt die Fähigkeit zu konstruktiver und reflexiver Nutzung der Instrumentarien hervor: Dabei spielt die Fähigkeit, die Instrumentarien problemlösend und erfinderisch einzusetzen, eine besondere Rolle. Für die schulische Praxis dürfte dies Gruppenarbeit und Modalitäten der Anerkennung von Gruppenleistungen einschließen, vor allem aber die Arbeit in Projekten, die zugleich die Beherrschung der Werkzeuge, der Mittel und die soziale Organisation ihrer Durchführung in kooperativen Gruppen und funktionalen Teams in den Mittelpunkt rücken.

(9.3) Die Anerkennung solcher Gruppenleistungen tritt noch deutlicher in der dritten Kernkompetenz in Erscheinung. Diese wird wie folgt definiert: in heterogenen Gruppen erfolgreich miteinander handeln bzw. umgehen können. Diese Definition kann geradezu als Oberbegriff für die umgangssprachlich als „soziale Kompetenzen" bezeichneten Qualifikationen verstanden werden, die wegen ihrer überragenden Bedeutung für die schulische Praxis an dieser Stelle noch einmal etwas differenzierter betrachtet werden sollen. Soziale Kompetenzen sind für einen verständnisvollen Umgang zwischen Individuen in jeder

Situation erforderlich. Trotzdem müssen sie von jedem Individuum erst gelernt und erworben werden.

Wir wissen heute, dass die Lerngelegenheiten und die Lernprozesse, die zum Erwerb sozialer Kompetenzen führen, in den sozialen Umwelten, die Kindern zur Verfügung stehen, also in Familien, Gleichaltrigengruppen, Stadtteilen, Institutionen und den Kulturen, die ihr Leben und ihre Interaktionen prägen, höchst ungleich verteilt sind und höchst ungleich ausfallen. Die Tatsache, dass die Experten der OECD die Interaktion in heterogenen Gruppen herausstellen, verweist auf die multikulturelle Komposition aller modernen Gesellschaften und die zunehmenden Probleme sozialer Desintegration, die daraus hervorgehen.

Die Forderung, die Entwicklung sozialer Kompetenzen zu fördern, antwortet folglich einerseits auf universelle Erfordernisse der sozialen Interaktion. Andererseits antwortet ihre gezielte Förderung auf die besonderen Herausforderungen heterogener sozialer Strukturen, welche die soziale Integration moderner Gesellschaften in Frage stellen. Eine Schule, die Kinder achtet, muss beides im Auge behalten, den Normalfall sozialer Interaktion in Gruppen und das steigende Risiko sozialer Exklusion. Die Kompetenzdefinitionen der OECD scheinen freilich mit Blick auf die Kompetenzen, die zur Gestaltung des Lebens in der Zivilgesellschaft erforderlich sind, noch unvollständig.

Für ein Leben in der Demokratie und für die Schule in der Demokratie zählen die Bereitschaft und die Fähigkeit zur Verantwortungsübernahme, zur geregelten Teilhabe an Institutionen und politischen Prozessen sowie die Bereitschaft zu fairem Teilen von zivilen Rechten und Pflichten zu den Schlüsselkompetenzen: Schulen sollen Gelegenheitsstrukturen für eingelebte Formen lokaler Demokratie entwickeln. Die Erfahrungen, die Schüler damit machen, sind umso wichtiger und nachhaltiger, je abstrakter und erfahrungsferner Demokratie als institutionelle Ordnung und makrosoziales Regelwerk ihnen gegenübertritt. Für die konkrete Erfahrbarkeit der demokratischen Normen Verantwortung, Teilhabe und Fairness muss die Schule sorgen. Niemand sonst kann sie verlässlich an alle vermitteln (Edelstein & de Haan 2004). Welche Hindernisse dabei die strukturelle Ungleichheit der Chancen in unserem Schulsystem errichtet, kann hier nur erwähnt, aber nicht abgehandelt werden (Butterwegge u. a. 2004, Edelstein u. a. 2011).

(10) Es gibt ein breites Repertoire sozialer Kompetenzen, welche die Schule durch erzieherische Strategien, durch die sichere Geltung sozialer Normen wie Fairness und Anerkennung, durch eine bewusst gestaltete Praxis der Kinderrechte und demokratischer Lebensformen zu fördern vermag. Einige habe ich genannt, einige in aller Kürze auch beschrieben. Das Repertoire reicht von sozialer Sensibilität der Teilnehmer an alltäglichen Interaktionen, die im Erziehungsraum der Schule in geeigneten Situationen – aber z. B. auch im Theaterspiel – thematisiert werden können, über die Einübung von Kommunikation und Verständigung mit unterschiedlichen Partnern in unterschiedlichen Situationen, über Verhandeln, Kooperation in Teams, Gruppen und Projekten, bis hin zur Übernahme von Führungsrollen, Maßnahmen zur Verhinderung von Gewalt, Training von Zivilcourage und Methoden des Konfliktmanagements. Besonders relevant und nachhaltig wirksam ist dabei die Fähigkeit zum Perspektivenwechsel und zur Perspektivenübernahme, die kritischer Bestandteil aller sozialer Kompetenzen ist, die Fähigkeit zur Kooperation, die in Teams, Gruppenarbeit und vor allem in Projekten eingeübt werden kann; und schließlich die Fähigkeit, Konflikte zu bearbeiten, Konflikte fair zu schlichten und zum Vorteil aller Beteiligten (als win-win Situation) zu lösen.

Soziale Kompetenzen sind nachhaltig: Sie bestimmen die Schulkultur ebenso wie das Leben nach der Schule – sei es im beruflichen Kontext, sei es im Bereich der Zivilgesellschaft. Hier gilt in besonderem Maße, dass im Kleinen geübt werden kann, was in Großen bedeutsam ist. Deshalb vermitteln Projekte als kooperative Formen des Lernens sowie variable Formen der Team- und Gruppenarbeit nachhaltig wirksame Erfahrungen der Praxis sozialer Schlüsselkompetenzen; und deshalb stellen Klassenrat und Schulgemeinde als Grundzellen demokratischer Lebensformen in den Schulen, nicht zuletzt in Ganztagsschulen, entgegenkommende Verhältnisse für die Entwicklung und Förderung einer kinderrechtlich angeleiteten schuldemokratischen Praxis dar.

(11) Sollten wir nochmals fragen, wozu das gut sei bzw. ob dies nicht der Luxus einer Kuschelpädagogik sei, die in der harten Währung verringerter Leistungsbereitschaft mit nachlassender Performanz teuer erkauft werde, können wir auf die Frage unerwartet deutlich antworten. Demokratische Verhältnisse, die

Förderung sozialer Kompetenzen in der Schule sind kein Luxus, und dies aus mehreren Gründen:

(a) Sie verbessern das Schulklima und verringern die Gewaltbereitschaft ebenso wie die tatsächliche Gewalttätigkeit an Schulen, einschließlich der Häufigkeit von Mobbing und sozialen Konflikten. Sie stellen sowohl Voraussetzungen als auch Folgen einer wirkungsvollen Praxis der Kinderrechte dar.

(b) Mit demokratischer Praxis und dadurch verbessertem Schulklima steigt die Leistungsbereitschaft, nehmen das Engagement für die Schule, das Gefühl der Zugehörigkeit und das Empowerment der Schüler zu und in deren Folge gewiss auch die Leistung. Nicht von ungefähr propagiert die OECD die Förderung der Kernkompetenzen als Meilensteine auf dem Weg zu höherer Effizienz der Schulsysteme.

(c) Demokratisch integrative Schulen fördern die soziale Kohäsion und binden die Außenseitergruppen, insbesondere Kinder in Armutsverhältnissen, in die Schulgemeinschaft ein. Sie stellen folglich eine besondere Chance dar, die intergenerationelle Vererbung der Armut zu unterbinden, zu der das bestehende Schulsystem in besonderem Maße beiträgt. Eine aktiv demokratische Schule würde mit der Integration der Armen und der Überwindung von Armutskulturen, insbesondere im Kontext bildungswirksamer und integrationsintensiver Ganztagsschulen, einen besonderen Beitrag zur sozialen Integration leisten, der in seiner Bedeutung gar nicht hoch genug veranschlagt werden kann.

(d) Und schließlich: Nichts wird demokratische Überzeugungen besser festigen als die Praxis der Demokratie, nichts wird zur Sicherung der Demokratie nachhaltiger beitragen als ein aktives Engagement der jungen Generation, ihre Beteiligung an der Gestaltung demokratischer Verhältnisse. Dies fordern zugleich die Kinderrechte von uns. So dürfen wir dies mit normativen Gründen nicht als Luxus, sondern als Notwendigkeit begreifen. Wir begreifen Demokratie als Wert, der unser Handeln leitet und informiert. Es ist dabei ein gutes Gefühl, auch im Blick auf internationale Vergleiche, dass demokratische Schulen versprechen, auch die besseren Schulen zu sein.

Literatur

Beutel, W./Edler, K./Kahn, U./Rump-Räuber, M./Zöllner, H./Landesinstitut für Schule und Medien Berlin-Brandenburg (Hrsg.) 2013: Merkmale demokratiepädagogischer Schulen – ein Katalog, 2. Aufl., Hamburg.

Butterwegge, C./Klundt, M./Zeng, M. 2004: Kinderarmut in Ost- und Westdeutschland. Ein empirischer Vergleich der Lebenslagen. Wiesbaden.

Edelstein, W./de Haan, G. 2004: Empfehlung 5: Lernkonzepte für eine zukunftsfähige Schule – von Schlüsselkompetenzen zum Curriculum. In: Heinrich-Böll-Stiftung und Bildungskommission der Heinrich-Böll-Stiftung (Hrsg.): Selbstständig lernen. Bildung stärkt Zivilgesellschaft. Sechs Empfehlungen der Bildungskommission der Heinrich Böll-Stiftung. Weinheim, S. 130-188.

Edelstein, W./Bendig, R./Enderlein, O. 2011: Schule: Kindeswohl, Kinderrechte, Kinderschutz. In: Fischer, J./Buchholz, T./Merten, R. (Hrsg): Kinderschutz in gemeinsamer Verantwortung von Jugendhilfe & Schule. Wiesbaden, S. 117-140.

Europarat (Education for Democratic Citizenship/Human Rights Education EDC/HRE) http://degede.de/charta_edc-hre.0.html

Magdeburger Manifest für Demokratiepädagogik 2007. In: Beutel, W./Fauser, P./Rademacher, H. 2012: Jahrbuch Demokratiepädagogik, Bd. 1, S. 302-303. Magdeburger Manifest zur Demokratiepädagogik.

Rychen, D.S./Salganik, L.H. (Eds.) 2001: Defining and selecting key competencies (DeSeCo). Göttingen.

Rychen, D.S./Salganik, L.H. (Eds.) 2003: Key competencies for a successful life and a well-functioning society. Göttingen.

Weinert, F.E. 2001: Concept of competence: A conceptual clarification. In: Rychen, D.S./Salganik, L.H. (Eds.): Defining and selecting key competencies (pp. 45-65). Göttingen.

Nachwort und Ausblick von Christian Petry

Dieser Band „Kinderrechte in die Schule" ist die erste Veröffentlichung in einer Reihe, deren Bände darstellen werden, dass die in der UN-Kinderrechtskonvention den Kindern zugesicherten Rechte eine bislang weitgehend verkannte Grundlage für das Lernen und Leben in der Schule bilden. Diese Rechte müssen bekannt gemacht und verstanden werden, und ihre Gestaltungskraft für Unterricht und Zusammenleben in der Schule muss entfaltet werden.

In dem vorliegenden Band wird an anschaulichen und eingängigen Beispielen gezeigt, in welcher Weise die Schulen eines Schulnetzwerk im Rhein-Main-Gebiet mit den Kinderrechten ernst gemacht haben. Die Rechte waren nicht nur Gegenstand des Unterrichts, sondern sie wurden erlebbar. Sie haben die Beziehungen zwischen Kindern, Lehrerinnen und Lehrern und Eltern verändert; sie rückten Themen und Probleme von Unterricht und sozialem Leben in ein neues Licht.

Dieses Projekt, für das das Hessische Kultusministerium von Anfang an die Schirmherrschaft übernommen hatte, fand die Unterstützung des Landes Hessen und mehrerer Stiftungen, u.a. der Ann-Kathrin-Linsenhoff-UNICEF-Stiftung, der Stiftung Flughafen Frankfurt/Main für die Region, der Kathinka-Platzhoff-Stiftung sowie von UNICEF Deutschland. Begleitet wurden die Schulen durch die Nichtregierungsorganisation Makista – Bildung für Kinderrechte und Demokratie.

Das große Interesse an der Arbeit dieses Schulnetzwerks führte das Vorhaben mit der Projektgruppe *Kinderrechte und Bildung* zusammen, die von der Forschungsgruppe Modellprojekte in Weinheim getragen wird. Um diese Projektgruppe haben sich inzwischen weitere Organisationen und Stiftungen geschart, die sich für die Umsetzung der Rechte der Kinder in vielen Lebensbereichen, ganz besonders jedoch in Bildungsstätten einsetzen. Zu diesen Unterstützern zählen die Amadeu Antonio Stiftung in Zusammenarbeit mit der

Bürgerstiftung Barnim-Uckermark, die Lindenstiftung für vorschulische Erziehung, die Minna Specht Stiftung und die Freudenberg Stiftung sowie die Deutsche Gesellschaft für Demokratiepädagogik (DeGeDe). Die Theodor-Heuss-Stiftung hat den Mitherausgebern dieses Bandes, Wolfgang Edelstein und Lothar Krappmann, für ihre Arbeit an dieser Aufgabe 2012 in Stuttgart den Preis und eine Medaille der Stiftung zuerkannt.

Die Beteiligung der Deutschen Gesellschaft für Demokratiepädagogik zeigt, dass das Recht der Kinder auf Respekt für ihre Interessen, die zu äußern ihnen zusteht, ein wesentlicher Ausgangspunkt dafür ist zu lernen, wie man sich an der Gestaltung des gemeinsamen Lebens in Kindertagesstätte und Schule beteiligt – und auch darüber hinaus, wie Schulen des Netzwerks zeigen.

Die Projektgruppe *Kinderrechte und Bildung* wird ihre weitere Arbeit in enger Kooperation mit der National Coalition Deutschland entwickeln. Die National Coalition ist ein Zusammenschluss zahlreicher Verbände und Einrichtungen, die für Kinder und Jugendliche und mit ihnen tätig sind. Die Aufmerksamkeit, die die National Coalition den Anstrengungen widmet, die Kinderrechte in die Schulen zu tragen, demonstriert, dass dieses Vorhaben von größter Bedeutung für unsere Gesellschaft ist, die auf sozial verantwortliche, sich aktiv beteiligende junge Menschen angewiesen ist.

Dem vorliegenden Band soll noch in diesem Jahr, dem 25. nach der Verabschiedung der Kinderrechtskonvention durch die Generalversammlung der Vereinten Nationen, ein Band folgen, der in Form eines Manifests die Entwicklung eines Bildungswesens beschreibt und diskutiert, das seine Arbeitsweisen und Ziele auf die Rechte der Kinder stützt: auf die breite Entfaltung ihrer Fähigkeiten, auf Berücksichtigung ihres Wohls und ihre Beteiligung an gemeinsamem Leben. Ein solches Bildungswesen entspricht unserer Demokratie, aber auch dem Verlangen der Menschen, einen sinnvollen Platz im Leben einzunehmen.

Christian Petry
Forschungsgruppe Modellprojekte e. V.

Autorinnen und Autoren

Marion Altenburg van Dieken, Lehrerin, Landeskoordinatorin Süd im Projekt „Gewaltprävention und Demokratielernen" des Hessischen Kultusministeriums, Programmentwicklerin in den Bereichen Soziales Lernen, konstruktive Konfliktbearbeitung und Klassenrat, Ausbildungsbeauftragte im Studienseminar GHRF Offenbach.

Lea Berend, M.A. Soziologie, Politologie und Ethnologie, Abschlussarbeit zum Thema „UN-Kinderrechtskonvention im Schulalltag. Wie Schulen die Vergegenwärtigung und Verwirklichung der Kinderrechte vorantreiben", Makista (Presse, Sponsoring, Projekte).

Barbara Busch, Grundschullehrerin und Schulleiterin der Albert-Schweitzer-Schule in Langen, zwei Jahre Mitglied der Geschäftsstelle des „Bildungs- und Erziehungsplans für Kinder von 0 bis 10 Jahren" beim Hessischen Kultusministerium.

Wolfgang Edelstein, Dr. phil., Professor und Direktor em. am Max-Planck-Institut für Bildungsforschung in Berlin, Honorarprofessor an der FU Berlin, Forschungsschwerpunkte: Kindliche Entwicklung und soziale Struktur, Gutachter mit Peter Fauser des BLK-Programms „Demokratie lernen & leben", bis 2009 Vorsitzender der Deutschen Gesellschaft für Demokratiepädagogik (DeGeDe).

Jasmine Gebhard, M.A. Soziologie und Betriebswirtschaftslehre, Geschäftsführerin von Makista, Projektleitung Kinderrechte-Schulen und Modellschul-Netzwerk Kinderrechte Hessen.

Jutta Gerbinski, Dipl. Sozialpädagogin, Gutenbergschule Darmstadt-Eberstadt, Koordination des Projekts Kinderrechte an der Gutenbergschule.

Christa Kaletsch, M.A. Fachjournalismus Geschichte, Autorin, freie Trainerin, Beraterin und Programmentwicklerin in den Bereichen konstruktive Konfliktbearbeitung, Partizipation und Zivilcourage.

Autorinnen und Autoren

Lothar Krappmann, Dr. phil., Max-Planck-Institut für Bildungsforschung, Berlin, bis 2001, Arbeitsgebiet: Soziale Entwicklung von Kindern im Grundschulalter; Honorarprofessor an der Freien Universität Berlin; von 2002 bis 2007 Vorsitzender des Fachbeirats des BLK-Programms „Demokratie lernen und leben"; von 2003 bis 2011 Mitglied des UN-Ausschusses für die Rechte des Kindes.

Ulrike Leonhardt, Wissenschaftliche Mitarbeiterin am Institut für Soziale Arbeit und Sozialpolitik der Hochschule Darmstadt, Prozessberatung und Prozessbegleitung in verschiedenen Beteiligungs- und Bildungsprojekten.

Hannes Marb, Rektor, Gutenbergschule Darmstadt-Eberstadt, Koordination des Projekts Kinderrechte an der Gutenbergschule.

Marianne Müller-Antoine, Bildungsreferentin Deutsches Komitee für UNICEF, Initiatorin des Wettbewerbs JuniorBotschafter für Kinderrechte.

Franziska Perels, Dr. phil., Dipl. Psychologin, Professorin am Lehrstuhl „Empirische Schul- und Unterrichtsforschung" der Fachrichtung Bildungswissenschaften an der Universität des Saarlandes. Leiterin des Dezernats „Wissenschaftskooperationen, Wirkungsanalysen, Umsetzungskonzepte" des Landesschulamtes und der Lehrkräfteakademie in Hessen.

Rosemarie Portmann, Dipl. Psychologin, Schulpsychologin i. R., Autorin pädagogischer Fachbücher, Spiele und Materialien für Erzieherinnen, Lehrkräfte und Eltern zu den Themen Kinderrechte und Kinder stärken.

Helmolt Rademacher, Projektleiter des Projekts „Gewaltprävention und Demokratielernen" des Hessischen Kultusministeriums, Vorstandsmitglied der Deutschen Gesellschaft für Demokratiepädagogik (DeGeDe), Mitherausgeber des Jahrbuchs für Demokratiepädagogik, Ausbilder am Studienseminar GHRF Offenbach.

Bernd Schreier, Leiter des Instituts für Qualitätsentwicklung (IQ) Hessen bis 2013.

Bettina Schuster-Kunovits, Dipl. Sozialpädagogin, zertifizierte Supervisorin, Kinderbeauftragte der Stadt Oberursel, Leiterin des Kinderbüros Oberursel.

Sebastian Sedlmayr, Dr., Abteilungsleiter Kinderrechte und Bildung Deutsches Komitee für UNICEF.

Rüdiger Steiner, Künstler und Kunstpädagoge, stellvertr. Vorstandsvorsitzender von Makista, Leiter der Kunstwerkstatt Königstein bis 2013.

Sonja Student, Gründerin und Vorstandsvorsitzende von Makista, Projektleitung Kinderrechte-Schulen und Modellschul-Netzwerk Kinderrechte Hessen, Netzwerkkoordinatorin im BLK-Programm „Demokratie lernen & leben" 2003-2007, Serviceagentur „Ganztägig lernen" Rheinland-Pfalz 2007-2011, Vorstandsmitglied der Deutschen Gesellschaft für Demokratiepädagogik (DeGeDe) bis 2008.

Literaturempfehlungen: Bildung für Kinderrechte und Demokratie

Im Folgenden sind Literaturempfehlungen zum Thema Bildung für Kinderrechte und Demokratie zusammengestellt. Eine regelmäßig aktualisierte Literatur- und Materialliste sowie Grundsatzbeschlüsse zur Umsetzung der UN-Kinderrechtskonvention (z. B. Beschluss der Kultusminister- und Jugendministerkonferenz oder Europarat-Charta zur Demokratie- und Menschenrechtserziehung) finden Sie unter www.kinderrechteschulen.de/materialien. Die UN-Kinderrechtskonvention im Wortlaut findet man unter www.national-coalition.de.

Fachliteratur

Deutsche Gesellschaft für Demokratiepädagogik 2005: Das Magdeburger Manifest. In: Wolfgang Beutel, Peter Fauser, Helmolt Rademacher (Hrsg.): Jahrbuch der Demokratiepädagogik. Aufgaben für Schule und Jugendbildung. Schwalbach/Ts. 2012, S. 302-303.

Edelstein, Wolfgang et al. (Hrsg.) 2009: Praxisbuch Demokratiepädagogik. Sechs Bausteine für Unterrichtgestaltung und Schulalltag. Weinheim.

Edelstein, Wolfgang/Bendig Rebekka/Enderlein, Oggi 2011: Schule: Kindeswohl, Kinderrechte, Kinderschutz. In: Jörg Fischer, Thomas Buchholz, Roland Merten (Hrsg.): Kinderschutz in gemeinsamer Verantwortung von Jugendhilfe und Schule. Wiesbaden, S. 117-140.

Kerber-Ganse, Waltraut 2009: Die Menschenrechte des Kindes. Die UN-Kinderrechtskonvention und die Pädagogik von Janusz Korczak. Versuch einer Perspektivenverschränkung. Opladen & Farmington Hills.

Landesinstitut für Lehrerbildung und Schulentwicklung (Hrsg.) 2013: Merkmale demokratiepädagogischer Schulen, Ein Katalog. Hamburg.

Liebel, Manfred 2007: Wozu Kinderrechte – Grundlagen und Perspektiven. Weinheim und München.

Maywald, Jörg 2012: Kinder haben Rechte! Kinderrechte kennen – umsetzen – wahren. Weinheim.

Schratz, Michael/Pant, Hans Anand/Wischer, Beate (Hrsg.): Der Deutsche Schulpreis 2012. Was für Schulen! Vom Umgang mit Vielfalt – Beispiele guter Praxis. Seelze.

Student, Sonja 2012: Der Klassenrat als Motor der Entwicklung zur kindergerechten Schule. In: Wolfgang Beutel, Peter Fauser, Helmolt Rademacher (Hrsg.): Jahrbuch der Demokratiepädagogik. Aufgaben für Schule und Jugendbildung. Schwalbach/Ts., S. 197-206.

Literatur für Kinder und Jugendliche

BMFSFJ (Hrsg.) 2006: Die Rechte der Kinder – von logo einfach erklärt. Berlin.
Christiansen, Sabine (Hrsg.) 2006: Gibt es hitzefrei in Afrika? So leben die Kinder dieser Welt. München 2. Aufl.
Engelmann, Reiner/Fiechtner, Urs M. (Hrsg.) 2006: Kinder ohne Kindheit. Ein Lesebuch über Kinderrechte. Düsseldorf.
Willems, Liesel 2009: Tina macht den Mund auf – Kinderrechtsgeschichten. Osnabrück.
Serres, Alain/Fronty, Aurélia 2013: Ich bin ein Kind und ich habe Rechte. Zürich.
Schulz-Reiss, Christine 2008: Nachgefragt: Menschrechte und Demokratie. Basiswissen zum Mitreden. Bonn.

Weiterführende Links

www.degede.de (Deutsche Gesellschaft für Demokratiepädagogik)
www.juniorbotschafter.de (UNICEF JuniorBotschafter für Kinderrechte)
www.kinderrechteschulen.de (Kinderrechteschulen)
www.makista.de (Makista – Bildung für Kinderrechte und Demokratie)
www.national-coalition.de (National Coalition Deutschland)
www.unicef.de (UNICEF Deutschland)
www.younicef.de (YOUNICEF – Jugendseite von UNICEF Deutschland)

Praxismaterialien

Deutsches Institut für Menschenrechte, Bundeszentrale für politische Bildung, Europarat (Hrsg.) 2009: Compasito. Menschenrechtsbildung mit Kindern. Berlin.
Kaletsch, Christa 2007: Demokratietraining in der Einwanderungsgesellschaft. Aktive Schülervertretung für Schüler, Lehrer und Eltern. Schwalbach/Ts.
Makista (Hrsg.) 2014: Praxis-Mappe Kinderrechte für die Klasse, Frankfurt (ergänzendes Material zum Onlinematerial „Kinderrechte in die Schule" von Portmann/Makista u.a. mit Poster Kinderrechte – kurz gefasst, Elterninformation, Postkarten, Broschüren mit Unterrichtsanregungen für einzelne Fächer).
Portmann, Rosemarie 2014: Kinderrechte in die Schule. Gleichheit, Schutz, Förderung, Partizipation. Praxismaterialien Grundschule (Onlinematerial). Hrsg. Makista. Schwalbach/Ts. (ergänzendes Material zum gleichnamigen Fachbuch von Edelstein/Krappmann/Student).
Portmann, Rosemarie 2010: Die 50 besten Spiele für die Kinderrechte, München.
UNICEF Deutschland (Hrsg.) 2011: Kinderrechte in Deutschland. Unterrichtsmaterialien für die Klassen 4-7, Köln.
American Jewish Committee (Hrsg.) 2010: Hands for Kids. Fit machen für Demokratie: Ein Grundwerte-Curriculum. Berlin.

Die Kinderrechte – kurz gefasst

 1. Alle Kinder haben die gleichen Rechte. Kein Kind darf benachteiligt werden.

 2. Kinder haben das Recht gesund zu leben, Geborgenheit zu finden und keine Not zu leiden.

 3. Kinder haben das Recht bei ihren Eltern zu leben und von ihren Eltern gut betreut zu werden.

 4. Kinder haben das Recht zu lernen und eine Ausbildung zu machen, die ihren Bedürfnissen und Fähigkeiten entspricht.

 5. Kinder haben das Recht zu spielen, sich zu erholen und künstlerisch tätig zu sein.

 6. Kinder haben das Recht sich bei allen Fragen, die sie betreffen, zu informieren, mitzubestimmen und zu sagen, was sie denken.

 7. Kinder haben das Recht auf Schutz vor Gewalt, Missbrauch und Ausbeutung.

 8. Kinder haben das Recht, dass ihr Privatleben und ihre Würde geachtet werden.

 9. Kinder haben das Recht im Krieg und auf der Flucht besonders geschützt zu werden.

 10. Kinder mit Behinderung haben das Recht auf besondere Fürsorge und Förderung, damit sie aktiv am Leben teilnehmen können.

Die UN-Kinderrechtskonvention hat 54 Artikel. Wir haben sie zu 10 wichtigen Kinderrechten zusammengefasst.

Praxis-Mappe Kinderrechte für die Klasse

Inhalt:

- 2 Poster „Die Kinderrechte – kurz gefasst" (A2)
- 2 Poster „Kinderrechte Geburtstagskalender" (A2)
- 30 Postkarten „Alle Kinder haben Rechte!" mit Übung „Kinderrechte-Wahl"
- 30 Handreichungen „Elterninfo Kinderrechte" (4 Seiten)
- 1 Handreichung „Schule als Haus der Kinderrechte" (8 Seiten)
- 2 Broschüren aus der Reihe „Kinderrechte machen Schule" (16 Seiten):
  „Materialien zur Durchführung eines Projekttages" (Ausgabe 1)
  „Unterrichtsanregungen für einzelne Fächer" (Ausgabe 2)

Bestellung über www.kinderrechteschulen.de/materialien für einen Selbstkostenpreis von 8 €

Weitere Informationen, Praxis-Beispiele aus aktiven Kinderrechte-Schulen und einen Überblick über themennahe Programme und Angebote bundesweit bietet die Webseite www.kinderrechteschulen.de. Dort kann außerdem der Newsletter Kinderrechteschulen abonniert werden.

MAKISTA
Bildung für Kinderrechte & Demokratie   Makista e.V., Frankfurt/Main, 069 949446740, info@kinderrechteschulen.de

Achim Schröder, Angela Merkle

Leitfaden Konfliktbewältigung und Gewaltprävention

Pädagogische Konzepte für Schule und Jugendhilfe

Der konstruktive Umgang mit Konflikten und Gewalt ist ein Kernthema jugendpädagogischer Arbeit. Der Leitfaden gibt in dritter, überarbeiteter Auflage Lehrern, Sozialpädagogen, Erziehern und Eltern einen detaillierten Überblick über die derzeit gängigen Konzepte und Verfahren, wie soziales Kompetenztraining, erlebnispädagogische Aktivitäten, Szenisches Spiel, Anti-Mobbing-Strategien, interkultureller Kompetenzerwerb, Mediation und Anti-Aggressivitätstraining.

Neben zeitgemäßen Aktualisierungen wurde er um die Bereiche neue Medien, Traumatisierung durch Gewalterfahrungen sowie Zivilcouragetraining und Konzepte zum gewaltfreien Widerstand erweitert.

Berücksichtigt werden alle Zielgruppen von Schulklassen bis hin zu gewaltbereiten und besonders gefährdeten Jugendlichen. Neben der theoretischen Einordnung der Methoden und Ansätze, der Beschreibung der Abläufe, der Effekte und der Kritik lernen die Leser Praxisbeispiele und Fortbildungsmöglichkeiten exemplarisch kennen. Alle Verfahren und Methoden werden zielgruppenspezifisch eingeordnet.

ISBN 978-3-95414022-0, 224 S., € 14,80

Dr. Achim Schröder
Prof. für Kulturpädagogik und Jugendarbeit am Fachbereich Sozialpädagogik der Hochschule Darmstadt, Leiter des Projekts „Pädagogische Konflikt- und Gewaltforschung". Arbeitsschwerpunkte: Adoleszenz, Szenisches Spiel, politische Jugendbildung, Schule und Jugendarbeit.

Angela Merkle
Dipl.-Sozialpädagogin, Systemische Beraterin, freie Mitarbeiterin des Projekts „Pädagogische Konflikt- und Gewaltforschung" des Fachbereichs Sozialpädagogik der Hochschule Darmstadt. Arbeitsschwerpunkte: Jugend(berufs)hilfe, Interkulturelle Arbeit, Konfliktbearbeitung und Gewaltprävention.

Eschborner Landstr. 42-50, 60489 Frankfurt/M.
Tel.: 069/7880772-0, Fax: 069/7880772-25
info@debus-paedagogik.de
www.debus-paedagogik.de

Online-Praxismaterialien zum Buch

Rosemarie Portmann

Kinderrechte in die Schule
Gleichheit, Schutz, Förderung, Partizipation
Praxismaterialien für die Grundschule

In einer kindergerechten Schule können sich Kinder sicher und geborgen fühlen, ohne Mobbing und Gewalt lernen, ihre Potenziale entwickeln, sich beteiligen und Verantwortung übernehmen. Die Online-Praxismaterialien bieten Lehrkräften und pädagogischen Fachkräften aus Grundschulen Hilfestellungen zur Umsetzung der Kinderrechte im Schulalltag. Eine umfangreiche Sammlung von Arbeitsblättern zu 10 wichtigen Kinderrechten für Unterricht und Projektarbeit mit Kindern (differenziert nach den Altersstufen 5 bis 7 und 8 bis 12 Jahre) wird ergänzt durch eine kindgerechte Einführung zur UN-Kinderrechtskonvention, einen Methodenpool sowie eine Liste mit weiterführender Literatur und Links.

ISBN 978-3-95414-127-2, € 12,80

Rosemarie Portmann ist Dipl.-Psychologin und Autorin zahlreicher pädagogischer Fachbücher und Materialien für Erzieher/-innen, Lehrkräfte und Eltern zu den Themen Kinderrechte und Kinder stärken.

Rosemarie Portmann

Kinderrechte in die Schule
Gleichheit, Schutz, Förderung, Partizipation
Praxismaterialien für die Sekundarstufe I

Die Menschenrechte für alle Kinder und Jugendliche von 0 bis 18 Jahren sind seit 1989 weltweit in der UN-Kinderrechtskonvention festgeschrieben. Wie können Schülerinnen und Schüler sie nicht nur kennenlernen, sondern sie vor allem als übergreifendes Prinzip ihres Zusammenlebens und -lernens erfahren? Die Online-Praxismaterialien bieten dazu Hilfestellungen: Bezogen auf 10 bedeutsame Kinder- bzw. Jugendrechte gibt die umfangreiche Sammlung vielfältige Informationen, Reflektions- und Handlungsanregungen für die Jugendlichen, methodische Anregungen für Lehr- und Fachkräfte und Beispiele gelungener Praxis.

ISBN 978-3-95414-028-9, € 12,80

Eschborner Landstr. 42-50, 60489 Frankfurt/M.
Tel.: 069/7880772-0, Fax: 069/7880772-25
info@debus-paedagogik.de
www.debus-paedagogik.de